力学-体积两阶段矿料级配设计原理及实践

罗立峰　莫石秀　著

人民交通出版社股份有限公司

北京

内容提要

本书是一本介绍力学-体积两阶段矿料级配设计原理及实践的专著。全书共10章,第1章简单回顾了国内外各种矿料级配设计理论和方法的发展与演化;第2章论述了力学-体积(CBR-V)两阶段矿料级配设计的原理及方法;第3章、第4章通过开展矿料承载比试验,初步形成了改进型干/湿矿料承载比试验方法;第5章研究各档粗集料按粒径由粗到细依次累加式掺配获取最大承载比(CBR_{max})的科学性和可行性;第6章~第8章提出了力学-体积法级配骨架强度系数的概念,给出了解决沥青混合料工作性的原则,研究了填充对粗集料骨架的"干涉"与"不干涉"的作用机理以及减少干涉的调整方法;第9章、第10章给出了沥青混合料力学-体积两阶段矿料和无机结合料稳定碎石级配设计案例。

本书可供从事路面工程研究、设计的技术人员参考使用。

图书在版编目(CIP)数据

力学-体积两阶段矿料级配设计原理及实践 / 罗立峰,莫石秀著. — 北京:人民交通出版社股份有限公司,2023.7

ISBN 978-7-114-18818-3

Ⅰ.①力… Ⅱ.①罗…②莫… Ⅲ.①沥青路面—沥青拌和料—配合比设计—研究 Ⅳ.①U416.217②U414

中国国家版本馆CIP数据核字(2023)第092736号

Lixue-Tiji Liang Jieduan Kuangliao Jipei Sheji Yuanli ji Shijian

书　　名:	力学-体积两阶段矿料级配设计原理及实践
著 作 者:	罗立峰　莫石秀
责任编辑:	齐黄柏盈　张江成
责任校对:	赵媛媛　魏佳宁
责任印制:	刘高彤
出版发行:	人民交通出版社股份有限公司
地　　址:	(100011)北京市朝阳区安定门外外馆斜街3号
网　　址:	http://www.ccpcl.com.cn
销售电话:	(010)59757973
总 经 销:	人民交通出版社股份有限公司发行部
经　　销:	各地新华书店
印　　刷:	北京印匠彩色印刷有限公司
开　　本:	787×980　1/16
印　　张:	16.25
字　　数:	278千
版　　次:	2023年7月　第1版
印　　次:	2023年7月　第1次印刷
书　　号:	ISBN 978-7-114-18818-3
定　　价:	88.00元

(有印刷、装订质量问题的图书,由本公司负责调换)

前言

FOREWORD

矿料是混合料中最重要的组成部分,一般占比在90%以上,并且由于矿料的性能相对稳定,矿料的级配组成对混合料的性能有非常明显的影响。矿料级配决定了矿料颗粒间嵌挤力的大小及混合料的密实程度,对路面的抗剪强度影响显著。大量研究表明,在一定程度上,矿料的性能是沥青混合料性能的核心;对于高温性能而言,通常认为30%取决于沥青,70%取决于矿料。

矿料对混合料的影响包括两个方面:一是矿料的性状,即矿料本身的物理、力学性质,如强度、酸碱度、密度、几何形状以及一些特殊的工程性能(吸水率、磨光值、磨耗率等)。二是矿料的级配,当矿料本身的物理、力学性质不够理想时,通过级配调整可在一定程度上实现优化提升;而一个良好的级配,则能充分发挥矿料的优势,确保混合料具有较为优良的路用性能。

目前主要的矿料级配设计方法有富勒 n 法、林绣贤 i 法、高性能沥青路面(Superpave)设计方法、贝雷(Bailey)法、粗集料间断级配(SAC)设计方法、多级嵌挤密实级配(MDBG)设计方法等。这些方法成立的前提条件是假定集料颗粒为规则的球体,与各分级档料规格粒径均相等,并且这些方法都是在试验基础上建立起来的理论方法。尽管上述设计方法有一定的科学性、客观性和适用性,但在工程实际应用中,矿料性状各异,且各分级规格粒径也并非是均匀等粒径颗粒,因此采用在假设基础上的理论计算方法设计的矿料级配,其结果与实际会出现较大的差异,需要通过后期马歇尔试验或其他路用性能试验结果进行多次反馈式调整。

《公路沥青路面施工技术规范》(JTG F40—2004)推荐的级配范围是我国道路工作者多年研究成果和工程经验的总结。目前常规做法是在工程设计级配范围内初步设计出1~3组粗细不同的矿料级配,绘制级配曲线图,分别位于工程设计级配范围的中值以上位置、中值线附近和中值以下位置,然后进行马歇尔试验和相关路用性能试验。通过沥青混合料体积参数、强度参数和路用性能相关参数的比较,选择各项指标参数均较优的矿料级配作为设计配合比。若某项或多项指标参数不能满足现行规范和设计要求,则返回矿料级配设计阶段。对原材料或矿料级配进行调整后,再重复沥青混合料各项指标参数的试验检测,直至沥青混合料体积参数、强度参数和路用性能参数满足规范和设计要求。这种反馈式的调整多依赖于设计人员的工程经验。对于经验丰富的道路工程师,将会比较容易调整到位;而对于经验欠缺的道路工程师,则需要花费较长的时间反复试验验证,工作效率比较低。究其原因:一是因为现行规范或设计文件中给定的级配均是推荐范围,中间有无数种级配曲线走向;二是选定的级配曲线没有和具体矿料的基本性状结合起来。这种通过后期重复试验验证来反馈矿料级配设计的方式,必将导致整个设计过程的工作效率较低,尤其是对于经验比较欠缺的道路工程师。

矿料作为散体材料,其抗剪强度由矿料颗粒间的摩阻力构成,特性符合莫尔-库仑定律,摩阻力越大,抗剪切损坏能力越强。如果矿料级配设计过程中不考虑矿料性状,矿料级配的摩阻力就无从谈起,因为当假设矿料颗粒为球体且各分级档料规格粒径相等时,剪力为零,这样试图在矿料级配设计阶段考虑抗剪强度的问题也将无从着手。

鉴于此,作者尝试采用试验的方法,借鉴马歇尔试验确定沥青含量这一过程,引入某个较为常规的试验方法为基础进行矿料级配设计。采用试验设计的主要优点是不受假设因素的困扰,面对的是真实的材料性状,因而设计出的矿料级配能够真实地反映矿料间的摩阻力,获取所设计矿料级配真实的抗剪能力,进而设计出能真实反映混合料使用性能要求的矿料级配,减少反馈的次数,提高设计效率。基于上述考量,提出了基于试验的矿料级配设计方法——力学-体积两阶段矿料级配设计法。由于该方法在第一阶段骨架设计时,采纳了CBR值(当然也可以采用其他能直接或间接反映矿料剪切性能的力学指标)作为力学设计指标,第二阶段体积填充设计时,采纳了V作为体积指标,因此该方法也可称为CBR-V两阶段矿料级配设计法(简称CBR-V法)。

本书是作者近几年来在沥青路面施工技术咨询过程中的一些心得和总结,由于水平有限,加之试验条件所限,错误、不足在所难免。就内容而言,只是个开头,许多基础性的工作,有待进一步研究,欢迎同行的批评指正。

本书理论形成过程中得到了杨东来、黄成造、梁勇、郝培文、薛连旭、袁万杰、许新权、汤立群、蔡良、樊振阳等众多专家、学者的启迪,试验部分得到了张先念和郑卜源两位老师的协助,现场应用试验及试验路铺筑得到了保利长大工程有限公司、广东冠粤路桥有限公司、中铁十一局集团有限公司、中铁十二局集团有限公司、中铁十四局集团有限公司、中交一公局集团有限公司、中交第二公路工程局有限公司、中国交通建设股份有限公司等单位的大力支持与配合。本书在撰写过程中得到了袁万杰博士和郑卜源老师的协助,在此一并表示感谢!

作　者
2023年5月

目录 CONTENTS

第1章 矿料级配设计理论及发展

1.1 矿料级配设计理论 ……………………………………………………… 1
1.2 矿料级配设计方法 ……………………………………………………… 6
1.3 小结 …………………………………………………………………… 15

第2章 力学-体积两阶段矿料级配设计原理

2.1 概述 …………………………………………………………………… 16
2.2 设计思路 ……………………………………………………………… 20
2.3 设计原理 ……………………………………………………………… 21
2.4 小结 …………………………………………………………………… 27

第3章 矿料承载比试验研究

3.1 概述 …………………………………………………………………… 28
3.2 矿料承载比试验成型方式 ……………………………………………… 30
3.3 矿料承载比荷载板合理厚度确定 ……………………………………… 43
3.4 基于试件尺度对矿料承载比及其变异性的影响 ……………………… 48
3.5 矿料针片状颗粒含量对承载比的影响 ………………………………… 59
3.6 最大承载比回归分析求解方法 ………………………………………… 63

3.7 矿料承载比试验方法 ·· 67
3.8 小结 ·· 71

第4章 矿料承载比试验稳定性研究

4.1 概述 ·· 73
4.2 干法矿料承载比试验及成果 ·· 74
4.3 黏结剂对矿料承载比试验的影响 ·· 76
4.4 黏结剂对矿料承载比试验成型方式的影响 ································· 85
4.5 湿法矿料承载比试验方法的应用研究 ·· 89
4.6 干法与湿法的对比分析 ·· 97
4.7 湿法矿料承载比试验方法（干挂胶） ······································· 98
4.8 小结 ·· 103

第5章 最大承载比指标的合理性试验研究

5.1 概述 ·· 104
5.2 最大承载比指标的合理性试验研究 ·· 104
5.3 小结 ·· 114

第6章 力学-体积两阶段法级配骨架强度系数的确定

6.1 级配骨架评价方法概述 ·· 115
6.2 力学-体积两阶段法矿料级配体积参数与级配分析 ······················ 119
6.3 力学-体积两阶段矿料级配设计密度 ··· 125
6.4 力学-体积两阶段级配骨架强度系数的确定 ································ 127
6.5 小结 ·· 130

第7章 基于工作性的最大承载比取定原则

7.1 概述 ·· 131

7.2 混合料的工作性及影响因素 ······ 132
7.3 最大承载比的取值范围研究 ······ 134
7.4 规范级配范围工作性分析及其在最大承载比选取过程中的应用 ······ 145
7.5 小结 ······ 148

第8章 填料对粗集料骨架填充方式的研究

8.1 概述 ······ 149
8.2 填充料规格及要求 ······ 150
8.3 填充料对粗集料骨架结构干涉判别 ······ 151
8.4 降低填充料对骨架结构干涉的措施 ······ 154
8.5 小结 ······ 157

第9章 力学-体积两阶段沥青混合料配合比设计

9.1 概述 ······ 159
9.2 力学-体积两阶段沥青混合料矿料级配设计 ······ 160
9.3 示例1——AC-20骨架密实型沥青混合料矿料级配设计 ······ 169
9.4 示例2——SMA-13沥青混合料级配设计 ······ 179

第10章 力学-体积两阶段无机结合料稳定材料组成设计

10.1 概述 ······ 189
10.2 力学-体积两阶段无机结合料稳定材料组成设计 ······ 190
10.3 力学-体积两阶段水泥稳定级配碎石配合比设计示例 ······ 196

附录1 5个常用公路土工试验规程

T 0308—2005 粗集料密度及吸水率试验(容量瓶法) ······ 205
T 0309—2005 粗集料堆积密度及空隙率试验 ······ 209
T 0331—1994 细集料堆积密度及紧装密度试验 ······ 213

T 0352—2000　矿粉密度试验 ·· 216

T 0134—2019　承载比(CBR)试验 ·· 219

附录2　热拌沥青混合料配合比设计方法

参考文献

后记

第1章 矿料级配设计理论及发展

1.1 矿料级配设计理论

矿料级配设计理论发源于我国的垛积理论,但是这一理论在级配应用上并未得到发展。目前常用的级配设计理论,主要有最大密度曲线理论和粒子干涉理论。前一理论主要描述了连续级配的粒径分布,可用于计算连续级配;后一理论不仅可用于计算连续级配,也可用于计算间断级配。此外,分形理论从分形维数的角度提出了适用于不同矿料级配的选取原则。

1.1.1 最大密度曲线理论

最大密度曲线是通过试验提出的一种理想曲线。W. B. Fuller 和他的同事研究认为:固体颗粒按粒度大小有规则地组合排列,粗细搭配,可以得到密度最大、空隙最小的混合料。初期研究的理想曲线是:细集料以下的颗粒级配为椭圆形曲线,粗集料为与椭圆形曲线相切的直线,由这两部分曲线组成的级配曲线可以达到最大密度。这种曲线计算比较复杂,后来经过许多研究改进,提出简化的"抛物线最大密度理想曲线"。该理论认为:矿质混合料的颗粒级配曲线越接近抛物线,则密度越大。

根据上述理论,当矿质混合料的级配曲线为抛物线时,最大密度曲线可用颗粒粒径 d 与通过率 P 表示:

$$P^2 = kd \tag{1-1}$$

当颗粒粒径 d 等于最大粒径 D 时,则通过率为 100%,即 $d = D$ 时,$P = 100$。

$$k = 100^2 \times \frac{1}{D} \tag{1-2}$$

当希望求解任一级颗粒粒径 d 的通过率 P 时,可将式(1-2)代入式(1-1)得:

$$P = 100 \times \left(\frac{d}{D}\right)^{0.5} \tag{1-3}$$

式中:d——分级集料粒径(mm);

D——矿质混合料的最大粒径(mm);

P——分级集料的通过率(%);

k——常数。

式(1-3)即为最大密度理想曲线的级配组成计算公式。根据这一公式,可以计算出矿质混合料密度最大时各种颗粒粒径 d 的通过率 P。

1.1.2 粒子干涉理论

粒子干涉理论(G. A. Weymouth 提出)认为:为达到最大密度,前一级颗粒之间的空隙应由次一级颗粒所填充,其余空隙又由再次小颗粒所填充;但填隙的颗粒粒径不得大于其间隙之距离,否则大小颗粒之间势必发生干涉现象,如图1-1所示。

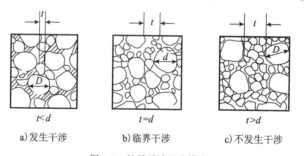

a) 发生干涉　　b) 临界干涉　　c) 不发生干涉

图1-1　粒子干涉理论模式

d-次一级颗粒粒径;D-前一级颗粒粒径;t-前一级颗粒的间隙距离

为避免干涉,大小粒子之间应按一定数量分配,并从临界干涉情况下推导出前一级颗粒间距离,按式(1-4)计算:

$$t = \left[\left(\frac{\psi_0}{\psi_a}\right)^{\frac{1}{3}} - 1\right]D \tag{1-4}$$

当处于临界干涉状态时,$t = d$,则式(1-4)可写成式(1-5):

$$\psi_a = \frac{\psi_0}{\left(\dfrac{d}{D}+1\right)^3} \tag{1-5}$$

式中：t——前一级颗粒的间隙距离；

d——次一级颗粒粒径；

D——前一级颗粒粒径；

ψ_0——次粒级的理论实积率，即堆积密度与表观密度之比；

ψ_a——次粒级的实用实积率。

式(1-5)即为粒子干涉理论公式。在应用时若已知集料的堆积密度和表观密度，即可求得集料理论实积率(ψ_0)。连续级配时，$d/D=1/2$，则可按式(1-5)求得实用实积率(ψ_a)。由实用实积率可计算出各级集料的配量（即各级分计筛余）。据此可计算得与富勒最大密度曲线近似的连续级配曲线。后来，R. Vallete 发展了粒子干涉理论，提出间断级配矿质混合料的计算方法。

1.1.3 分形理论

分形理论是基于分形几何学发展起来的。所谓的分形几何，通俗一点说就是研究无限复杂但具有一定规律的自相似图形与结构的几何学，为人们提供了一种描述不规则复杂现象中的秩序和结构的新方法。自法国数学家 Benoit B. Mandelbrot 于1775年创建分形几何学以来，其已得到广泛的应用，在物理学、材料学、表面科学、计算机科学，甚至是经济学、书法、艺术等领域，均能看到分形几何学的研究成果。分形理论的出现把数学研究扩展到了传统几何学无法涉足的那些"病态曲线"领域。比如，假设有一条曲线（如海岸线），用长度为 δ 的码尺去测量，则其长度为：

$$L = N \times \delta \tag{1-6}$$

式中：L——曲线的"测量"长度；

N——码尺 δ 的测量次数。

对于海岸线这种具有统计自相似（曲线的一部分放大后将与整条曲线相似）的分形曲线，根据经验可知 L 与 δ 有关，即：

$$L = L(\delta) = N \times \delta = L_0 \left(\frac{\delta}{L_0}\right)^{1-D} \tag{1-7}$$

式中：L_0——整形（$D=1$）时的长度，为常数；

D——曲线复杂程度的分维数，$D \geqslant 1$。

由式(1-7)可以看出，若 $D=1$，即光滑曲线时，$L=L_0$，这是符合实际情况的；此外从量纲分析，δ/L_0 为无量纲数值，上式亦是正确的。

由上式可以看出，当 $\delta \to 0$ 时，$L \to \infty$。也就是说，当码尺长度越小，曲线(此处为海岸线)的长度将会越长。因此，对分形海岸线来讲，长度值已不是一个好的表征方法，必须寻求其他的稳定参数。事实上，分形的基本特征是不可微性、不可切性、不光滑性、不连续性和层次性，而分维数 D 正是关于分形对象复杂程度与空间填充能力的一种度量，是一个稳定参数，所以分维数 D 可表示海岸线的本质特征。如以 Koch 曲线模拟某海岸线，则可求出其分维数 $D=1.2618$。如果考察的分形对象不是一条线，而是点(线段)、面、体，则式(1-7)可推广为式(1-8)：

$$A(\delta) = A_0 \left(\frac{\delta}{\delta_{max}}\right)^{E-D} \tag{1-8}$$

式中：E——欧式空间维数，其值可以是任意正整数；$E=0$ 时，A 和 δ 对应于点数(线段个数，如 Cantor 集)；$E=1$ 时，A 和 δ 对应于长度；$E=2$ 时，A 和 δ 分别对应于面积和长度；$E=3$ 时，A 和 δ 分别对应于体积和长度；

A_0——图形为整形($E=D$)时 A 的数值；

δ_{max}——最大尺码长度；

D——分维数。

式(1-8)就是分形几何的基本公式。

由于我国的级配范围一般都以质量百分率的形式给出，可利用分形理论的基本原理来推导集料质量分布函数的分形表达式。

首先，定义集料质量分布函数：

$$P(x) = \frac{M(x)}{M_0} \tag{1-9}$$

式中：$M(x)$——不大于尺寸 x 的集料总质量(kg)；

M_0——集料总质量(kg)；

$P(x)$——x 档集料质量的通过百分率(%)。

质量和体积存在如下关系：

$$dM(x) = \rho \times dV(x) \tag{1-10}$$

式中：ρ——集料密度(g/cm^3)；

$V(x)$——位于区间 $(x, x+dx)$ 的集料的体积。

由于集料是体,拓扑维数 $d=3$,所以由式(1-10)可知:

$$V(x) = V_0 \left(\frac{x}{x_{\max}}\right)^{3-D}$$

$$dV(x) = V_0(3-D)\left(\frac{1}{x_{\max}}\right)^{3-D} x^{2-D} dx \tag{1-11}$$

联立式(1-10)、式(1-11)并积分可得:

$$P(x) = \frac{V_0 \rho}{M_0}(3-D)\left(\frac{1}{x_{\max}}\right)^{3-D}\left(\frac{x^{3-D}}{3-D} + c\right) \tag{1-12}$$

式中:V_0——整形($D=1$)时的体积;

ρ——集料密度(g/cm^3);

c——积分常数;

D——级配分维数。

按通过率的含义,则有:

$$\begin{cases} P(x_{\max}) = 1 \\ P(x_{\min}) = 0 \end{cases} \tag{1-13}$$

式中:$x_{\max}$——集料最大粒径(mm);

$x_{\min}$——集料最小粒径(mm)。

从而解得:

$$c = \frac{-x_{\min}^{3-D}}{3-D}$$

$$\frac{V_0 \rho}{M_0} = \frac{x_{\min}^{3-D}}{x_{\max}^{3-D} - x_{\min}^{3-D}} \tag{1-14}$$

将上述结果代入式(1-14),得:

$$P(x) = \frac{x^{3-D} - x_{\min}^{3-D}}{x_{\max}^{3-D} - x_{\min}^{3-D}} \tag{1-15}$$

式(1-15)就是沥青混合料级配中集料质量通过率的分形表达式。给出不同的 D 值,即可得到不同的级配曲线,D 值的取值范围为 2.40~2.55。一般而言,随着 D 值的增大,级配逐渐由开级配向密级配变化。

1.2 矿料级配设计方法

1.2.1 计算法

1.2.1.1 n法

早期的级配研究主要是采用最大密实度理论,研究如何得到矿料的最大密实度。考虑到沥青混合料的特殊性,当时认为良好的沥青混合料级配组成应该是在温度稳定性允许的条件下混合料的空隙率最小,以及保证一定的矿料比表面积使沥青可以裹覆,并使矿料之间处于最密实状态。

W. B. Fuller 和他的同事研究认为:固体颗粒按粒度大小,有规则地排列组合,粗细搭配,可以得到密度最大、空隙最小的混合料。后来经过研究改进,提出了简化的"抛物线最大理论曲线"。该理论认为:矿质混合料的颗粒级配曲线愈接近抛物线,则其密度愈大。

A. N. Talbol 将 W. B. Fuller 曲线指数 0.5 改为 n,认为这一公式的指数不应固定为 0.5,所以采用 n 次幂通式来描述级配曲线,见式(1-16):

$$P = 100 \times \left(\frac{d}{D}\right)^n \tag{1-16}$$

实际应用时,混合料级配曲线应允许在一定范围内波动,通常使用的矿质混合料级配范围 n 值在 0.3~0.7 之间,都具有较好的密实度,此方法被称为 n 法。当 $n = 0.5$ 时,为 Fuller 曲线,即混合料最大密度曲线。日本推荐 $n = 0.35 \sim 0.45$,美国推荐 $n = 0.45$ 作为标准级配。

Superpave 级配设计理论也沿用了 Fuller 曲线,建立了 0.45 次方级配图,其级配图中的对角线即为最大密实度线。

东南大学赵永利博士建议将此密实状态命名为工程可用最大密实度线,并保留其对级配设计的指导作用。其理由是,赵永利博士通过对最大密实度级配曲线的试验检验,发现按较高密实度配制的沥青混合料空隙率极低,混合料明显软化,力学性能较差,不具备实用性。因此,单纯意义上的最大密实度没有实际价值。传统最大密实度理论中所推崇的最大密实度曲线,虽然并不是矿质混合料客观的最密实状态,但经大量的工程检验证明,在该密实状态下,沥青混合料(如 AC-20)具有可以接受的路用性能。

1.2.1.2 i 法

同济大学道路与交通工程研究所林绣贤教授在参照 n 法的基础上,提出当颗粒粒径以 1/2 递减时,直接采用通过百分率递减系数 i 为参数的矿料级配组成计算方法,简称 i 法。其计算公式为:

$$P_x = 100 \times i^{x-1} \tag{1-17}$$

式中:P_x——矿料在第 x 级筛孔的通过率(%);

x——矿料粒径级数,最大粒径为 D_1 时 $x=1$,$D_{\frac{1}{2}}$(最大颗粒的一半)时 $x=2$ 等;

i——通过百分率递减系数。

对照国内外经验,$i=0.7\sim0.8$ 时,可得到密实和使用满意的沥青混合料;$i>0.8$ 时,细料偏多,虽然"成活"容易,但不够稳定;$i<0.7$ 时,细料太少容易透水;$i=0.75$ 时,为最佳组成。

1.2.1.3 K 法

苏联伊万诺夫、奥浩钦等提出用颗粒分级质量递减系数 K 为参数的矿料级配曲线,简称 K 法。奥浩钦发现当矿质混合料中粗集料粒径按照 1/16 递减,次一级粒径质量为上一级的 43%,可使混合料获得最高的密实度。当颗粒质量递减系数变动于 25%~50% 时,混合料仍可保持较高的密实度。但这种级配的混合料由于相邻粗细粒径相差过于悬殊,在拌和、摊铺时很容易产生离析现象而使混合料实际上很难达到预期最佳密实度。为改善级配,将粒径按照 1/2 递减,并认为颗粒质量递减系数按相同次数开方变化,混合料的密实程度仍可保持不变。当矿料粒径按照 1/2 递减时,则有:

$$P_x = 100 \times \left(1 - \frac{1-K^x}{1-K^m}\right) \tag{1-18}$$

式中:P_x——矿料在第 x 级筛孔的通过率(%);

x——矿料粒径级数,$x = 3.32 \lg\left(\dfrac{D_1}{D_x}\right)$,$D_x$ 为第 x 级筛孔粒径;

K——质量递减系数,$m = 3.32 \lg\left(\dfrac{D_1}{D_n}\right)$,$D_1$ 为最大粒径,D_n 为最小粒径,m 为总级数。

K 法可以控制最小粒径的大小,定义 $D_n = 0.004$ mm 为最小粒径,并控制其通过率为零,由此决定总级数 m,这样可以保证计算出的级配在较小粒径时的通过率在可接受的范围内,解决了 i 法和 n 法存在的矿粉较多的问题,这是 K 法不同于 i 法和 n 法的实质所在。研究表明: K 值通常取值在 0.7~0.80 之间较为合理。在我国南方 $K = 0.7$ 为宜,北方 $K = 0.75$ 为宜, $K > 0.8$ 时,易产生车辙。

1.2.1.4 三控制点双曲线构造矿料级配的确定方法

n 法、i 法和 K 法的共同特点是采用一条级配曲线描述各个粒径的组成规律,也正因为如此,级配的选择余地小,不能充分反映原材料的矿料级配特点。针对上述不足,王旭东博士等提出三控制点双曲线矿料级配构造模型,从而扩大级配选择范围,通过试验分析评价,确定适应于不同矿料特点的级配优化选择方法。

三控制点双曲线构造矿料级配方法,包括以下步骤:

(1)根据混合料的性质,确定3个控制点混合料的公称最大粒径及其通过率,混合料的公称最小粒径及其通过率,粗、细集料间断点公称粒径及其通过率。粗集料级配曲线和细集料级配曲线分别选择幂函数模型、指数函数模型、对数函数模型:

幂函数模型: $y = a \cdot x^b$;

指数函数模型: $y = a \cdot x e^{bx}$;

对数函数模型: $y = a \cdot \ln(x) + b$。

以上各式中均有两个待定参数 a、b,y 为各粒径的通过率,x 为各粒径的孔径。对应的粗集料-细集料函数模型分别为幂函数-幂函数、幂函数-指数函数、幂函数-对数函数、指数函数-幂函数、指数函数-指数函数、指数函数-对数函数、对数函数-幂函数、对数函数-指数函数、对数函数-对数函数。

(2)通过性能检测,根据工程需要确定级配。

关于粗、细集料间断点通过率的可调性,除了通过粗、细集料理论级配曲线形式选择来控制整体矿料级配的走向外,还可以通过粗、细集料间断点的通过率控制级配曲线的构成趋势。对于混合料的密实性等关键指标,粗、细集料间断点通过率的影响至关重要。

对于密实型混合料,间断点的通过率应达到30%以上;为保证混合料具有一定的骨架结构,间断点的通过率一般不大于40%。对于开级配混合料,间断点的通过率一般为15%~25%。

矿料级配由多种不同粒级的矿料组成,理论上说,在两个关键点之间可以按照任意规律构建无数条曲线。现可提供3种数学模型构建级配曲线,这3种模型尽管可以有相同的关键点,但是由于矿料中各档粒径的比例关系不同,构建的矿料级配具有明显的路用性能差异。

1.2.2 Superpave 级配设计方法

1993 年,美国发表公路战略研究计划(SHRP),Superpave(Superior Performing Asphalt Pavement)为其成果之一,国内译为"高性能沥青路面"。

Superpave 级配理论采用了一种叫作"改良特尔菲"的集思方法,对专家组成员进行调查和咨询。该调查进行了五轮,SHRP 研究者确定出范围和规范、级配控制点、0.45 次方级配曲线图等。限制区起初定义为:在最大理论密度线上从 0.3~2.36mm 附近设级配曲线不适宜通过的部分。这就是 Superpave 级配要求的由来。

美国 Superpave 级配规范提出公称最大粒径、控制点和限制区的概念。级配曲线不再是控制每一级筛孔的通过率,而是一些关键筛孔。进行配合比设计时,设计人员根据不同公称最大粒径、控制点及限制区的要求并根据经验初选 3 个不同级配进行沥青混合料旋转压实试验。根据 Superpave 混合料体积参数要求,选择全部符合体积指标的级配作为优选级配进行设计。Superpave 级配组成方法的应用,证明美国已放弃了使用近百年的传统的连续密级配的级配设计方法。

王旭东博士等通过对美国佐治亚州运输部 2002 年新规范提出的矿料级配范围和几种国内专家结合我国工程情况推导出的 Superpave 级配范围进行研究,认为:无论从 4.75mm 以上粗集料含量,还是从 0.075mm 通过率指标看,Superpave 级配并不具备间断级配的特征,但粗集料含量比传统的连续级配略有增加,因此属于改进型的连续级配。

Superpave 设计方法提出以后,关于其"限制区"合理性的争论随之而来。最初"限制区"的要求是用来避免细集料中天然砂的用量过多的,但是在实践中由于采用的石料和试验、施工条件的不同,往往出现通过"限制区"的级配性能可能好于避免了"限制区"的级配性能。美国国家合作公路研究计划(NCHRP)等以及我国的研究机构都开展了针对这一问题的研究,结果表明:"限制区"的意义需要客观、理性地评价,不应一味地苛求,只要沥青混合料满足体积指标及使用性能需求,"限制区"的要求是不必要的。这样,Superpave 矿料级配的"限制区"就可以取消,这种级配又回到传统的连续级配了。

1.2.3 贝雷法

贝雷法最初由美国伊利诺伊州交通局 Robert Bailey 提出,旨在使设计的级配形成稳定的骨架结构并具有合适的矿料空隙率。William R. Vavrik 在 Robert Bailey 研究的基础上,提出了针对所有公称最大粒径的密级配沥青混合料设计的系统方法。这套方法适用于所有的沥青混合料类型,包括设计 SMA(沥青玛琋脂碎石混合料)。当然该方法是一种沥青混合料级配优选方法,也就是说是一种矿料级配设计方法,并不包含最佳沥青含量的确定原则。

贝雷法设计的基本内容包括体积法级配曲线设计和级配曲线分析评价。

1.2.3.1 体积法级配曲线设计

贝雷法的级配设计方法认为沥青混合料由骨架和骨架填充物两部分构成。以集料合成体积参数的实测值为基础,根据最终沥青混合料的"嵌挤"程度及施工水平要求,确定合成级配中粗集料和细集料的比例。具体步骤如下:

(1)粗、细集料分界点的确定

贝雷法的粗、细集料分界点由混合料的公称最大粒径决定,被称为第一控制筛孔(PCS),通常选择0.22倍的公称最大粒径临近筛孔尺寸作为粗、细集料的分界点。

(2)粗集料密度的确定和选择

贝雷法认为:松方密度是粗集料形成嵌挤状态的下限值,捣实密度是粗集料形成嵌挤状态的上限值,通常为松方密度的1.1倍左右。设计者可根据对混合料骨架密实程度的需求选择一个"嵌挤"程度作为设计目标。

(3)细集料密度的确定

起填充作用的细集料在混合料中处于捣实状态,因此设计中采用捣实密度作为设计值。

(4)确定设计级配

确定设计级配的步骤如下:

①确定粗集料的合成密度值(kg/m^3);

②计算粗集料在选取密度下的空隙体积;

③用细集料的干捣密度确定填充粗集料空隙所需的细集料密度(kg/m^3);

④利用粗、细集料各组分的密度,确定矿质混合料的总重;根据各级粗集料体积 + 各级细集料体积 = 单位体积,确定各集料的合成质量百分比;

⑤根据粗集料中所含的部分细集料以及细集料中所含的部分粗集料,分别修正粗、细集料的质量百分比;

⑥确定级配曲线;

⑦若使用矿质填料或回收粉尘,则需调整细料部分的百分含量;

⑧ 确定经修正后各集料最终的质量百分含量。

1.2.3.2 级配曲线分析评价

贝雷法以公称最大粒径(NMPS)的 0.22 倍作为第一控制筛孔(PCS)的尺寸,第二控制筛孔(SCS)的尺寸为第一控制筛孔尺寸的 0.22 倍,第三控制筛孔(TCS)的尺寸为第二控制筛孔尺寸的 0.22 倍。用以下三个参数①来检验评价级配的合理性:

$$\mathrm{CA} = \frac{P_{D/2} - P_{\mathrm{PCS}}}{100 - P_{D/2}} \tag{1-19}$$

$$\mathrm{FA}_c = \frac{P_{\mathrm{SCS}}}{P_{\mathrm{PCS}}} \tag{1-20}$$

$$\mathrm{FA}_f = \frac{P_{\mathrm{TCS}}}{P_{\mathrm{SCS}}} \tag{1-21}$$

式中:$P_{D/2}$——粒径为 $D/2$(D 为公称最大粒径)的通过率(%);

P_{PCS}——第一控制筛孔的通过率(%);

P_{SCS}——第二控制筛孔的通过率(%);

P_{TCS}——第三控制筛孔的通过率(%)。

通过控制三个参数的大小,使得沥青混合料处于骨架密实状态。研究表明,沥青混合料的 CA 比控制在 0.4~0.6 之间时稳定性较好;FA_c 比应小于 0.5,从而减少天然砂的含量,避免"驼峰"级配;FA_f 比也应小于 0.5,保证最小一级颗粒的嵌挤效果。

贝雷法根据不同公称最大粒径提出了相应的粗细集料分界点、控制粗细集料比例的"粗集料选择密度",以及控制级配走向的 CA 比、FA_c 比、FA_f 比三个参数的取值范围。这些参数发生变化,将引起沥青混合料的体积特性、施工特性以及使用性能的变化。CA 比对沥青混合料的体积特性有重要影响,它反映了粗集料中大粒径颗粒与 D/2、PCS 粒径颗粒之间的均衡关系,这种均衡关系将影响混合料的压实特性和路用性能。CA 比增大,混合料的空隙率和 VMA② 将相应增大。FA_c 比、FA_f 比的值对混合料的 VMA 有很大影响,随着 FA_c 比、FA_f 比的值的减小,VMA 将不断增大。以上三个参数都是通过与不同混合料公称最大粒径相联系的各个控制筛孔通过百分含量计算得到的,它们对于评价和调整混合料的 VMA 及空隙率有价值。

此外,有研究者认为用贝雷法做矿料级配设计非常复杂,整个计算和修正过程需要

---

① 三个参数分别为 CA 比 ρ_{CA}、FA_c 比 ρ_{FA_c}、FA_f 比 ρ_{FA_f},为方便表述,使用 CA 比、FA_c 比、FA_f 比表示。

② VMA 指沥青混合料试件的矿料间隙率。

有相应的试验规程和计算机设计程序。该方法采用的是平面三圆模型,控制点和级配参数计算都采用标准筛孔尺寸,并没有真正按照 0.22 倍值确定的筛孔的通过质量来计算 CA 比、FA_c 比和 FA_f 比的值,也没有考虑填料的填充作用等。从目前的应用情况来看,贝雷法常用于矿料级配特征的评价,矿料级配设计比较少用。但对此也有不同看法,王旭东博士等通过数据分析得出两个结论:

①贝雷法提出的三个参数不适合于矿料级配间断性的评价;

②贝雷法提出的半筛孔、第一控制筛孔等概念值得进一步探讨。

为了评价矿料级配的间断性,王旭东博士等提出一个粗细集料当量粒径比的概念,用以评价矿料级配间断程度或者粗细程度。所谓的粗细集料当量粒径比,是以 4.75mm 作为粗、细集料的分界点,分别计算矿料级配中粗集料和细集料的当量粒径,并以其比值作为一个评价指标。

1.2.4 粗集料间断级配(SAC)设计方法

粗集料间断级配(SAC)是我国公路工程专家沙庆林院士于 1988 年研制成功的一种级配设计方法。SAC 已形成系列级配,有 SAC-30、SAC-25、SAC-20、SAC-16、SAC-13 和 SAC-10。该级配设计方法做了以下规定:①将矿料按粒径大小分为三部分,即粗集料(粒径为 D_{max} ~ 4.75mm)、细集料(粒径为 4.75 ~ 0.075mm)、填料(粒径小于 0.075mm);②粗、细集料的分界线统一定为 4.75mm;③考虑到公称最大粒径以上保留 0 ~ 10% 的超尺寸颗粒,既会增加室内试验的不均匀性,也会增加施工现场的不均匀性、影响平整度,所以公称最大粒径就是实际最大粒径,其通过率都是 100%。SAC 矿料级配的基本方程见式(1-22):

$$P_{d_i} = A \left(\frac{d_i}{D_{max}} \right)^B \tag{1-22}$$

式中:d_i——某筛孔尺寸(mm);

D_{max}——最大粒径(mm);

P_{d_i}——筛孔 d_i 的通过质量百分率(%);

A、B——未知数。

要求得 A、B,必须先确定两个控制筛孔的通过率,一个是 $d_i = D_{max}$ 时的通过率为 100%,另一个是 4.75mm 筛孔的通过率,如 30% ~ 40%。以 SAC-20 为例,4.75mm 筛孔的通过率分别取 30%、35%、40% 时,经过式(1-22)可计算出如表 1-1 所列的 3 种级配,分别是级配 A、B、C。

SAC-20 矿料级配　　　　　表 1-1

级配	通过下列筛孔(mm)的质量百分率(%)									
	19	16	13.2	9.5	4.75	2.36	1.18	0.6	0.3	0.15	0.075
A	100	86.1	72.9	54.8	30.0	22.2	16.4	12.3	9.1	6.7	5.0
B	100	87.8	75.9	59.2	35.0	25.2	18.2	13.3	9.6	6.9	5.0
C	100	89.3	78.6	63.2	40.0	28.2	19.9	14.2	10.0	7.1	5.0

一种优良的级配不可能适用不同岩石类型的粗集料,因此,针对所用的岩石类型,需要对所推荐的矿料级配 A、B、C 进行级配合适与否的检验。检验分两个阶段:第一个阶段,用已定矿料的原材料进行检验,其方法称为 VCA_{DRF} 方法;第二个阶段,对已用某种方法制成的 AC 试件进行检验,其方法称为 VCA_{AC} 方法。有文献详细介绍了两种检验方法的基本方程和具体应用,检验的基本原理是矿料级配中粗集料形成的孔隙率由细集料、填料、沥青和设计空隙率填充。如检验时使用的标准为干捣实孔隙率 VCA_{DRC},则检验通过后,AC 为紧密骨架密实结构;如检验时使用的标准为疏松孔隙率 VCA_{DRL},则检验通过后,AC 为疏松骨架密实结构;如检验时使用的标准孔隙率介于 VCA_{DRC} 与 VCA_{DRL} 之间,则检验通过后,AC 为一般骨架密实结构。

沙庆林院士根据大量室内试验、丰富的现场施工经验和 2000 多公里高速公路实际使用状况调查和检测,总结出 SAC 具有的 6 个突出优点:

①密实透水性小,不易产生水破坏。特别是在广东潮湿多雨地区,几条高速公路使用 SAC-16 表面层后,并没有产生显著的水破坏。考虑到施工过程中的一些不确定因素、抢工期或气温低,可以在路面结构组合设计时,在表面层下做一个黏结防水层。

②高温抗永久形变能力强。我国高速公路上用过的矿料级配中,SAC 是高温抗变形能力最强的。京珠高速公路上的对比使用证明,改性沥青 SAC 表面层的辙槽深度明显小于改性沥青 SMA 表面层,更小于《公路沥青路面施工技术规范》(JTG F40—2004)中的 AC-16I。

③表面构造深度大。用作表面层时,表面粗糙度或构造深度 TD 显著大于路面设计规范要求的值。如早期 SAC-16 的 TD 一般在 0.8~0.9mm 之间,SAC-13 的 TD 一般在 0.8~0.84mm 之间,甚至 SAC-10 的 TD 均值也在 0.63~0.68mm 之间,超过当时设计规范要求的 0.55mm。而 AC-16I 表面层的 TD 常达不到要求,京津塘高速公路表面层的 TD 只有 0.25mm,不到当时设计规范要求值的一半。秦皇岛试验路使用了新的 SAC16-1 紧

密骨架密实结构作表面层,竣工后,取 666m 长路段测得的 TD(共测 50 个点)在 0.84～1.62mm 之间变动,平均为 1.18mm,变异系数 C_v = 14.2%。

④可以高温时碾压。可以趁沥青混合料温度高时用振动压路机碾压密实。双钢轮双驱动振动压路机从开始碾压就可以振动,一直振动碾压到接近摊铺机;原路退回和错半轮碾压时,仍可以一直振动碾压,既不会产生沥青混合料退役,也不会出现横向裂纹现象,这是 AC-16I 型矿料级配做不到的。

⑤路表美观。很少出现粗细集料离析,路表面美观。AC-16I 则常有离析现象。

⑥价格低廉。由于 SAC 沥青混合料的油石比小,例如 SAC-16 的油石比只有 4.5%,比 AC-16I 的油石比(5.0%)小,比 SMA-16 的油石比(6.0%)小 1.5 个百分点,而且不用任何纤维,价格要低得多,同时使用性能却比后两者优越,可以说是价廉物美。

1.2.5 多级嵌挤密实级配(MDBG)设计方法

多级嵌挤密实级配(MDBG)设计方法是由长安大学陈忠达教授在 2006 年提出的。此方法仍然以逐级填充理论和粒子干涉理论作为基础,以最小矿料间隙率为指标,分别设计了 4.75mm 以上的粗集料骨架和 2.36～4.75mm 的细集料骨架,分别称为主骨架结构、次骨架结构,并对粗、细集料级配的合成提出了相应的算法,见式(1-23)。鉴于主骨架结构和次骨架结构分取不同的 i 值,故称之为变 i 法。

$$P_x = 100 \times i^x \tag{1-23}$$

式中:P_x——矿料在第 x 级筛孔的通过率(%);

x——矿料粒径级数,$x = 3.32\lg(D/D_x)$,其中 D_x 为各粒级的相应粒径(如 16mm、13.2mm、9.5mm、…、0.075mm),D 为矿料的最大粒径(mm);

i——通过百分率递减系数。

相对 i 法的式(1-17)而言,式(1-23)中的 D_x 采用各粒级的相应粒径代替 $D_x = \dfrac{D}{2^x}$,既考虑了各级粒径以 1/2 递减的情况,也兼顾了我国现行规范采用的方孔筛各级粒径中不以 1/2 递减的级数情况。

MDBG 设计方法初步验证表明:现行规范中 AC-16 对应的粗集料级配设计时 i_1 = 0.65～0.75,细集料级配设计时 i_2 = 0.62～0.77;SMA-16 对应的粗集料级配设计时 i_1 = 0.45～0.56,细集料级配设计时 i_2 = 0.80～0.91;Superpave 混合料中 Sup-12.5 对应的粗集料级配设计时 i_1 = 0.84～0.90,细集料级配设计时 i_2 = 0.68～0.72(细级)或 i_2 = 0.54～

0.56(粗级)。

MDBG 设计方法将贝雷法作为其设计矿料级配的检验标准,并完善了 16 型多级嵌挤密实级配的粗集料检验值(R_{CA})和细集料检验值(R_{FA})检验指标的合理范围。MDBG 设计方法针对多级嵌挤密实级配提出了系统的矿料级配优化设计体系,提高了该类型矿料级配设计的可操作性。

1.3 小结

(1)目前常用的级配理论主要有最大密度曲线理论和粒子干涉理论。前一理论主要描述了连续级配的粒径分布,可用于计算连续级配;后一理论不仅可用于计算连续级配,也可用于计算间断级配。此外,简单介绍了分形理论在矿料级配方面的进展。

(2)由级配设计理论所引出的设计方法比较多,且各具特色。

目前应用最广泛、最普遍的当属计算法。计算法包括:W. B. Fuller 提出的 n 法、同济大学林绣贤提出的 i 法、苏联伊万诺夫和奥浩钦等提出的 K 法,以及王旭东博士提出的三控制点双曲线构造法。三控制点双曲线构造法对应的粗集料-细集料函数模型达 9 种,几乎囊括现有的各种级配状态。

(3)除计算法以外,近年来在我国应用比较广泛的方法还有美国 Superpave 法、贝雷法,我国的 SAC 设计方法、MDBG 设计方法等,本章也一一进行了简要介绍。

第2章 力学-体积两阶段矿料级配设计原理

2.1 概述

在《公路沥青路面施工技术规范》(JTG F40—2004)附录 B 中,生产配合比设计主要步骤包括:确定工程设计级配范围;材料选择与准备;矿料配合比设计;马歇尔试验;确定最佳沥青用量(或油石比)。

2.1.1 确定工程设计级配范围

《公路沥青路面施工技术规范》(JTG F40—2004)条文说明 5.3.2 中就级配范围给出如下说明。

> 根据研究成果,沥青混合料的矿料级配范围包含有三个层次:
> 第一,规范规定的级配范围,即规范 5.3.2 条各表的级配范围。由于它适用于全国,适用于不同道路等级、不同气候条件、不同交通条件、不同层次等情况,所以这个范围必然只能规定得很宽。尤其是沥青面层,在同一个级配范围中可以配制出不同空隙率的混合料,以满足各种需要。这样,可以给设计单位和工程建设单位有充分选择级配的自由。相比原规范直接为工程规定一个级配范围,配合比设计时尽可能接近中值是很大的改进。对最常用的密级配沥青混合料,本规范参照美国的方法分为粗型和细型,它与原规范根据空隙率分为Ⅰ型和Ⅱ型的性质不同,粗型和细型都属于密级配,空隙率都在3%~6%之间。之所以这样分成两种型号,主要是供不同的气候和交通条件

选择级配范围时作参考。日本规范也一直都将级配分为粗型和细型。

第二,工程设计级配范围。这是设计单位在对条件基本相同的工程建设经验的调查研究的基础上,针对具体所设计的工程,符合工程的气候条件、交通条件、公路等级、所处的层位提出的,是施工的指针。本规范附录B提出了如何确定和调整工程设计矿料级配范围的原则。工程设计级配范围一般在规范规定的级配范围内,但必要时也允许超出。除了密级配沥青混合料以外的混合料,如各种类型的沥青稳定碎石(ATB、AM、OGFC、ATPB)及沥青玛蹄脂碎石(SMA)可直接采用规范级配范围作为工程设计级配范围。

第三,施工质量检验时允许波动的级配范围。经过三阶段配合比设计确定标准配合比和级配曲线后,按施工质量检验允许的波动值得到施工质量检验级配范围。同样,标准级配曲线也可能不一定接近工程设计级配范围的中值,施工波动范围也可能超出工程设计范围。

本规范所列各种沥青混合料的级配范围是在对原规范级配范围的使用情况进行大量调查研究的基础上,充分参考国外和近年来各地成功的研究和应用成果,经过反复征求意见确定的。

从以上说明可知,级配范围是在大量调查研究的基础上,充分参考国外和近年来各地成功的研究和应用成果,经过反复征求意见确定的,虽来源于工程,但其实与具体工程的特点没有直接联系,与具体工程所用材料的性状没有直接联系,可以说是一个放之四海而皆准的东西,正如规范条文所说的,是"施工的指针"。

2.1.2 材料选择与准备

矿料包括粗集料、细集料和填料。《公路沥青路面施工技术规范》(JTG F40—2004)提出了具体的质量要求,具体可以通过查阅规范获取,如第4.8、4.9节和第4.10节,可以分别获取沥青路面用粗集料、细集料和填料的相关技术指标。也就是说,要修筑沥青路面,路用的粗集料、细集料和填料必须满足相关规范要求。这些技术指标基本反映了矿料的性状。对于矿料性状,大致可分为三类:

第一类是物理和力学指标,包括强度、磨光值、磨耗率、酸碱性、密度、吸水率等;

第二类是体积指标,包括针片状颗粒含量、棱角性等;

第三类是工程指标,包括破碎面、软石含量、粉尘含量、含泥量等。

2.1.3 矿料配合比设计

《公路沥青路面施工技术规范》(JTG F40—2004)附录 B 第 B.4.1 条指出:"高速公路和一级公路沥青路面矿料配合比设计宜借助电子计算机的电子表格用试配法进行。"其原理为正规方程法。下面介绍正规方程法具体计算方法。

设有 k 种集料,各种集料在 n 级筛析的通过百分率为 $p_{i(j)}$,欲配制为级配范围中值的矿质混合料,其组成见表 2-1。

矿质混合料组成计算　　　　　　　　表 2-1

筛孔	各种集料				各种集料用量				级配范围中值
	1	2	…	k	x_1	x_2	…	x_k	
	通过质量百分率								
1	$p_{1(1)}$	$p_{2(1)}$	…	$p_{k(1)}$	$p_{1(1)} \cdot x_1$	$p_{2(1)} \cdot x_2$	…	$p_{k(1)} \cdot x_k$	$p_{(1)}$
2	$p_{1(2)}$	$p_{2(2)}$	…	$p_{k(2)}$	$p_{1(2)} \cdot x_1$	$p_{2(2)} \cdot x_2$	…	$p_{k(2)} \cdot x_k$	$p_{(2)}$
…	…	…	…	…	…	…	…	…	…
n	$p_{1(n)}$	$p_{2(n)}$	…	$p_{k(n)}$	$p_{1(n)} \cdot x_1$	$p_{2(n)} \cdot x_2$	…	$p_{k(n)} \cdot x_k$	$p_{(n)}$

设矿质混合料任何一级筛孔的通过率为 $p_{(j)}$,它是各种组成集料在该级的通过百分率 $p_{i(j)}$ 乘以各种集料在混合料中的用量 x_i 之和,见式(2-1)。

$$\sum p_{i(j)} \cdot x_i = p_{(j)} \tag{2-1}$$

式中:i——集料种类,$i = 1、2、\cdots、k$;

j——筛孔数,$j = 1、2、\cdots、n$。

按表 2-1 所列级配组成,可形成下列方程组,见式(2-2):

$$\begin{cases} p_{1(1)} \cdot x_1 + p_{2(1)} \cdot x_2 + \cdots + p_{k(1)} \cdot x_k = p_{(1)} \\ p_{1(2)} \cdot x_1 + p_{2(2)} \cdot x_2 + \cdots + p_{k(2)} \cdot x_k = p_{(2)} \\ \cdots\cdots \\ p_{1(n)} \cdot x_1 + p_{2(n)} \cdot x_2 + \cdots + p_{k(n)} \cdot x_k = p_{(n)} \end{cases} \tag{2-2}$$

分析以上矿料级配的计算过程,影响级配结果的有 4 个因素,分别为集料的备料规格、集料筛分的通过百分率、筛孔数目和级配范围中值。表面来看,整个级配设计与矿料的性状没有直接关系,能建立关系的可能只有级配范围中值。因为级配范围中值是规范级配范围的产物,是在大量调查研究的基础上,充分参考国外和近年来各地成功的研究和应用成果,经过反复征求意见确定的。但就具体工程来讲只能是一个"施工指针",与具体工程矿料性状没有直接关系。

式(2-1)和式(2-2)中有一个因素没有直接表达出来,但在矿料级配曲线中却不可避免,那就是矿料级配设计的最大密度曲线。《公路沥青路面施工技术规范》(JTG F40—2004)B.4.2 明确:矿料级配曲线按《公路工程沥青及沥青混合料试验规程》T 0725 的方法绘制,以原点与通过集料最大粒径 100% 的点的连线作为沥青混合料的最大密度线。计算采用了 n 法,n 取 0.45,与 Superpave 采用了相同次方。那么矿料级配设计的最大密度曲线与矿料性状是否有关系呢?这是一个值得探讨的问题,因为矿料级配设计的最大密度曲线和级配范围中值有着一定的关系。《公路沥青路面施工技术规范》(JTG F40—2004)条文说明 B.4.2 指出:通过级配曲线与最大密度线的相互位置,可以估计出矿料级配的 VMA 和混合料的空隙率。因此有必要对最大密度线的矿料级配设计方法与矿料性状之间的关系做进一步分析。

目前主要的级配设计方法诸如 n 法、i 法、Superpave 法、贝雷法、SAC 法、MDBG 法等,成立的前提条件是:

假设 1:集料是规则的球体。

假设 2:同一规格的集料各分级粒径相等。

假设 1 意味着集料颗粒的主要几何特征被屏蔽了。颗粒集料的几何特征主要包括颗粒的大小、外形、比表面积及表面粗糙度等。一般来讲,空隙率随圆形度降低而增高。在松散堆积时,有棱角的颗粒的空隙率较大,与紧密堆积时相反。表面粗糙度越大的颗粒,空隙率越大。

假设 2 不仅意味着屏蔽了集料颗粒的主要几何特征,而且意味着进一步屏蔽了颗粒间的体积变化,因为等粒径球体间的空隙率在排列方式一定的情况下是恒定的,与球体粒径的大小无关。例如,立方体排列时,空隙率为 47.64%;六方形(斜立方)排列时,空隙率为 39.55%;复六方形排列时,空隙率为 30.19%;角锥形排列时,空隙率为 25.95%;四面体排列时,空隙率为 25.95%。但实际情况是集料颗粒的粒度越小,孔隙率越大;相反,集料颗粒的粒度越大,孔隙率越小。相对集料颗粒而言,集料颗粒的粒度组成比集料颗粒粒度所提供的信息更有价值。

由于在级配设计中假设集料颗粒为规则球体和各分级粒径相等,也就意味着目前的矿料混合料级配设计方法未考虑矿料的性状和同级档料中矿料粒径变化,是一个不考虑矿料性状和同级档料粒径变化的数学计算过程,未与实际工程的材料性状建立联系。

根据以上分析可知,目前的矿料级配设计阶段未考虑矿料的性状,也就是说矿料性状是矿料性状,矿料级配设计是矿料级配设计,在级配设计阶段没有建立两者的相互联系。

在两个假设前提下,矿料级配设计阶段矿质混合料表现为$\tau \approx 0$,这是不真实的,事实上$\tau \neq 0$,或$\tau > 0$。放弃假设虽然可以还原一个真实的τ值,但采用现有的级配计算方法将无法计算,导致无法进行矿料级配设计阶段的设计。面对这一难题,借鉴其他试验类设计方法,如设计沥青混合料沥青含量的马歇尔法,可以考虑采用试验的方法进行矿料级配设计。采用试验方法的优点是,不受假设的困扰,面对的是真实的材料性状,因而设计级配能够真实反映矿料级配混合料的φ值和τ值,进而可以在设计过程中考量矿料性状和所设计矿料混合料级配真实的抗剪能力,设计出较为符合路用性能要求的矿料级配。

2.2 设计思路

骨架密实状态是目前诸多级配设计理论共同追求的目标,究其原因是随着交通量的增大和轴载与胎压的提高,对混合料的级配提出了越来越高的要求。骨架结构由于具有较高的承载能力,所以其抵抗外在荷载的能力亦较强,从而减轻了对胶结料的依赖。正因为骨架密实结构混合料具有明显的性能优势,因此,如何确定骨架结构是配合比设计中重要的一环。

"骨架密实结构"包含了两层含义,一是"骨架",二是"密实",这是两个不同范畴的概念。"骨架"可看作一个力学指标,内涵中包含骨架的强弱;而"密实"则是一个体积指标,要求对"骨架"形成的空间结构嵌入并挤满。几档粗集料掺配在一起,形成骨架,进而通过级配调整形成强骨架,是骨架密实结构中骨架设计的问题;"密实"首先是为了保证"骨架"在受到外力作用时不变形,保持一定抗力,有"定型和保护"的作用,因此可以认为是对骨架强度的补充。但如何做到"密实",则具有较大控制难度,因为密实是个嵌挤的过程,嵌挤量过多或嵌挤力过大甚或部分粒径的集料代替骨架等都会破坏"骨架",导致"骨架"强度下降甚或破坏;同理,嵌挤量偏少或嵌挤力过小,就起不到定型和保护"骨架"的作用,同样会导致"骨架"抗稳定性能力的下降。

混合料除胶结料以外的矿料部分主要由粗集料、细集料和填料组成。组成混合料的各矿料组分按作用和功能划分,它们在混合料中分别承担骨架和密实两方面的作用。

"骨架"功能由粗集料承担,"密实"功能由细集料和填料承担。

"骨架"是一个力学指标,其外在表现为内摩阻力。矿料混合料的内摩阻力的测定通常采用三轴试验。三轴试验可精确测试出矿料混合料的黏聚力和内摩阻力,但三轴试验较为复杂,因此目前还没有一个较为公认且方便可行的"骨架"强弱评价方法。承载比(CBR)试验是一种贯入试验,贯入阻力越大,则 CBR 值越大,可以间接作为评价矿料混合料骨架特性的指标,即 CBR 值越大,骨架越强。"密实"是一个体积指标,可直接采用体积指标(V)进行评价。将采用 CBR 指标和体积(V)指标作为设计指标的矿料级配设计方法称为力学-体积两阶段矿料级配设计方法,简称 CBR-V 两阶段矿料级配设计法或 CBR-V 法。同时,由于矿料混合料骨架强度设计部分是通过 CBR 试验来实现的,所以也可定义该方法为基于 CBR 试验的矿料级配设计方法。

2.3 设计原理

假定有 i 档料,从粗到细依次定义为 1 到 n,其中粗集料有 j 档,细集料有 k 档,填料有 m 档,$j + k + m = n$。

2.3.1 第一阶段:粗集料骨架部分级配确定

一级掺配:将最粗的档料($P_{ca,1}$)定义为一级掺配,对应的档料掺配质量比(%)为 $M_{ca,11}$,满足式(2-3)要求。

$$M_{ca,11} = 100\% \tag{2-3}$$

式中:$M_{ca,11}$——一级掺配时第一档料($P_{ca,1}$)的掺配质量比(%)。

二级掺配:将最粗的第一档料($P_{ca,1}$)和次粗的第二档料($P_{ca,2}$)掺配,定义为二级掺配。具体做法是先确定两档料不同的掺配比例,对各比例掺配进行相应的 CBR 试验,通过数据处理,找出最大的 CBR 值,定义为 $CBR_{max,2}$。$CBR_{max,2}$ 所对应的掺配比例,就是二级掺配时两档料最佳的掺配比例,可认为在此掺配条件下所形成混合料结构骨架最强。将二级掺配后形成的新的档料组合记为 $P_{ca,1+2}$,对应的粒径范围称为合档料,记为 H,如 9.5~19mm 档料和 4.75~9.5mm 档料所组成的合档料粒径记为 H4.75~19mm。

$P_{ca,1+2}$ 对应的各档料掺配质量比(%)为 $M_{ca,1+2}$,满足式(2-4)要求。

$$M_{ca,1+2} = M_{21} + M_{22} = 100\% \tag{2-4}$$

式中：M_{21}——二级掺配时第一档料（$P_{ca,1}$）的掺配质量比（%）；

M_{22}——二级掺配时第二档料（$P_{ca,2}$）的掺配质量比（%）。

三级掺配：对二级掺配后形成的合档料（$P_{ca,1+2}$）和第三档料$P_{ca,3}$进行不同比例掺配，定义为三级掺配。通过CBR试验，找出不同比例下的最大CBR值$CBR_{max,3}$。$CBR_{max,3}$所对应的掺配比例，就是三级掺配时两档料最佳的掺配比例，可认为在此掺配条件下所形成的混合料结构骨架最强。根据$CBR_{max,3}$对应的掺配比例，形成新的档料$P_{ca,1+2+3}$，对应的粒径范围仍称为合档料，记为H，如H4.75~19mm合档料和2.36~4.75mm档料所组成的合档料粒径记为H2.36~19mm。

$P_{ca,1+2+3}$对应的各档料掺配质量比（%）为$M_{ca,1+2+3}$，满足式（2-5）要求。

$$M_{ca,1+2+3} = M_{31} + M_{32} + M_{33} = 100\% \tag{2-5}$$

式中：M_{31}——三级掺配时第一档料（$P_{ca,1}$）的掺配质量比（%）；

M_{32}——三级掺配时第二档料（$P_{ca,2}$）的掺配质量比（%）；

M_{33}——三级掺配时第三档料（$P_{ca,3}$）的掺配质量比（%）。

依此类推，直至$P_{ca,1+2+\cdots+j-1}$级与$P_{ca,j}$按不同比例掺配，找到$CBR_{max,j}$，形成全部粗集料的档料组合$P_{ca,1+2+\cdots+j}$。$P_{ca,1+2+\cdots+j}$对应的各档料掺配质量比（%）为$M_{ca,1+2+\cdots+j}$，满足式（2-6）要求。

$$M_{ca,1+2+\cdots+j} = M_{j1} + M_{j2} + \cdots + M_{jj} = 100\% \tag{2-6}$$

式中：M_{j1}——j级掺配时档料（$P_{ca,1}$）在j级掺配中第一档料的掺配质量比（%）；

M_{j2}——j级掺配时档料（$P_{ca,2}$）在j级掺配中第二档料的掺配质量比（%）；

M_{jj}——j级掺配时档料（$P_{ca,j}$）在j级掺配中第j档料的掺配质量比（%）。

试验表明，在一般合理的情况下，CBR_{max}普遍存在依次递增的规律，见式（2-7）。

$$CBR_{max,1} \leqslant CBR_{max,2} \leqslant \cdots \leqslant CBR_{max,j} \tag{2-7}$$

粗集料骨架设计阶段：

$$P_{ca} = P_{ca,1+2+\cdots+j} = P_{ca,1} : P_{ca,2} : \cdots : P_{ca,j} = M_{j1} : M_{j2} : \cdots : M_{jj} \tag{2-8}$$

$$M_{ca} = M_{ca,1+2+\cdots+j} = M_{j1} + M_{j2} + \cdots + M_{jj} = 100\% \tag{2-9}$$

式中：P_{ca}——骨架合档粗集料，掺配质量比（%）；

$P_{ca,1+2+\cdots+j}$——完成粗集料骨架级配设计所对应的合档料的档料组成（%）；

M_{ca}——骨架合档粗集料质量比（%），$M_{ca}=100\%$；

$M_{ca,1+2+\cdots+j}$——完成粗集料骨架级配设计所对应的合档料的档料组成质量比（%）。

2.3.2 骨架合档粗集料(P_{ca})的间隙率计算

(1)按式(2-10)计算骨架合档粗集料(P_{ca})毛体积相对密度$\rho_{h,b,ca}$。

$$\rho_{h,b,ca} = \frac{100}{\dfrac{M_{j1}}{\rho_{b,ca,1}} + \dfrac{M_{j2}}{\rho_{b,ca,2}} + \cdots + \dfrac{M_{jj}}{\rho_{b,ca,j}}} \tag{2-10}$$

式中:$\rho_{b,ca,1}$、$\rho_{b,ca,2}$、$\cdots$、$\rho_{b,ca,j}$——粗集料骨架设计各档矿料的毛体积相对密度。

(2)按式(2-11)计算骨架合档粗集料(P_{ca})自然堆积相对密度$\rho_{h,l,ca}$。

$$\rho_{h,l,ca} = \frac{100}{\dfrac{M_{j1}}{\rho_{l,ca,1}} + \dfrac{M_{j2}}{\rho_{l,ca,2}} + \cdots + \dfrac{M_{jj}}{\rho_{l,ca,j}}} \tag{2-11}$$

式中:$\rho_{l,ca,1}$、$\rho_{l,ca,2}$、$\cdots$、$\rho_{l,ca,j}$——粗集料骨架设计各档矿料的自然堆积相对密度。

(3)按式(2-12)计算骨架合档粗集料(P_{ca})捣实堆积相对密度$\rho_{h,d,ca}$。

$$\rho_{h,d,ca} = \frac{100}{\dfrac{M_{j1}}{\rho_{d,ca,1}} + \dfrac{M_{j2}}{\rho_{d,ca,2}} + \cdots + \dfrac{M_{jj}}{\rho_{d,ca,j}}} \tag{2-12}$$

式中:$\rho_{d,ca,1}$、$\rho_{d,ca,2}$、$\cdots$、$\rho_{d,ca,j}$——粗集料骨架设计各档矿料的捣实堆积相对密度。

(4)按式(2-13)计算骨架合档粗集料(P_{ca})在自然堆积状态下的间隙率。

$$VV_{h,l,ca} = \left(1 - \frac{\rho_{h,l,ca}}{\rho_{h,b,ca}}\right) \times 100 \tag{2-13}$$

式中:$VV_{h,l,ca}$——骨架合档粗集料(P_{ca})在自然堆积状态下的间隙率(%)。

(5)按式(2-14)计算骨架合档粗集料(P_{ca})在捣实堆积状态下的间隙率。

$$VV_{h,d,ca} = \left(1 - \frac{\rho_{h,d,ca}}{\rho_{h,b,ca}}\right) \times 100 \tag{2-14}$$

式中:$VV_{h,d,ca}$——骨架合档粗集料(P_{ca})在捣实堆积状态下的间隙率(%)。

2.3.3 第二阶段:细集料填充级配的确定

取骨架合档粗集料(P_{ca})体积率$V_{ca}=1$。其体积率之间的关系见式(2-15):

$$V_{ca} = V_{d,ca} = V_{b,ca} + VV_{h,d,ca} = 1 \tag{2-15}$$

式中:V_{ca}——骨架合档粗集料(P_{ca})体积率,100%;

$V_{\mathrm{d,ca}}$——骨架合档粗集料(P_{ca})在捣实堆积状态下的体积率,100%;

$V_{\mathrm{b,ca}}$——骨架合档粗集料(P_{ca})毛体积相对密度所对应的毛体积率(%);

$VV_{\mathrm{h,d,ca}}$——骨架合档粗集料(P_{ca})在捣实堆积状态下的间隙率(%)。

骨架设计合成体积组成如图2-1所示。

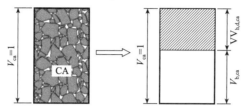

图2-1 骨架设计合成体积组成示意图

一级填充细集料($P_{\mathrm{fa,1}}$)的填充体积率($V_{\mathrm{fa,1}}$)及质量百分比($M_{\mathrm{fa,1}}$)计算公式分别见式(2-16)、式(2-17):

$$V_{\mathrm{fa,1}} = VV_{\mathrm{h,d,ca}} \tag{2-16}$$

$$M_{\mathrm{fa,1}} = V_{\mathrm{fa,1}} \times \rho_{\mathrm{d,fa,1}} \tag{2-17}$$

式中:$V_{\mathrm{fa,1}}$——一级填充细集料的体积率(%);

$\rho_{\mathrm{d,fa,1}}$——一级填充细集料紧装相对密度;

$M_{\mathrm{fa,1}}$——一级填充细集料的质量比(%)。

一级填充后细集料的间隙率$VV_{\mathrm{fa,1}}$计算公式见式(2-18),细集料填充过程体积组成示意图如图2-2所示。

$$VV_{\mathrm{fa,1}} = \left(1 - \frac{\rho_{\mathrm{d,fa,1}}}{\rho_{\mathrm{b,fa,1}}}\right) \times V_{\mathrm{fa,1}} \tag{2-18}$$

式中:$VV_{\mathrm{fa,1}}$——一级填充后细集料的间隙率(%)。

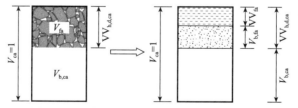

图2-2 一级填充后细集料填充过程体积组成示意图

二级填充细集料($P_{\mathrm{fa,2}}$)的填充体积率($V_{\mathrm{fa,2}}$)及质量百分比($M_{\mathrm{fa,2}}$)计算公式分别见式(2-19)、式(2-20):

$$V_{\mathrm{fa,2}} = VV_{\mathrm{fa,1}} \tag{2-19}$$

$$M_{\mathrm{fa,2}} = V_{\mathrm{fa,2}} \times \rho_{\mathrm{d,fa,2}} \tag{2-20}$$

式中：$V_{fa,2}$——二级填充细集料的体积率(%)；

$\rho_{d,fa,2}$——二级填充细集料紧装相对密度；

$M_{fa,2}$——二级填充细集料的质量比(%)。

依此类推，可求出 $V_{fa,1} \sim V_{fa,k}$，$M_{fa,1} \sim M_{fa,k}$。填充料(P_{fa})总质量比计算公式见式(2-21)：

$$M_{fa} = M_{fa,1} + M_{fa,2} + \cdots + M_{fa,k} \tag{2-21}$$

细集料填充后的间隙率 $VV_{fa,k}$ 计算公式见式(2-22)：

$$VV_{fa,k} = \left(1 - \frac{\rho_{d,fa,k}}{\rho_{b,fa,k}}\right) \times V_{fa,k} \tag{2-22}$$

式中：$VV_{fa,k}$——k级填充后细集料的间隙率(%)。

2.3.4 填料填充级配的确定

关于填料部分的填充，其计算原理类似于细集料填充，也可以分级填充。不同的是，填料具有以下特点：一是填料的粗细相近，按照级配原则难以分档；二是填料在数量上有主次之分。鉴于填料的上述特点，填料填充计算时可以不分档，按主料计算，次填料或次次填料可以通过与主料置换的方式解决。

填料(P_{fi})的填充体积率(V_{fi})及填充料的质量百分比(M_{fi})计算公式分别见式(2-23)、式(2-24)：

$$V_{fi} = VV_{fa,k} \tag{2-23}$$

$$M_{fi} = V_{fi} \times \rho_{d,fi} \tag{2-24}$$

式中：V_{fi}——填料在紧装密度下对应的填料填充体积率(%)；

M_{fi}——填料的质量比(%)；

$\rho_{d,fi}$——填料的紧装相对密度。

若存在次填料($P_{fi,c}$)，按照填充体积不变的原则进行置换。

若次填料($P_{fi,c}$)的质量百分比为 $M_{fi,c}$，则次填料的体积比计算公式见式(2-25)：

$$V_{fi,c} = \frac{M_{fi,c}}{\rho_{d,fi,c}} \tag{2-25}$$

式中：$V_{fi,c}$——次填料($P_{fi,c}$)在紧装密度下对应的填料填充体积率(%)；

$M_{fi,c}$——次填料($P_{fi,c}$)的质量比(%)；

$\rho_{d,fi,c}$——次填料($P_{fi,c}$)的紧装相对密度。

则主填料的体积计算公式见式(2-26)：

$$V_{\text{fi},z} = V_{\text{fi}} - V_{\text{fi},c} \tag{2-26}$$

式中：$V_{\text{fi},z}$——主填料在紧装相对密度下对应的填料填充体积率(%)。

主填料的质量比计算公式见式(2-27)：

$$M_{\text{fi},z} = M_{\text{fi}} - M_{\text{fi},c} \tag{2-27}$$

式中：$M_{\text{fi},z}$——主填料在紧装相对密度下对应填料的质量比(%)。

多级填充后填充料($P_{\text{fa}+\text{fi}}$)的质量百分比计算公式见式(2-28)。

$$M_{\text{fa}+\text{fi}} = M_{\text{fa}} + M_{\text{fi}} \tag{2-28}$$

式中：$M_{\text{fa}+\text{fi}}$——多级填充后填充料($P_{\text{fa}+\text{fi}}$)的质量比(%)。

多级填充后填充料($P_{\text{fa}+\text{fi}}$)的总质量百分比$m_{\text{fa}+\text{fi}}$计算公式见式(2-29)，填充料填充过程体积组成示意图如图2-3所示。

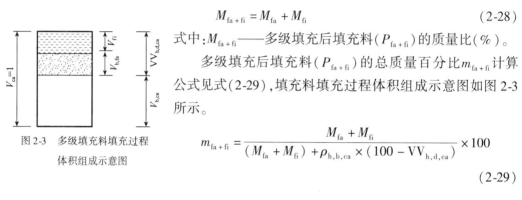

图2-3 多级填充料填充过程体积组成示意图

$$m_{\text{fa}+\text{fi}} = \frac{M_{\text{fa}} + M_{\text{fi}}}{(M_{\text{fa}} + M_{\text{fi}}) + \rho_{\text{h,b,ca}} \times (100 - VV_{\text{h,d,ca}})} \times 100 \tag{2-29}$$

2.3.5 矿料的级配合成

第一阶段的骨架设计和第二阶段的填充设计之间，在质量比方面是相互独立的，但在体积方面是继承的关系，是针对骨架设计成果的空隙体积进行填充设计的。为方便施工，保证配合比设计的一致和统一非常重要，因此必须对第一阶段和第二阶段进行融合，形成一个统一的配比。具体做法是将两个阶段的质量比(%)进行换算融合。假定组成配比的档料为3档粗集料、1档细集料和1档填料，其质量比(%)组成计算公式见式(2-30)~式(2-35)。

$$P_{\text{ca},1}: m_1 = \frac{M_{31} \times (100 - m_{\text{fa}+\text{fi}})}{100} \tag{2-30}$$

$$P_{\text{ca},2}: m_2 = \frac{M_{32} \times (100 - m_{\text{fa}+\text{fi}})}{100} \tag{2-31}$$

$$P_{\text{ca},3}: m_3 = \frac{M_{33} \times (100 - m_{\text{fa}+\text{fi}})}{100} \tag{2-32}$$

$$P_{\text{fa}}: m_4 = m_{\text{fa}} = \frac{m_{\text{fa}+\text{fi}} \times M_{\text{fa}}}{M_{\text{fa}+\text{fi}}} \tag{2-33}$$

$$P_{\text{fi}}: m_5 = m_{\text{fi}} = \frac{m_{\text{fa+fi}} \times M_{\text{fi}}}{M_{\text{fa+fi}}} \tag{2-34}$$

$$m_1 + m_2 + m_3 + m_4 + m_5 = 100\% \tag{2-35}$$

式中：m_1、m_2、m_3——三档粗集料的质量比(%)；

m_4——细集料的质量比(%)；

m_5——填料的质量比(%)。

2.4 小结

(1)通过对现行规范有关矿料级配设计方法和目前常用的矿料级配设计理论进行分析，论证了矿料性状与现行矿料级配设计之间没有十分清晰的关系，这是不符合实际情况的，应加以改进。

(2)提出了力学-体积两阶段矿料级配设计方法，这是一种基于 CBR 试验的方法。由于采用试验方法的优点是不受假设的困扰，面对的是真实的材料性状，因而设计的级配能够真实反映矿料级配混合料的 φ 值和 τ 值，进而可以在设计过程中考量矿料性状和所设计的矿料混合料级配真实的抗剪能力，设计出真实符合路用性能要求的矿料级配。

(3)力学-体积两阶段矿料级配设计分两个阶段。第一阶段为骨架级配设计阶段，第二阶段为填充阶段，最后融合两阶段结果，形成一个统一的合成级配设计结果，供设计、施工使用。

第3章 矿料承载比试验研究

3.1 概述

加州承载比(CBR)法是20世纪20年代美国加利福尼亚州首先推荐使用的一种设计方法。1928—1929年,美国加利福尼亚州公路局进行了道路破坏状况的调查,调查结果发现路面破坏的主要类型是:①路面吸水后,土基材料产生侧向移动;②路面下材料产生不均匀沉陷;③路面下材料在多次重复荷载作用下,产生过大的弯沉。一般认为:第①种、第②种破坏是由于土基压实不够,而第③种破坏是面层厚度不足或是基层抗剪强度不够所致。为了预估路面材料的使用状况,美国加利福尼亚州公路局在1929年制定了CBR试验,其后到1942年止,连续进行了十多年的路面调查,提出了土基的CBR和必要的路面厚度之间的关系。后来,美国陆军工兵部队又绘制了道路路面的设计曲线。此曲线开始于肯塔基州,后推广到美国16个州,而且在世界各国被广泛用作为CBR设计曲线的基础。

加州承载比(CBR)法作为一种评定基层材料承载能力的试验方法,其承载能力以材料抵抗局部荷载压入变形的能力来表征,并采用标准碎石的承载能力为基准,以相对值的百分数表示CBR值。这种方法后来也用于评定土基的强度,即标准试件在贯入量为2.5mm时所施加的试验荷载与标准碎石材料在相同贯入量时所施加的荷载的比值,以百分率表示。由于CBR试验方法简单,设备造价低廉,在许多国家得到广泛应用。

日本也把CBR试验纳入全国工业规格土质试验方法规程(JIS A1211—70)。我国在参考美国ASTM D1883-78和AASHTO-74规程的基础上,编制了我国《公路土工试验规程》T 0134 承载比(CBR)试验,后经历次修订完善,现行承载比(CBR)试验收录于《公路土工试验规程》(JTG 3430—2020)中,具体方法见附录1。

承载比(CBR)试验(T 0134—2019)适用于在规定的试筒内制作试件后,对各种土和路基基层、底基层材料进行承载比试验,试样的最大粒径宜控制在20mm以内,最大粒径不得超过40mm,且粒径在20～40mm的颗粒含量不宜超过5%。

矿料承载比(CBR)试验的对象是散体矿料,属粒料类材料。对此,《公路沥青路面设计规范》(JTG D50—2017)有以下规定:

(1)基层、底基层级配碎石的CBR值应符合表3-1的有关规定。

级配碎石 CBR 值　　　　　　　　　　　　　　　　表 3-1

结构层	公路等级	极重、特重交通	重交通	中等、轻交通
基层	高速公路、一级公路	≥200	≥180	≥160
	二级及二级以下公路	≥160	≥140	≥120
底基层	高速公路、一级公路	≥120	≥100	≥80
	二级及二级以下公路	≥100	≥80	≥60

(2)高速公路和一级公路基层粒料公称最大粒径不宜大于26.5mm;底基层采用级配碎石或级配砂砾时,公称最大粒径不宜大于31.5mm;底基层采用天然砂砾时,公称最大粒径不宜大于53mm。二级及二级以下公路的基层、底基层粒料公称最大粒径不宜大于53mm。

根据上述规定可知,采用CBR为指标的CBR-V矿料级配设计在进行CBR试验时,还需结合现行规范的相关要求,制定具体的矿料CBR试验。原因如下:

(1)CBR指标是用来评价矿料类散体材料比较好的指标,是《公路沥青路面设计规范》(JTG D50—2017)中关于粒料类材料的唯一控制指标,就目前而言具有不可替代的位置。这说明,CBR-V矿料级配设计选用CBR作为矿料强度的评价指标是可行的。

(2)根据现行设计规范,矿料CBR试验可评价粒料的最大粒径为53mm,而承载比(CBR)试验(T 0134—2019)规定的最大粒径宜控制在20mm以内,最大粒径不得超过40mm,且粒径在20～40mm的颗粒含量不宜超过5%。上述条款规定中,均对矿料最大粒径的控制提出了明确要求。但考虑到上述两项条款的不一致性,可选择两项条款中的交集部分,即取最大粒径不超过31.5mm,亦可满足承载比(CBR)试验(T 0134—2019)要求。因此,CBR-V矿料级配设计粗集料的最大公称粒径宜按不超过31.5mm控制。

(3)承载比(CBR)试验(T 0134—2019)主要针对的是有一定级配的土或碎石材料,对于单档集料或非完全级配料则不适合,因为这种情况下材料完全是散体材料且没有黏性,因而无法击实、无法成型、无法保水、无法脱模。由于现有承载比试验无法承担散体材料的承载比试验,因此有必要在现有的基础上进行矿料承载比试验的成型方法研究、矿料承载比荷载板合理厚度的研究、基于试件尺度对矿料承载比的影响及其变异性试验研究、矿料针片状颗粒含量对承载比的影响等。

(4)形成新的改进型承载比试验方法——矿料承载比试验方法。

3.2 矿料承载比试验成型方式

3.2.1 试验思路

目前在测定矿料承载比(CBR)时,主要是参考《公路工程集料试验规程》(JTG E42—2005)中粗集料堆积密度及空隙率试验(T 0309—2005)中的成型方法。该方法涉及的三个密度为自然堆积密度、振动密度和捣实密度。根据自然堆积密度、振动密度和捣实密度三种成型方式,并结合相关试验可知,振动成型方式因造成集料离析严重首先舍弃。而自然堆积密度所对应的成型方式虽然其造成的集料离析程度最小,但由于集料间过于松散,贯入量过大,导致CBR测试数据失真。为弥补这一试验缺陷,在CBR试验之前,增加一个预压实的过程,使得集料由松散状态转为紧装状态。采用捣实密度所对应的成型方式,亦存在集料离析问题,但相比振动成型而言,情况有所缓解,是目前公认且应用比较广泛的一种方式。然而在大量的试验过程中,人们也发现,这种成型方式人为影响因素比较大,测定值的离散性较大,所测数据出现无法使用的情况时有发生。

本试验选用了当前我国公路路面工程中最具代表性的三种矿料——石灰岩、花岗岩和辉绿岩,就不同成型方式和方法进行对比研究。

第一种是三装三捣方式(捣实密度方式),即将混合均匀的集料分3个1/3,每装1/3,用捣棒由边至中均匀捣实25次。待全部集料装完并捣实整平后,换上荷载板,调整好仪器,进行承载比(CBR)贯入试验。

第二种是三装一压方式,即将混合均匀的集料分3个1/3,每装1/3,将表面整平,再继续下一层,待最后一层装完整平后,放置压力板,将试筒连同集料和压力板一起搬上路面材料强度仪(简称路强仪),进行压实。压实完成之后,从试筒中取出压力板,换上荷载板,调整好仪器,进行承载比(CBR)贯入试验。

3.2.2 原材料

试验分别选用广西某石场生产的石灰岩集料、广东某石场生产的花岗岩集料、广东某石场生产的辉绿岩集料,主要物理指标及筛分结果见表3-2~表3-7。

石灰岩集料(10~20mm)主要物理指标　　表3-2

表观相对密度	毛体积相对密度	吸水率(%)	针片状颗粒含量(%)	压碎值(%)
2.713	2.696	0.4	5.2	18

石灰岩集料(10~20mm)筛分结果　　表3-3

筛孔尺寸(mm)	26.5	19	16	13.2	9.5	4.75
通过率(%)	100	91.6	63.9	31.9	0.6	0.1

花岗岩集料(10~20mm)主要物理指标　　表3-4

表观相对密度	毛体积相对密度	吸水率(%)	针片状颗粒含量(%)	压碎值(%)
2.751	2.721	0.4	9.3	9.4

花岗岩集料(10~20mm)筛分结果　　表3-5

筛孔尺寸(mm)	26.5	19	16	13.2	9.5	4.75
通过率(%)	100	92.9	72.8	41.4	0.7	0

辉绿岩集料(10~20mm)主要物理指标　　表3-6

表观相对密度	毛体积相对密度	吸水率(%)	针片状颗粒含量(%)	压碎值(%)
2.94	2.923	0.2	6.6	6.1

辉绿岩集料(10~20mm)筛分结果　　表3-7

筛孔尺寸(mm)	26.5	19	16	13.2	9.5	4.75
通过率(%)	100	94.1	65.2	36	2.9	0.5

3.2.3 矿料承载比(CBR)试验设备

路强仪型号为CH-128B,见图3-1。

路强仪主要技术指标:

①试验系统工作电压与频率:AC220V,50Hz。

②试验系统最大功耗:50W。

③允许最大传感器:200kN。

④负荷传感器示值精度:优于±1%,0.01mm。

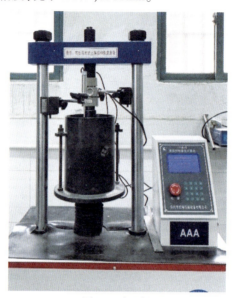

图 3-1　路强仪

3.2.4　试验结果分析

3.2.4.1　石灰岩

(1)三装三捣成型方式

石灰岩集料(10~20mm)三装三捣成型方式承载比(CBR)试验结果见表3-8。试验采用同批矿料及经标定的同一台设备,并由专职试验人员操作,以降低外界因素对试验结果的影响。

由表3-8试验结果可知:

①两组数据CBR5.0平均值为19.23%和24.88%,相差5.65个百分点;标准差分别为2.77%和4.17%,相差1.4个百分点;变异系数分别为14%和17%,相差3个百分点。CBR试验数据的离散性虽然达不到《公路土工试验规程》(JTG 3430—2020)中的承载比(CBR)试验(T 0134—2019)规定的精密度和允许差变异系数$C_v \leq 12\%$的要求,但相差不

大。若适当放宽精密度和允许差的要求,这种成型方式就石灰岩而言,基本可行。

注:CBR5.0 是指贯入量达 5.0mm 时,单位压力对标准碎石压入相同贯入量时标准荷载强度的比值。

石灰岩集料(10~20mm)三装三捣成型方式承载比(CBR)试验结果　　表 3-8

组数	CBR(%)试验结果						破碎率(%)试验结果			
	CBR 2.5mm	CBR 5.0mm	CBR 整理值	平均值	标准差	变异系数(%)	破碎率	平均值	标准差	变异系数(%)
1	10.4	18	18	19.23	2.77	14	2.30	2.32	0.41	18
	14.33	23.38	23.38				2.60			
	5.38	17.51	17.51				2.10			
	8.29	21.92	21.92				3.00			
	6.98	15.08	15.08				1.70			
	10.4	19.5	19.5				2.20			
2	<u>26.05</u>	<u>19.45</u>	26.05	24.88	4.17	17	2.2	1.78	0.27	15
	12.95	20.81	20.81				1.5			
	14.70	24.01	24.01				1.7			
	11.06	23.52	23.52				1.5			
	23.28	33.37	33.37				2.1			
	14.04	21.49	21.49				1.7			

②两组数据破碎率平均值分别为 2.32% 和 1.78%,相差 0.54 个百分点;标准差分别为 0.41% 和 0.27%,相差 0.14 个百分点;变异系数分别为 18% 和 15%,相差 3 个百分点。两组试验数据的破碎率基本一致,说明试验过程中由于破碎引起的变异差别不大。

③两组数据中,除第二组数据中的第一个样本 CBR2.5 大于 CBR5.0 以外(有下划线的数据),CBR2.5 均小于 CBR5.0,这说明石灰岩集料 CBR 试验采用 CBR5.0 来衡量 CBR 值较为合理。

注:CBR2.5 是指贯入量达 2.5mm 时,单位压力对标准碎石压入相同贯入量时标准荷载强度的比值。

(2)三装一压成型方式

三装一压成型方式主要考察的是不同成型压力对试验结果的影响,试验分别选用 5kN、10kN、12kN、15kN 和 20kN 五个级别的压力成型试件。石灰岩集料(10~20mm)三装一压成型方式承载比(CBR)试验结果见表 3-9。

石灰岩集料(10~20mm)三装一压成型方式承载比(CBR)试验结果　　表 3-9

组数	压力 (kN)	CBR(%)试验结果						破碎率(%)试验结果			
		CBR 2.5mm	CBR 5.0mm	CBR 整理值	平均值	标准差	变异系数(%)	破碎率	平均值	标准差	变异系数(%)
1	5	28.23	33.08	33.08	24.28	6.32	26	2.50	1.85	0.37	20
		15.86	20.95	20.95				1.40			
		16.52	30.27	30.27				2.10			
		8.29	15.47	15.47				1.50			
		11.79	18.82	18.82				1.70			
		18.84	27.11	27.11				1.90			
2	10	30.48	32.16	32.16	29.95	3.95	13	2.40	2.63	0.75	28
		16.73	23.57	23.57				2.30			
		34.34	33.47	34.34				2.80			
		12.66	33.9	33.9				2.80			
		13.24	26.39	26.39				1.50			
		16.44	29.35	29.35				4.00			
3	12	26.92	30.51	30.51	33.31	5.81	17	3.20	3.50	1.19	34
		27.21	37.69	37.69				3.00			
		19.28	31.82	31.82				3.30			
		30.41	32.55	32.55				2.60			
		13.61	24.35	24.35				2.80			
		35.94	42.93	42.93				6.10			
4	15	29.76	40.16	40.16	39.30	3.90	10	2.90	3.40	0.59	17
		36.74	40.06	40.06				2.90			
		39.65	44.09	44.09				3.30			
		38.92	41.76	41.76				4.40			
		21.32	31.58	31.58				4.00			
		25.54	38.17	38.17				2.90			
5	20	38.49	31.77	38.49	41.21	8.89	22	4.60	3.97	0.52	13
		52.82	55.59	55.59				3.60			
		28.74	49.23	49.23				4.00			
		29.9	32.11	32.11				3.40			
		15.21	30.61	30.61				3.50			
		32.01	41.23	41.23				4.70			

由表3-9试验结果可知：

①CBR均值随着成型压力的增加而增大。

②CBR测定值的标准差随着成型压力的增加，其变化规律不显著。

③CBR测定值的变异系数随着成型压力的增加先降后升；当成型压力在10~15kN之间时，其变异系数比较小，其中成型压力为10kN时，变异系数为13%，小于三装三捣时的14%和17%。

④破损率的均值随着成型压力的增加而增大。

⑤破损率测定值的标准差随着成型压力的增加，其变化规律不显著。

⑥破碎率测定值的变异系数随着成型压力的增加先升后降。

⑦5组试验数据中，除第二组数据中的第三个样本CBR2.5大于CBR5.0以外（有下划线的数据），CBR2.5均小于CBR5.0，这再次证明了石灰岩集料的CBR试验采用CBR5.0来衡量其CBR值具有一定的合理性。

不同压力下石灰岩集料（10~20mm）CBR及变异系数如图3-2所示。由图可知，石灰岩集料的CBR值与其变异系数间的平衡点在压力8kN处。不同压力下石灰岩集料（10~20mm）破碎率及变异系数如图3-3所示。由图可知，石灰岩集料破碎率与其变异系数间的平衡点在压力12.5kN处。同时考虑CBR和破碎率，取其平均值，则石灰岩集料的成型压力在10.25kN处。为方便工作，取石灰岩碎石的成型压力为10kN，此时，CBR的变异系数为13%，接近《公路土工试验规程》（JTG 3430—2020）中的承载比（CBR）试验（T 0134—2019）规定的精密度和允许差$C_V \leq 12\%$的要求。

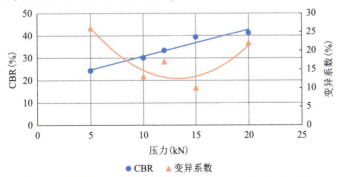

图3-2 不同压力下石灰岩集料（10~20mm）CBR值及变异系数

对比三装三捣和三装一压两种成型方式，且考虑到三装一压离析较小且变异系数也较小的优势，石灰岩矿料承载比（CBR）试验采用三装一压的成型方式且成型压力采用10kN是可行的。鉴于矿料承载比（CBR）贯入量为5.0mm时的CBR5.0值基本均大于贯入度为 2.5mm 时的 CBR2.5 值,且数据的复现性较为稳定,故可采用贯入量为 5.0mm 时对应的 CBR5.0 作为矿料承载比 CBR 的标准值。

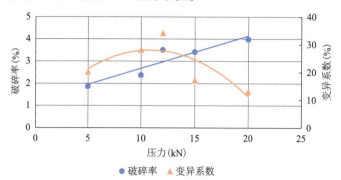

图 3-3 不同压力下石灰岩集料(10~20mm)破碎率及变异系数

3.2.4.2 花岗岩

(1)三装三捣成型方式

花岗岩集料(10~20mm)承载比(CBR)三装三捣成型方式试验结果见表 3-10。试验采用同批矿料及经标定的同一台设备,并由专职试验人员操作,以降低外界因素对试验结果的影响。

花岗岩集料(10~20mm)三装三捣成型方式承载比(CBR)试验结果　　表 3-10

组数	CBR(%)试验结果						破碎率(%)试验结果			
	CBR		CBR 整理值	平均值	标准差	变异系数(%)	破碎率	平均值	标准差	变异系数(%)
	2.5mm	5.0mm								
1	21.75	40.26	40.26	22.70	12.43	55	2.00	1.47	0.46	31
	5.53	23.43	23.43				1.50			
	2.18	7.13	7.13				1.00			
	13.61	21.2	21.2				2.10			
	29.1	35.75	35.75				0.90			
	4.22	8.44	8.44				1.30			
2	6.91	7.57	7.57	15.92	6.46	41	1.90	1.88	0.68	36
	15.72	17.36	17.36				1.80			
	14.99	24.18	24.18				2.20			
	1.46	8.59	8.59				0.70			
	7.13	14.5	14.5				1.70			
	15.72	23.33	23.33				3.00			

由表 3-10 试验结果可知：

①两组数据 CBR5.0 平均值分别为 22.7% 和 15.92%，相差 6.78 个百分点，是第一组数据均值的 30%；标准差分别为 12.43% 和 6.46%，相差 5.97 个百分点，是第一组数据的 48%；变异系数分别为 55% 和 41%，相差 14 个百分点。CBR 均值的变异系数离散性过大，完全达不到《公路土工试验规程》(JTG 3430—2020) 中承载比 (CBR) 试验 (T 0134—2019) 规定的精密度和允许差变异系数 $C_V \leq 12\%$ 的要求，且相差甚远。可以认为，采用三装三捣的成型方式进行花岗岩类矿料承载比 (CBR) 试验检测不妥，应放弃。

②破碎率方面：其平均值分别为 1.47% 和 1.88%，相差 0.41 个百分点；标准差分别为 0.46% 和 0.68%，相差 0.22 个百分点；变异系数分别为 31% 和 36%，相差 5 个百分点，均较大。

③两组数据中，CBR2.5 均小于 CBR5.0，这说明在进行花岗岩矿料 CBR 试验过程中，采用贯入量为 5.0mm 时的 CBR5.0 来衡量 CBR 值较为合理。这点与石灰岩的表现一致。

(2) 三装一压成型方式

花岗岩集料 (10~20mm) 承载比 (CBR) 三装一压成型，分别采用了 5kN、10kN、15kN 和 20kN 四个级别的压力成型试件，试验结果见表 3-11。

花岗岩集料 (10~20mm) 三装一压成型方式承载比 (CBR) 试验结果　　表 3-11

组数	压力 (kN)	CBR(%) 试验结果						破碎率(%) 试验结果			
		CBR 2.5mm	CBR 5.0mm	CBR 整理值	平均值	标准差	变异系数(%)	破碎率	平均值	标准差	变异系数(%)
1	5	13.68	23.28	23.28	25.88	4.30	17	2.50	2.68	0.32	12
		5.46	19.16	19.16				3.20			
		17.24	27.21	27.21				2.80			
		21.46	32.35	32.35				2.90			
		19.06	29.3	29.3				2.50			
		16.61	23.96	23.96				2.20			
2	10	11.5	20.13	20.13	23.28	4.06	17	1.60	2.28	0.44	19
		20.81	25.22	25.22				2.00			
		8.73	20.76	20.76				2.60			
		5.75	17.75	17.75				2.00			
		11.57	29.54	29.54				2.70			
		14.62	26.29	26.29				2.80			

续上表

组数	压力(kN)	CBR(%)试验结果						破碎率(%)试验结果			
		CBR 2.5mm	CBR 5.0mm	CBR整理值	平均值	标准差	变异系数(%)	破碎率	平均值	标准差	变异系数(%)
3	15	8.51	34.15	34.15	31.08	3.70	12	2.90	4.92	1.20	24
		20.37	33.42	33.42				5.30			
		30.05	31.92	31.92				6.20			
		24.66	313	313				3.70			
		10.62	219	219				5.70			
		23.79	30.7	30.7				5.70			
4	20	35.72	30.9	35.72	36.51	6.60	19	8.10	8.63	0.72	8
		12.59	30.8	30.8				8.10			
		29.1	39.48	39.48				7.90			
		46.93	49.43	49.43				10.00			
		19.72	29.78	29.78				8.90			
		28.01	33.86	33.86				8.80			

由表3-11试验结果可知：

①CBR均值随着成型压力的增加有逐渐增加的趋势。

②CBR测定值的标准差随着成型压力的增加而增加，但趋势不显著。

③CBR测定值的变异系数随着成型压力的增加变化不显著，4组试验的均值分别为17%、17%、12%和19%。

④破损率的均值随着成型压力的增加而增加。

⑤破损率测定值的标准差随着成型压力的增加有增加的趋势。

⑥破碎率测定值的变异系数随着成型压力的增加表现出先增加后减小的趋势。

⑦4组数据的CBR5.0均大于CBR2.5，与石灰岩的表现一致。

不同压力下花岗岩集料(10～20mm)CBR值及变异系数如图3-4所示。由图可知，花岗岩集料(10～20mm)CBR与其变异系数间的平衡点在压力13kN处。不同压力下花岗岩集料(10～20mm)破碎率及变异系数如图3-5所示。由图3-5可知，破碎率与其变异系数间的平衡点在压力17kN处。同时考虑CBR和破碎率，花岗岩碎石三装一压成型压力宜定义为15kN，此时CBR测定值的变异系数为12%，满足《公路土工试验规程》

（JTG 3430—2020）中的承载比（CBR）试验（T 0134—2019）规定的精密度和允许差变异系数 $C_V \leq 12\%$ 的要求。

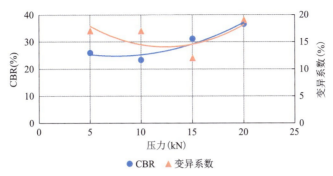

图 3-4　不同压力下花岗岩集料（10~20mm）CBR 值及变异系数

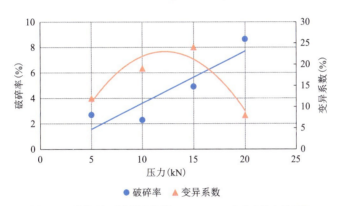

图 3-5　不同压力下花岗岩集料（10~20mm）破碎率及变异系数

对比三装三捣和三装一压两种成型方式，考虑到三装一压离析较小且变异系数也较小的优势，花岗岩矿料承载比（CBR）试验采用三装一压的成型方式，且成型压力采用 15kN 是可行的。同时鉴于矿料承载比（CBR）贯入量为 5.0mm 时的 CBR 值均大于贯入量为 2.5mm 时的 CBR 值，且数据的复现性较为稳定，故可采用贯入量为 5.0mm 时对应的 CBR5.0 作为矿料承载比 CBR 的标准值，与石灰岩表现一致。

3.2.4.3　辉绿岩

（1）三装三捣成型方式

辉绿岩集料（10~20mm）三装三捣成型方式承载比（CBR）试验结果见表 3-12。试验采用同批矿料及经标定的同一台设备，并由专职试验人员操作，以降低外界因素对试验结果的影响。

辉绿岩集料(10~20mm)三装三捣成型方式承载比(CBR)试验结果　　表3-12

组数	CBR(%)试验结果						破碎率(%)试验结果			
	CBR 2.5mm	CBR 5.0mm	CBR 整理值	平均值	标准差	变异系数(%)	破碎率	平均值	标准差	变异系数(%)
1	15.06	39.92	39.92	34.44	15.23	44	0.6	0.45	0.17	38
	4.87	12.27	12.27				0.1			
	27.94	39.63	39.63				0.6			
	32.23	58.21	58.21				0.5			
	14.77	38.37	38.37				0.4			
	6.04	18.24	18.24				0.5			
2	25.03	53.94	53.94	45.86	12.28	27	0.33	0.22	0.16	72
	10.33	32.84	32.84				0			
	25.1	59.66	59.66				0.4			
	3.42	32.4	32.4				0			
	13.75	36.18	36.18				0.3			
	27.79	60.15	60.15				0.3			

由表3-12试验结果可知：

两组试验的CBR平均值分别为34.44%和45.86%，相差11.42个百分点；标准差分别为15.2%和12.28%，相差2.95个百分点；变异系数分别为44%和27%，相差17个百分点。

破碎率平均值分别为0.45%和0.22%，相差0.23个百分点；标准差分别为0.17%和0.16%，相差0.01个百分点，变异系数分别为38%和72%，相差34个百分点。变异系数均较大，主要是因为插捣方式使散体集料离散性过大。

（2）三装一压成型方式

辉绿岩集料(10~20mm)承载比(CBR)三装一压成型，分别采用了5kN、10kN、15kN和20kN四个级别的压力成型试件。试验结果见表3-13。

辉绿岩集料(10～20mm)三装一压成型方式承载比(CBR)试验结果　　表3-13

组数	压力(kN)	CBR(%)试验结果						破碎率(%)试验结果			
		CBR		CBR整理值	平均值	标准差	变异系数(%)	破碎率	平均值	标准差	变异系数(%)
		2.5mm	5.0mm								
1	5	34.78	55.93	55.93	47.74	8.62	18	0.10	0.28	0.23	80
		25.83	40.6	40.6				0.00			
		30.41	56.65	56.65				0.20			
		14.41	35.84	35.84				0.30			
		24.66	41.47	41.47				0.40			
		41.33	55.97	55.97				0.70			
2	10	24.3	54.03	54.03	46.30	8.88	19	0.40	0.37	0.12	34
		29.03	38.51	38.51				0.50			
		28.67	44.62	44.62				0.50			
		6.26	32.55	32.55				0.20			
		30.27	58.59	58.59				0.40			
		18.92	49.47	49.47				0.20			
3	15	22.63	53.65	53.65	61.89	9.31	15	0.80	1.00	0.37	37
		35	57.96	57.96				0.70			
		44.67	71.01	71.01				1.30			
		36.52	71.54	71.54				1.70			
		40.6	69.51	69.51				0.70			
		21.46	47.68	47.68				0.80			
4	20	53.62	60.82	60.82	72.24	10.18	14	1.30	1.20	0.48	40
		60.17	83.96	83.96				1.70			
		46.64	87.84	87.84				1.90			
		27.5	63.06	63.06				0.80			
		32.67	70.28	70.28				0.60			
		36.16	67.47	67.47				0.90			

由表 3-13 试验结果可知:

①CBR 均值随着成型压力的增加而增加。

②CBR 测定值的标准差随着成型压力的增加而增加。

③CBR 测定值的变异系数随着成型压力的增加而减小。

④破损率的均值随着成型压力的增加而增加。

⑤破损率测定值的标准差随着成型压力的增加有增加的趋势。

⑥破碎率测定值的变异系数随着成型压力的增加有减小的趋势,当成型压力由 5kN 变为 10kN 时,变异系数由 80% 减小至 34%,变化较为显著。之后的变化趋势则趋于缓和,随着压力的增加而缓慢增加。

⑦4 组数据中 CBR2.5 基本均小于 CBR5.0,与石灰岩和花岗岩集料表现基本一致。

不同压力下辉绿岩集料(10~20mm)CBR 及变异系数如图 3-6 所示,反映了 CBR 和试验值变异系数随压力增加的变化趋势。两条曲线在成型压力 15kN 附近相交。此交点可看作 CBR 和变异系数随压力变化的平衡点,即离开此点,意味着不同压力成型试件的 CBR 与其对应的变异系数将会出现错位。对应此点的 CBR 值为 60%,成型压力为 15kN,变异系数约为 15%。

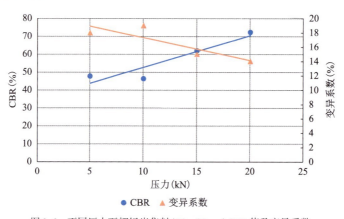

图 3-6　不同压力下辉绿岩集料(10~20mm)CBR 值及变异系数

不同压力下辉绿岩集料(10~20mm)破碎率及变异系数如图 3-7 所示,反映了破碎率和测定值的变异系数随压力的变化趋势。试验由于变异系数过大,没有什么实际意义,但就趋势来讲,仍有一定的参考价值。两条曲线在成型压力 11kN 附近相交,此交点同样可看作破损率和变异系数随压力变化的平衡点。

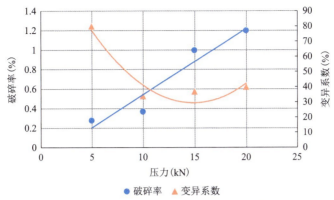

图 3-7　不同压力下辉绿岩集料(10~20mm)破碎率及变异系数

通过对辉绿岩集料 CBR 和破损率变化分析,其变化规律与花岗岩集料趋同,即在成型压力为 15kN 时,存在一个平衡点,所测得的 CBR 值在此点达到平衡。此外,相比三装三捣成型方式,采用三装一压成型时的变异系数则明显减小,虽然仍然达不到《公路土工试验规程》(JTG 3430—2020)中的承载比(CBR)试验(T 0134—2019)规定的精密度和允许差变异系数 $C_V \leq 12\%$ 的要求,但接近该允许值。鉴于此,建议将 15kN 定义为辉绿岩三装一压成型方式的成型压力值。

3.3　矿料承载比荷载板合理厚度确定

3.3.1　试验思路

《公路土工试验规程》(JTG 3430—2020)中的承载比(CBR)试验(T 0134—2019)的试验对象是土,而矿料承载比的试验对象为矿料。"土"在水介质作用下经击实后可形成具有一定胶结强度的整体结构,而集料在不掺入胶结料时,颗粒间仅通过水介质难以形成胶结强度,击实后仍属散体结构。土体在进行贯入试验过程中,随着贯入杆的压入,土体变化较为均匀稳定,而矿料则会由于颗粒间的突然侧向滑移而出现"突变"的现象,因此减少试验中"突变"的次数或降低"突变"的程度对 CBR 测定值的影响是矿料承载比试验成功的关键。分析矿料承载比试验机理,发现这一现象主要与试件顶部荷载板的质量相关。目前土的承载比(CBR)试验的荷载板每块质量 1.25kg,厚 1cm。结合前期大量的试验验证及经验总结,在《公路土工试验规程》(JTG 3430—2020)中的承载比(CBR)试验

(T 0134—2019)方法的基础上,就荷载板厚度对矿料承载比的影响开展研究。

试验矿料选用了当前我国公路路面工程中较为常用的辉绿岩集料。荷载板采用0cm、1cm、2cm、3cm、4cm、5cm、6cm、7cm八种厚度,其中1cm厚度的荷载板大小及式样同《公路土工试验规程》(JTG 3430—2020)中的承载比(CBR)试验规定,通过八组试验分析荷载板不同厚度时对CBR值复现性的影响。其他试验组件同《公路土工试验规程》(JTG 3430—2020)中的承载比(CBR)试验(T 0134—2019)规定。

3.3.2 原材料

试验采用广东某石场生产的辉绿岩集料(10~20mm),其主要物理指标及筛分结果见表3-14、表3-15。

辉绿岩集料(10~20mm)主要物理指标 表3-14

表观相对密度	毛体积相对密度	吸水率（%）	针片状颗粒含量（%）	压碎值（%）
2.94	2.923	0.2	6.6	6.1

辉绿岩集料(10~20mm)筛分结果 表3-15

筛孔尺寸(mm)	26.5	19	16	12	9.5	4.75
通过率(%)	100	94.1	65.2	36	2.9	0.5

3.3.3 试验结果及分析

3.3.3.1 不同厚度荷载板时 CBR 值变化趋势

试验采用荷载板厚度及 CBR 试验结果见表3-16和图3-8,由试验结果可知:当荷载板厚度为0~7cm时,贯入量为2.5mm和5.0mm时的CBR值变化波动趋势基本一致。

不同厚度荷载板时 CBR 值 表3-16

荷载板厚度(cm)	CBR5.0(%)	CBR2.5(%)
0	89.3	59.4
1	63.6	28.14
2	91	58.89
3	71.7	41.58
4	85.3	62.35

续上表

荷载板厚度(cm)	CBR5.0(%)	CBR2.5(%)
5	58.9	60.87
6	72.6	36.86
7	78.2	39.46

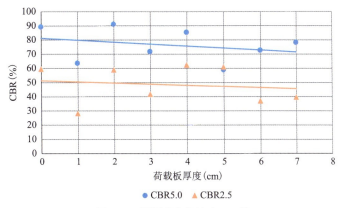

图 3-8　不同厚度荷载板时 CBR 值

3.3.3.2　不同厚度荷载板时变异系数变化趋势

试验采用不同荷载板厚度及相应 CBR 值变异系数计算结果见表 3-17 和图 3-9。由试验结果可知：

(1) 两者之间的变化趋势相同，但贯入量为 2.5mm 时数据的波动性明显较贯入量为 5.0mm 时更为显著。

(2) 贯入量 2.5mm 时的变异系数整体大于贯入量 5.0mm。

(3) 对比两组数据的平均变异系数，贯入量为 2.5mm 时的平均变异系数为 24.5%，贯入量为 5.0mm 时的平均变异系数为 17.38%，两者平均变异系数相差 7.12 个百分点，贯入量为 5.0mm 的平均变异系数要远小于贯入量为 2.5mm 时的平均变异系数。

(4) 两个贯入量对应的变异系数均存在最小值。贯入量 2.5mm 时的最小变异系数位于荷载板厚度为 3cm 位置，贯入量 5.0mm 时的最小变异系数位于荷载板厚度为 4cm 的位置。

(5) 对比两组数据变异系数的最小值，贯入量为 5.0mm 时的最小变异系数为 6.0%，贯入量为 2.5mm 时的最小变异系数为 10%。由此可以看出，贯入量为 5.0mm 时试验的稳定性和试验数据的复现性明显要优于贯入量为 2.5mm 时。

不同厚度荷载板时变异系数　　　　　　　　　　表 3-17

荷载板厚度(cm)	5mm 变异系数(%)	2.5mm 变异系数(%)
0	17	21
1	16	30
2	14	22
3	14	10
4	6	28
5	20	25
6	28	27
7	24	33

注:5mm 变异系数表示贯入量为 5mm 时对应的变异系数,余类同。

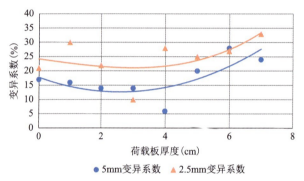

图 3-9　不同厚度荷载板时变异系数

综上分析,矿料承载比(CBR)试验采用贯入量为 5.0mm,相应的荷载板厚度为 4cm 是可行的。

3.3.3.3　贯入量为 2.5mm 时 CBR2.5 值及变异系数随荷载板厚度变化情况

试验采用不同荷载板厚度及贯入量为 2.5mm 时 CBR2.5 值和变异系数见表 3-18 和图 3-10。由试验和计算结果可知:

(1)贯入量为 2.5mm 时的 CBR2.5 值和变异系数均波动较大。CBR2.5 的平均值为 55.32%,变异系数平均值为 28%。

(2)变异系数在荷载板厚度为 3cm 时最小,达到 10%,与变异系数均值相差 18 个百分点。此点所对应的 CBR2.5 为 41.58%,与 CBR2.5 的均值相差 13.74 个百分点,约为平均值的 24.8%。

贯入量为 2.5mm 时 CBR2.5 值及变异系数随荷载板厚变化　　表 3-18

荷载板厚度(cm)	CBR2.5(%)	2.5mm 变异系数(%)
0	59.4	21
1	28.14	30
2	58.89	22
3	41.58	10
4	62.35	28
5	60.87	25
6	36.86	27
7	39.46	33
均值	55.32	28

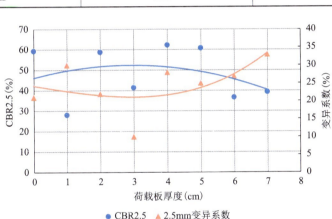

图 3-10　贯入量为 2.5mm 时 CBR2.5 值及变异系数随荷载板厚度变化

3.3.3.4　贯入量为 5.0mm 时 CBR5.0 值及变异系数随荷载板厚度变化情况

试验采用不同荷载板厚度及相应贯入量为 5.0mm 时 CBR5.0 值和变异系数见表 3-19 和图 3-11。由试验和计算结果可知：

（1）贯入量为 5.0mm 时的 CBR5.0 值对应的变异系数波动较小，CBR5.0 的平均值为 76.59%，变异系数平均值为 17.37%。

（2）变异系数在荷载板厚度为 4cm 时最小，达到 6%，与变异系数均值相差 11.37 个百分点；此点所对应的 CBR5.0 为 85.3%，与 CBR5.0 的均值相差 8.71 个百分点，约为平均值的 11.37%。

贯入量为 5.0mm 时 CBR5.0 值及变异系数随荷载板厚度变化　　　表 3-19

荷载板厚度(cm)	CBR5.0(%)	5mm 变异系数(%)
0	89.3	17
1	63.6	16
2	91	14
3	71.7	14
4	85.3	6
5	58.9	20
6	72.6	28
7	78.2	24
均值	76.59	17.37

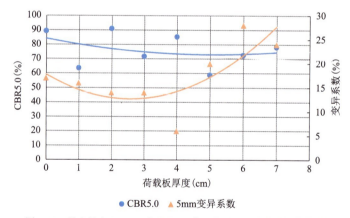

图 3-11　贯入量为 5.0mm 时 CBR5.0 值及变异系数随荷载板厚变化

3.4　基于试件尺度对矿料承载比及其变异性的影响

为解决矿料承载比试验结果离散性较大的问题，试验聚焦于试件的尺度效应，通过深入考察试件尺度变化对 CBR 值离散性的影响，进一步完善矿料承载比试验方法。

3.4.1 矿料承载比试验设备

(1)路强仪:型号为 CH-128B,见图 3-1。
(2)试筒:如图 3-12。试筒直径分别为 $\phi 15.2 \text{cm}$、$\phi 17 \text{cm}$、$\phi 19 \text{cm}$、$\phi 21 \text{cm}$、$\phi 23 \text{cm}$。
(3)贯入杆:端面直径 50mm、长约 100mm 的金属柱。
(4)荷载板:直径 150mm,中心孔眼直径 52mm,每块质量 1.25kg,厚 1cm,共 4 块,总厚 4cm,每块沿直径分为两个半圆块。
(5)压力板:直径 148mm,厚 20mm,中间刻划直径为 50mm 同心圆,方便贯入杆下压时对中,带两个对称的把手,方便取放(图 3-13)。

图 3-12 试验用专用试模

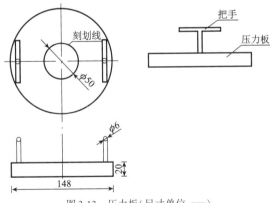

图 3-13 压力板(尺寸单位:mm)

3.4.2 矿料承载比试验方法

3.4.2.1 试样

(1)根据具体试验确定所需集料的数量,试样风干后(必要时可在 50℃烘箱内烘干),按四分法将试样分成 6 份,供制作试件之用。

(2)由试筒体积和集料紧密堆积密度反算每筒所用集料的质量。

3.4.2.2 试验步骤

(1)将试筒放在平整、坚硬的地面上,将备好的试样再次掺配均匀,分 3 次装入试筒内,并控制筒内试样表面距试筒顶部的距离,整平表面,放入压力板。

(2)将试筒连同集料和压力板移动至路强仪,将贯入杆对中压力板的中心施加荷载。根据 3.2 中的研究结论,石灰岩的成型压力为 10kN,辉绿岩、花岗岩等成型压力为 15kN。试验所用的施加压力设备除采用路强仪外,也可使用其他加载设备。

(3)加载至成型压力后,卸载。

(4)取出压力板,换上荷载板,荷载板共 4 层。

(5)贯入试验。

①先在贯入杆上施加 45N 荷载,然后将测力和测变形的百分表指针均调整至整数,并记读起始读数。

②施加荷载使贯入杆以 1mm/min 的速度压入试件,同时测力计 3 个百分表读数。

3.4.2.3 结果整理

(1)贯入量为 2.5mm 时的材料承载比 CBR2.5 计算公式见式(3-1):

$$\text{CBR2.5} = \frac{p_{2.5}}{7000} \times 100 \tag{3-1}$$

式中:CBR2.5——贯入量达 2.5mm 时,单位压力对标准碎石压入相同贯入量时标准荷载强度的比值(%);

$p_{2.5}$——贯入量为 2.5mm 时对应的单位压力(kPa)。

(2)贯入量为 5.0mm 时的材料的承载比 CBR5.0 计算公式见式(3-2):

$$\text{CBR5.0} = \frac{p_{5.0}}{10500} \times 100 \tag{3-2}$$

式中:CBR5.0——贯入量达 5.0mm 时,单位压力对标准碎石压入相同贯入量时标准荷载强度的比值(%);

$p_{5.0}$——贯入量为 5.0mm 时对应的单位压力(kPa)。

采用贯入量为 5.0mm 时的承载比作为试验结果,以贯入量为 2.5mm 时的承载比作为校核。若出现贯入量为 2.5mm 时的承载比大于 5.0mm 时,则该次试验废止,需重新进行试验。进行矿料承载比试验时,每组试件应不少于6个,在进行试验数据处理时,先将每组试验数据取平均值,删除和平均值差值最大的一个值和最小的一个值,保留剩余的有效数据,然后对剩余的有效数据利用Excel软件计算其均值、无偏差标准差及变异系数。

3.4.3 原材料

试验选取的3种矿料分别为花岗岩集料(19~31.5mm)、石灰岩集料(19~26.5mm)和辉绿岩集料(16~19mm)。

花岗岩集料(19~31.5mm)主要物理指标见表3-20。

花岗岩集料(19~31.5mm)主要物理指标　　　　　表3-20

检测项目	表观相对密度	毛体积相对密度	吸水率(%)	压碎值(%)	针片状颗粒含量(%)
19~31.5mm	2.81	2.72	0.3	15	13.3

石灰岩集料(19~26.5mm)主要物理指标见表3-21。

石灰岩集料(19~26.5mm)主要物理指标　　　　　表3-21

检测项目	表观相对密度	毛体积相对密度	吸水率(%)	压碎值(%)	针片状颗粒含量(%)
19~26.5mm	2.752	2.733	0.26	19.2	18.2

辉绿岩集料(16~19mm)主要物理指标见表3-22。

辉绿岩集料(16~19mm)主要物理指标　　　　　表3-22

检测项目	表观相对密度	毛体积相对密度	吸水率(%)	压碎值(%)	针片状颗粒含量(%)
16~19mm	2.868	2.844	0.29	16	1.3

3.4.4 试验结果分析

3.4.4.1 花岗岩集料(19~31.5mm)

(1)不同尺度试件时花岗岩集料(19~31.5mm)CBR5.0值变化趋势

不同尺度试件测定花岗岩集料(19~31.5mm)CBR5.0值试验结果见表3-23和图3-14。

不同尺度试件花岗岩集料(19~31.5mm)CBR5.0 值试验结果　　表 3-23

试件高度(cm)	CBR5.0(%)				
	试件直径(cm)				
	φ23	φ21	φ19	φ17	φ15.2
10	19.61	19.93	15.97	31.30	48.99
11	21.26	27.30	22.33	22.16	35.32
12	21.72	22.85	16.21	20.34	31.30
13	20.55	17.02	36.96	31.40	33.18
14	20.62	15.52	22.88	26.24	29.81
15	18.56	20.25	15.61	31.90	44.20
16	16.35	17.41	34.65	35.04	38.70
17	13.10	15.96	31.27	30.63	37.09
18	19.31	16.30	18.90	28.36	40.05
平均值	19.01	19.17	23.86	28.60	37.63
标准差	2.74	3.89	8.36	4.83	6.18
变异系数	14	20	35	17	16

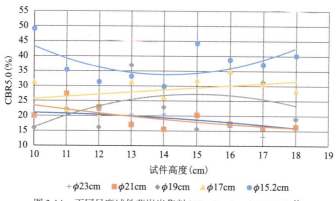

图 3-14　不同尺度试件花岗岩集料(19~31.5mm)CBR5.0 值

由表 3-23 和图 3-14 可知,试模同直径不同高度时,CBR5.0 值变化规律性不显著,变化波动性不大,总体表现为对试模高度变化的敏感性不强。其中直径较小的 φ15.2cm 和 φ17cm 试件的 CBR5.0 值表现为先降后升的趋势,变化趋势呈凹形抛物线;其余 3 个则表现为先升再降的趋势,为凸形抛物线。变化波动最大的为 φ19cm 试件,最小为 φ23cm 试件,次小的为 φ15.2cm 试件,说明 φ19cm 试件随试模高度变化,CBR5.0 值存在比较明显的变化,而 φ23cm 试件随试模高度变化时 CBR5.0 值的变化则不显著,φ15.2cm 试件的变化情况处于两者之间。

此外,试模直径由小到大变化过程中,CBR5.0 值由大逐渐变小。总体来看,试模直径越小,CBR5.0 值越大。这主要是因为侧向压力与 CBR5.0 值成正比的关系所致。当试模直径小时,侧向压力较大,导致 CBR5.0 值增大;当试模直径变大时,侧压力变小,表现为 CBR5.0 值减小。

(2)不同尺度试件时花岗岩集料(19~31.5mm)CBR5.0 值对应的变异系数变化趋势

不同尺度试件测定花岗岩集料(19~31.5mm)CBR5.0 值对应的变异系数计算结果见表 3-24 和图 3-15。

不同尺度试件花岗岩集料(19~31.5mm)**CBR5.0 值对应的变异系数**　　表 3-24

试件高度 (cm)	CBR5.0 对应变异系数(%)				
	试件直径(cm)				
	φ23	φ21	φ19	φ17	φ15.2
10	20	10	23	18	7
11	15	23	3	15	10
12	13	15	24	14	11
13	25	29	14	19	17
14	28	22	26	25	17
15	21	12	33	22	9
16	20	10	10	10	13
17	24	13	16	35	20
18	21	14	20	23	10

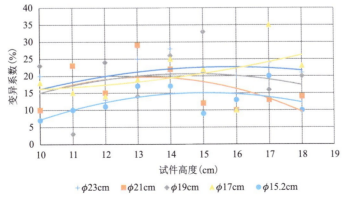

图 3-15　不同尺度试件花岗岩集料(19~31.5mm)CBR5.0 值对应的变异系数

由表 3-24 和图 3-15 可知,试模同直径不同高度时,变异系数的变化趋势为 $\phi15.2cm$、$\phi19cm$、$\phi21cm$ 和 $\phi23cm$ 表现为先升后降,趋势线为凸形;$\phi17cm$ 表现为逐渐上升的过程。

根据《公路土工试验规程》(JTG 3430—2020)中的承载比(CBR)试验(T 0134—2019)规定的精密度和允许差变异系数 $C_V \leq 12\%$ 的要求,$\phi17cm$、$\phi19cm$ 和 $\phi23cm$ 对应的变异系数均不能满足这一要求,只有 $\phi15.2cm$ 和 $\phi21cm$ 对应部分试件高度范围的变异系数能满足这一要求。其中能满足精密度和允许差变异系数 $C_V \leq 12\%$ 要求的有,$\phi15.2cm$ 对应试件高度小于 12cm 和 $\phi21cm$ 对应试件高度大于 17.6cm 部分。由此也可以看出,采用花岗岩集料(19~31.5cm)进行 CBR 试验时,其整体的离散性比较大。

3.4.4.2 石灰岩集料(19~26.5mm)

(1)不同尺度试件时石灰岩集料(19~26.5mm)CBR5.0 值变化趋势

不同尺度试件测定石灰岩集料(19~26.5mm)CBR5.0 值试验结果见表 3-25 和图 3-16。

不同尺度试件石灰岩集料(19~26.5mm)**CBR5.0** 值试验结果　　表 3-25

试件高度(cm)	CBR5.0(%)				
	试件直径(cm)				
	$\phi23$	$\phi21$	$\phi19$	$\phi17$	$\phi15.2$
10	13.66	20.68	21.43	32.26	36.02
11	17.73	12.47	24.52	32.89	37.53
12	14.36	15.71	17.90	30.80	30.93
13	13.50	17.84	18.44	31.00	37.81
14	22.54	16.15	23.68	30.11	31.66
15	18.52	27.37	19.36	38.42	32.71
16	15.33	23.41	21.24	27.42	35.66
17	12.71	17.87	20.25	27.49	35.73
18	20.89	15.79	20.15	24.92	37.91
平均值	16.58	18.59	20.77	30.59	35.10
标准差	3.51	4.54	2.22	3.90	2.69
变异系数	21	24	11	13	8

由表 3-25 和图 3-16 可知,试模同直径不同高度时,CBR5.0 值变化规律性不显著,对高度变化的敏感性不强,趋势线基本保持平顺状态。

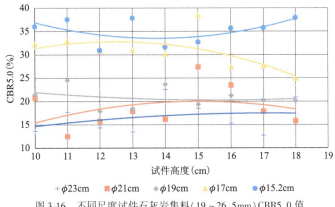

图 3-16 不同尺度试件石灰岩集料(19~26.5mm)CBR5.0 值

试模同直径不同高度时,CBR5.0 值变化波动最大的为 ϕ21cm 对应试件,最小为 ϕ15.2cm 对应试件,次小的为 ϕ19cm 对应试件,ϕ23cm 对应试件 CBR5.0 值的变化不显著。

此外,在试模直径由小到大变化过程中,CBR5.0 值则由大逐渐变小,总体来看,试模直径越小,CBR5.0 值越大,这一规律和花岗岩集料(19~31.5mm)CBR5.0 值试验结果基本一致。

(2)不同尺度试件时石灰岩集料(19~26.5mm)CBR5.0 值对应的变异系数变化趋势

不同尺度试件测定石灰岩集料(19~26.5mm)CBR5.0 值对应的变异系数计算结果见表 3-26 和图 3-17。

不同尺度试件石灰岩集料(19~26.5mm)CBR5.0 值对应的变异系数　　表 3-26

试件高度 (cm)	CBR5.0 对应变异系数(%)				
	试件直径(cm)				
	ϕ23	ϕ21	ϕ19	ϕ17	ϕ15.2
10	20	25	15	20	4
11	17	8	6	3	11
12	25	15	15	12	6
13	19	26	12	6	20
14	9	9	14	5	5
15	8	10	13	14	19
16	12	11	8	6	5
17	32	12	8	27	6

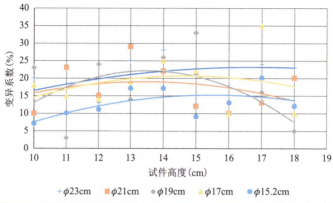

图 3-17 不同尺度试件石灰岩集料(19~26.5mm)CBR5.0 值对应的变异系数

由表 3-26 和图 3-17 可知,试模同直径不同高度时,变异系数变化趋势为 φ17cm、φ21cm 和 φ23cm 表现为先降后升,其趋势线为凹形;φ15.2cm 和 φ17cm 表现为先升后降的趋势,其趋势线表现为凸形。

根据《公路土工试验规程》(JTG 3430—2020)中的承载比(CBR)试验(T 0134—2019)规定的精密度和允许差变异系数 $C_V \leqslant 12\%$ 的要求,φ15.2cm 对应的变异系数在 10~18cm 试件高度范围内均满足要求,φ17cm 对应的变异系数在 11~16cm 试件高度范围内亦能满足要求,φ19cm 对应的变异系数则在大于 15cm 高度范围内可满足要求,而 φ21cm 和 φ23cm 对应的变异系数在全部试件高度及 φ15.2cm、φ17cm、φ19cm 对应的变异系数在其他部分试件高度时均不能满足要求。

相比花岗岩集料(19~31.5mm)承载比(CBR)试验,满足精密度和允许差变异系数 $C_V \leqslant 12\%$ 要求的范围已得到明显加大。这主要与材料本身有关,但也与集料的粒径减小密切相关。可见当集料的最大粒径由 31.5mm 减小至 26.5mm 时,CBR 试验的离散性和稳定性会得到显著的改善,也说明 CBR 试验对集料粒径的敏感性较高,而组成混合料的矿料公称最大粒径趋向于降低时将有利于改善混合料的离析,从而提高混合料的均匀性和施工质量。

3.4.4.3 辉绿岩集料(16~19mm)

(1)不同尺度试件时辉绿岩集料(16~19mm)CBR5.0 值变化趋势

不同尺度试件测定辉绿岩集料(16~19mm)的 CBR5.0 值试验结果见表 3-27 和图 3-18。

不同尺度试件辉绿岩集料(16～19mm)CBR5.0值试验结果　　表3-27

试件高度(cm)	CBR5.0(%)				
	试件直径(cm)				
	φ15.2	φ17	φ19	φ21	φ23
10	60.88	58.89	61.94	33.20	19.99
11	50.33	65.17	39.02	36.43	53.63
12	76.23	42.86	38.20	41.50	36.43
13	68.03	62.06	45.02	29.83	34.59
14	81.80	60.97	58.72	40.48	50.92
15	77.56	47.03	58.47	41.23	36.28
16	48.38	28.31	39.66	40.26	35.49
17	58.89	57.12	63.45	41.77	36.72
18	85.35	53.67	65.75	59.93	36.40
平均值	67.49	52.89	52.25	40.51	37.83
标准差	13.60	11.69	11.54	8.40	9.76
变异系数	20	22	22	21	26

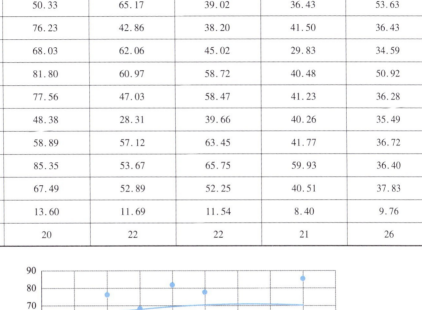

图3-18　不同尺度试件辉绿岩集料(16～19mm)CBR5.0值

由表3-27和图3-18可知,试模同直径不同高度时,CBR5.0值变化规律性不显著,波动性不大,趋势线基本保持平顺状态。

试模同高度时的CBR5.0值随试模直径的增大而减小且规律性比较明显,总的变化规律同花岗岩集料(19～31.5mm)和石灰岩集料(19～26.5mm)。

(2)不同尺度试件时辉绿岩集料(16~19mm)CBR5.0值对应的变异系数变化趋势

不同尺度试件测定辉绿岩集料(16~19mm)CBR5.0值对应的变异系数计算结果见表3-28和图3-19。

不同尺度试件辉绿岩集料(16~19mm)**CBR5.0值对应的变异系数** 表3-28

试件高度 (cm)	CBR5.0对应变异系数(%)				
	试件直径(cm)				
	$\phi15.2$	$\phi17$	$\phi19$	$\phi21$	$\phi23$
10	5	11	8	11	8
11	6	8	16	9	1
12	6	1	5	2	6
13	6	3	11	1	8
14	10	4	1	13	11
15	1	15	5	0	7
16	12	5	15	5	5
17	7	11	8	9	10
18	9	8	3	11	8

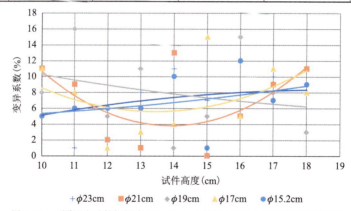

图3-19 不同尺度试件辉绿岩(16~19mm)集料 CBR5.0值对应的变异系数

由表3-28和图3-19可知,试模同直径不同高度和不同直径同高度时,变异系数变化有波动但均不显著。

变异系数对试模高度和直径的变化不敏感,说明该类型集料对试件尺度的敏感性降低,不同于花岗岩集料(19~31.5mm)和石灰岩集料(19~26.5mm)。

根据《公路土工试验规程》(JTG 3430—2020)中的承载比(CBR)试验(T 0134—2019)规定的精密度和允许差变异系数 $C_V \leq 12\%$ 的要求,各尺度试件基本都能满足要求。

3.5 矿料针片状颗粒含量对承载比的影响

矿料的针片状颗粒是指用游标卡尺测量的集料颗粒最大长度方向(或宽度)与最小厚度方向(或直径)尺寸比大于3∶1的颗粒。矿料的针片状颗粒含量越大,在施工压实过程中或行车过程中越容易被压碎,导致混合料级配发生变化,降低集料之间的相互嵌挤能力,从而影响混合料的路用性能。对沥青混合料而言,集料针片状颗粒的断裂,可能会带来致命破坏,这是由于断裂面处没有胶结料,在行车荷载和雨水的共同作用下,易产生应力集中引起路面开裂和雨水下渗,导致混合料水稳性降低而出现松散、坑槽等路面病害。目前矿料特性对沥青混合料性能方面的研究较为深入,研究表明,随着针片状颗粒含量的增加,沥青混合料的破碎率增加,空隙率增大,水稳定性、高温稳定性和抗疲劳性能则随之降低。CBR 是间接评价粗集料间嵌挤能力的评价指标。通过改进的矿料承载比试验,可用于研究集料中针状颗粒与片状颗粒含量变化时 CBR 值和破碎率的变化情况,据此可进一步完善粗集料嵌挤能力评价,并提出矿料承载比试验条件下与之相适应的集料针片状颗粒含量指标要求。

3.5.1 原材料

试验采用广西某石场生产的石灰岩集料(10~20mm),其主要物理指标和筛分结果见表3-29、表3-30。

石灰岩集料(10~20mm)物理指标　　　　表3-29

表观相对密度	毛体积相对密度	吸水率(%)	针片状颗粒含量(%)	压碎值(%)
2.713	2.696	0.4	5.2	18

石灰岩集料(10~20mm)筛分情况　　　　表3-30

筛孔尺寸(mm)	26.5	19	16	13.2	9.5	4.75
通过率(%)	100	91.6	63.9	31.9	0.6	0.1

集料的针片状颗粒通过人工方式实测,按照《公路土工试验规程》(JTG 3430—2020)中的粗集料针片状颗粒含量试验(游标卡尺法)(T 0312—2005)的要求,从所用规格集料中选出。

3.5.2 试验方案

采用改进的矿料承载比试验方法,如图 3-20 所示。

a) 试模内装料后放入压力板　　b) 试件压实成型　　c) 承载比贯入试验

图 3-20　矿料承载比试验过程

仪器设备:路强仪,贯入速度 1mm/min。

试筒内径 152mm,高 110mm;贯入杆端面直径 50mm,长约 100mm;垫块和压块为 151mm,高 50mm;其他同《公路土工试验规程》(JTG 3430—2020)中的承载比(CBR)试验 (T 0134—2019)。

成型方式:采用三装一压成型方式,即将混合均匀的集料分 3 份,按 1/3 分层填装,每装 1/3,将表面整平,再继续装下一层。最后一层装完整平后,放置压力板,将试筒连同集料和压力板一起置于路强仪上。按 10kN 加载压实。压完之后,从试筒中取出压力板,换上荷载板,调整好仪器,进行承载比(CBR)贯入试验。

3.5.3 试验结果分析

(1) CBR5.0 值和破碎率随集料针状颗粒含量变化趋势

采用改进的矿料承载比贯入试验,CBR5.0 值和破碎率随集料针状颗粒含量变化趋势如图 3-21 所示。

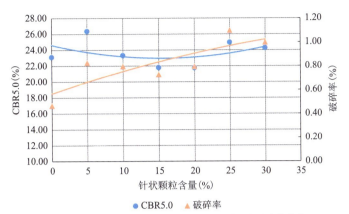

图 3-21　CBR5.0 值和破碎率随集料针状颗粒含量变化趋势

由图 3-21 可知：当针状颗粒含量由 0 上升至 17% 时，CBR5.0 值随着破碎率的上升而缓慢下降。初步分析主要是因为在此阶段，针状颗粒以"梁体"形式阻止贯入棒贯入，针状颗粒被压断，导致贯入量增加，表现为 CBR5.0 值呈下降趋势。

针状颗粒含量在 17% 时，CBR5.0 值出现"拐点"，由下降态势变为上升态势，即当针状颗粒含量大于 17% 时，CBR5.0 值和破碎率则均呈逐渐上升的趋势。初步分析主要是随着针状颗粒含量继续增加（针状颗粒含量超过 17%），集料中"梁体"的数量越来越多，被压断后的针状颗粒也相应增多，其压断后的颗粒由原来的针状颗粒变为近似立方形的正常矿料，或还有另外一种可能是针状颗粒并没有被压断，而是插入其中，这些情况均可能导致整个矿料空隙率下降，贯入阻力提升，总体表现为矿料 CBR5.0 值逐渐提升。

综上所述，随着针状颗粒含量的增加，CBR5.0 值和破碎率变化趋势在针状颗粒含量为 17% 时出现分化。当针状颗粒含量小于 17% 时，两者的变化趋势相反，CBR5.0 值随着破碎率增加而逐渐降低；当针状颗粒含量大于 17% 时，两者的变化趋于一致，CBR5.0 值随着破碎率增加且呈现上升状态。

（2）CBR5.0 值和破碎率随集料片状含量变化趋势

采用改进的矿料承载比（CBR）贯入试验，CBR5.0 值和破碎率随集料片状颗粒含量变化趋势如图 3-22 所示。

由图 3-22 可知：破碎率随片状颗粒含量的增加，其变化趋势类似于针状颗粒的情况。区别在于"拐点"提前至片状颗粒含量为 11% 处。随着片状颗粒含量的增加，破碎率呈逐渐上升的趋势，而 CBR5.0 值则在片状颗粒含量为 20% 左右处呈现出先降后升的趋势。

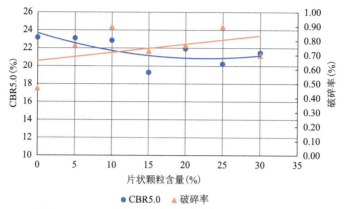

图 3-22 CBR5.0 值和破碎率随集料片状颗粒含量变化趋势

两组数据在片状颗粒含量为 11% 处重合,说明片状颗粒相比针状颗粒更易破碎,而 CBR5.0 值则在片状颗粒含量为 20% 左右处呈现出先降后升的趋势,说明当片状颗粒含量大于 20% 时,片状颗粒对 CBR5.0 值影响不大。也就是说当片状颗粒含量大于 20% 时,对集料的嵌挤能力已影响不大了。

综上所述,矿料中片状颗粒含量大于 20% 左右时,片状颗粒对 CBR5.0 值影响明显减弱。

(3)CBR5.0 值随集料针片状颗粒含量变化趋势

采用改进的矿料承载比(CBR)贯入试验,CBR5.0 值随集料针片状颗粒含量变化趋势如图 3-23 所示。

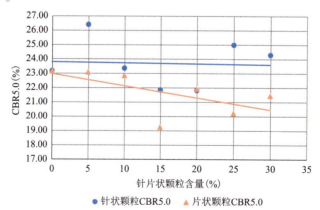

图 3-23 CBR5.0 值随集料针片状颗粒含量变化趋势

CBR5.0 值随针状颗粒含量和片状颗粒含量变化趋势基本一致,同含量针状颗粒的 CBR5.0 值均大于片状颗粒的 CBR5.0 值,说明针状颗粒在集料中可能不仅形成"梁体",

也存在"钉"入其中的形态,形成"卡点",阻止集料的自由滑移,具体表现为随着针状颗粒含量的增加,CBR5.0 值逐渐下降但幅度较小;而片状颗粒则大多只能形成"梁板",平铺在集料中,具体表现为 CBR5.0 值随片状颗粒含量的增加呈逐渐下降的趋势。由此判断,在矿料中片状颗粒比针状颗粒对集料骨架嵌挤结构的稳定性产生更加不利的影响。

(4)破碎率随集料针片状颗粒含量变化趋势

采用改进的矿料承载比(CBR)贯入试验,破碎率随集料针片状颗粒含量变化趋势如图 3-24 所示。

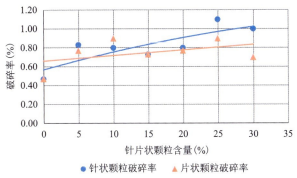

图 3-24 破碎率随集料针片状颗粒含量变化趋势

由图 3-24 可以看到:破碎率随集料针状颗粒含量和片状颗粒含量变化趋势基本一致,只是相互间背离的远近存在区别。以针状颗粒含量和片状颗粒含量 7% 为分界点,当小于 7% 时,针状和片状颗粒的破碎率不但变化趋势一致,数值上也基本趋同;当大于 7% 时,针状和片状颗粒的破碎率虽然变化趋势仍基本一致,但在数值上开始发生明显背离和分化,说明当针状或片状颗粒含量大于 7% 时,针状颗粒更易断裂破碎。两种颗粒含量在 7% 处破碎率相等。

3.6 最大承载比回归分析求解方法

3.6.1 试验数据整理

在统计分析中,样本是进行统计分析的依据,利用样本函数就可以进行总体参数的统计推断。若 $x_1, x_2, \cdots, x_n$ 是来自总体 X 的一个样本,那么由样本所构成的不含任何未知参数的函数称为统计量。利用 Excel 提供的统计函数计算。

(1) 样本均值(Average)

样本均值计算见式(3-3):

$$\bar{x} = \frac{1}{n}\sum_{i=1}^{n} x_i \tag{3-3}$$

(2) 标准差(STDEV)

Excel 中标准差分总体标准差(STDEV.P)和样本标准差(STDEV.S)两种。

总体标准差(STDEV.P)中标准偏差的计算使用"n"方法,通过总体求标准差。函数总体标准差(STDEV.P)的计算见式(3-4):

$$S = \sqrt{S^2} = \sqrt{\frac{1}{n}\sum_{i=1}^{n}(x_i - \bar{x})^2} \tag{3-4}$$

大多数情况下,得不到完整的总体,只能通过代表总体的样本,对总体进行估算样本标准差(STDEV.S)计算,则标准差的计算使用"$n-1$"方法,见式(3-5):

$$S = \sqrt{S^2} = \sqrt{\frac{1}{n-1}\sum_{i=1}^{n}(x_i - \bar{x})^2} \tag{3-5}$$

当然对于大样本容量,函数样本标准差(STDEV.S)和总体标准差(STDEV.P)计算结果大致相等。样本标准差(Var)为 S。

(3) 变异系数

变异系数计算见式(3-6):

$$C_V = \frac{S}{\bar{x}} \times 100\% \tag{3-6}$$

(4) 异常数据取舍

在进行试验数据处理过程中,首先要解决的问题是对异常数据的取舍。整理试验数据时,经常会在一组试验数据里发现少数几个偏差特别大的数据,对于这些异常数据如何科学判定其为"坏值"并将其舍弃,从而使试验结果更符合客观实际情况,是试验数据整理过程中经常遇到的问题。

以矿料承载比(CBR)贯入试验中 CBR5.0 值的变异系数要求 $C_V \leq 15\%$ 为例,当一组数据的变异系数不满足 $C_V \leq 15\%$ 要求时,需舍弃其中的一个最大值和一个最小值。

表 3-31 为通过某矿料承载比贯入试验所获取的一组 CBR5.0 值试验数据,以此为例进行计算分析。

CBR5.0 值试验数据　　　　　　　　　　　　表 3-31

10~20mm 掺配质量比例(%)	5~10mm 掺配质量比例(%)	CBR5.0(%)
30	70	41.57
		42.68
		32.79
		29.68
		36.33
		47.44
样本均值		38.42
样本标准差		6.66
变异系数(%)		17

从表 3-31 可知,该组数据 CBR5.0 的变异系数大于 15%,不满足精度要求,应舍弃其中的"坏值"。依次舍弃一个最大值和一个最小值对应的样本值 47.44% 和 29.68%。舍弃后的计算结果见表 3-32,按上述原则处理后,CBR5.0 的变异系数满足 $C_V \leq 15\%$ 要求。数据处理完毕。

CBR5.0 值试验数据整理结果　　　　　　　表 3-32

10~20mm 掺配质量比例(%)	5~10mm 掺配质量比例(%)	CBR5.0(%)
30%	70%	41.57
		42.68
		32.79
		36.33
样本均值		38.34
样本标准差		4.62
变异系数(%)		12

3.6.2　回归分析法求解最大承载比(CBR_{max})

回归分析的目的主要是解决下列问题:

(1)找出各变量之间合适的数字表达式(回归方程),进行相关显著性及其他项目的统计检验,确定变量之间是否存在相关关系以及这种关系的密切程度。

(2)利用回归方程式,根据一个或几个变量的值,预测或控制另一个变量在一定概率要求下的取值。如果两个变量之间的相关程度很大,则对其中一个变量的直接观察可以替代对另一个变量的观察,从而达到简便或节约的目的。

(3)对多元回归分析进行因素分析,在多个自变量中找出对产品质量有重要影响的因素以及因素之间的关系。

(4)根据预测和控制所提出的要求,选择试验点,对试验进行设计。

求取CBR_{max}过程中,通常采用的是一元二次或一元三次多项式进行回归分析。

3.6.3 数据相关性判定

在实际工作中,只有y和x之间存在某种关系时,回归式才有意义,为检验回归有无意义,数学上通过相关系数的量检验其有效程度。当相关系数满足一定要求时,即认为可以满足实际应用要求。置信度与样本之间的关系见表3-33。

置信度与样本之间的关系　　　　　　　　　　　　表3-33

$f = n - 2$ 置信度	1	2	3	4	5	6	7
90%	0.988	0.90	0.805	0.729	0.669	0.622	0.582
95%	0.997	0.95	0.878	0.811	0.755	0.707	0.666
99%	0.999	0.99	0.959	0.917	0.875	0.834	0.798

关于CBR_{max}求解置信度,不宜取值太高,以取90%为宜。从表3-34可知,回归的最少样本值不能少于3个,为保证回归的可靠性,样本值应在5个以上(含5个),简称"五点法"。

表3-34为两档不同掺配比例集料的承载比(CBR)贯入试验所获取的一组CBR5.0值和相应的变异系数计算结果,以此为例进行计算分析。

两档不同掺配比例矿料承载比(CBR)试验结果　　　　表3-34

掺配编号	10~20mm 掺配质量比例(%)	5~10mm 掺配质量比例(%)	CBR5.0(%)	变异系数(%)
1	30	70	38.34	12
2	40	60	42.78	12
3	50	50	45.75	8
4	60	40	46.53	6
5	70	30	38.65	6

利用Excel软件进行回归分析,判断其相关性是否满足置信度要求:

(1)选定10~20mm和CBR5.0列,选择"插入",在下拉菜单中选择"代平滑性和数据标记散点图"。

（2）选取散点图，点击右键，选择添加趋势线。

（3）选取多项式，阶数最小为2，建议最大不超过3，并勾选"显示公式"和"显示 R 平方值"。

完成上述操作后结果见图3-25。

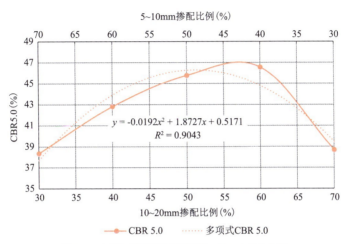

图3-25　两档不同掺配比例集料 CBR5.0 变化趋势

本例样本值为5，置信度取90%，则对应的相关系数应大于0.805。由图3-25可知本例相关系数为0.9044，大于要求值，说明回归有效。

根据回归公式，利用 Excel 软件 MAX 函数求取CBR_{max}。$CBR_{max}=46.27\%$，对应的两档集料的比例为 10~20mm：5~10mm = 51%：49%。求解完成。

若二次多项式回归后，置信度不满足要求，可采用三次多项式回归，若仍不能满足要求，则应检查数据是否有误或增加样本数。

3.7　矿料承载比试验方法

3.7.1　目的和适用范围

（1）本试验方法只适用于在规定的试筒内，对矿料等散体材料进行承载比（CBR）贯入试验。

(2)试样的公称最大粒径宜控制在31.5mm以内。

(3)矿料的针片状颗粒含量不宜大于10%。

3.7.2 仪器设备

(1)方孔筛:一套。

(2)试筒:内径152mm、高170mm的金属圆筒,如图3-26所示。

(3)贯入杆:端面直径50mm、长约100mm的金属柱。

(4)荷载板:直径150mm,中心孔眼直径52mm,每块质量1.25kg,共4块,并沿直径分为两个半圆块。荷载板的形式和主要尺寸如图3-27所示。

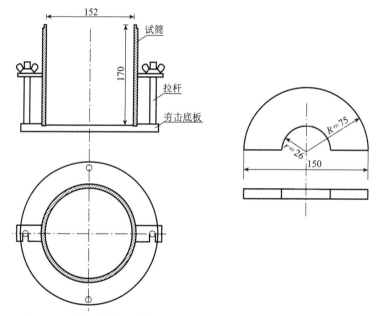

图3-26　承载比试筒(尺寸单位:mm)　　图3-27　荷载板(尺寸单位:mm)

(5)压力板:直径148mm,厚20mm,中间刻划直径为50mm同心圆,方便贯入杆下压时对中,带把手,方便取放,如图3-28所示。

(6)路强仪或其他载荷装置:能量不小于100kN,能调节贯入速度至每分钟贯入1mm,可采用测力计式。

(7)百分表:3个。

(8)其他:台秤(感量为试件用量的0.1%)、拌和盘、钢尺等。

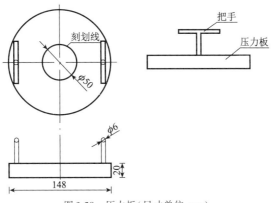

图 3-28 压力板(尺寸单位:mm)

3.7.3 试样

(1)采取筛分后的风干试料(必要时可在50℃烘箱内烘干),每档约32kg。将每档试料按四分法取出约16kg。再用四分法将取出的试料分成4份,每份质量4kg,供制作试件之用。

(2)根据计算比例,称量各档试料,掺配均匀。

(3)试筒中集料的装料压实高度为11cm,并根据压实高度、试筒体积和集料紧密堆积密度反算试筒所需试料的质量。

以组成 AC-16 型混合料中的 10～16mm、5～10mm 和 3～5mm 三档花岗岩集料为例计算如下:

(1)试筒中集料体积为1995cm³,花岗岩集料10～16mm紧密堆积密度按1.700g/cm³,计算出所需集料用量为3400g/筒。

(2)二级掺配每筒各档料所需用量计算结果见表3-35。

(3)按二级掺配时的最佳比例为 10～16mm:5～10mm = 40%:60%,则三级掺配每筒各档料所需用量计算结果见表3-36。

二级掺配每筒各档料所需用量计算结果 表3-35

10～16mm		5～10mm	
比例(%)	质量(g)	比例(%)	质量(g)
100	3400	0	0
80	2720	20	680
…	…	…	…
0	0	100	3400

三级掺配每筒各档料所需用量计算结果　　　　　　表3-36

合档料(H)比例(%)	H5~16mm				3~5mm	
	10~16mm		5~10mm			
	40%		60%			
	比例(%)	质量(g)	比例(%)	质量(g)	比例(%)	质量(g)
100	40	1360	60	2040	0	0
80	32	1088	48	1632	20	680
60	24	816	36	1224	40	1360
…	…	…	…	…	…	…
0	0	0	0	0	100	3400

3.7.4　试验步骤

(1)将试筒放在坚硬平整的地面上,再次将备好的试料掺配均匀,分三次装入筒内,每筒所需质量约为3400g,控制试料表面距试筒顶6cm为准。整平表面,放入压力板。

(2)将试筒连同试筒中的集料和压力板移至路强仪上,将贯入杆对准压力板的中心并施加荷载。石灰岩的成型压力宜为10kN;辉绿岩、花岗岩等成型压力宜为15kN。施加压力可用路强仪,亦可使用其他加载设备。

(3)达到成型压力后,卸载。

(4)取出压力板,换上荷载板。荷载板共4层,垂直错缝叠放。

(5)进行贯入试验。

①先在贯入杆上施加45N荷载,然后将测力和测变形的百分表指针均调整至整数,并记读起始读数。

②加荷使贯入杆以1mm/min的速度压入试件,同时测计3个百分表读数。记录测力计内百分表某些整读数时的贯入量,当贯入量为250×10^{-2}mm时,应有5个以上的读数。因此,测力计内的第一个读数应为贯入量30×10^{-2}mm左右。

3.7.5　试验结果整理

(1)贯入量为2.5mm时的材料承载比CBR2.5:

$$\text{CBR2.5} = \frac{p_{2.5}}{7000} \times 100$$

式中：CBR2.5——贯入量达 2.5mm 时，单位压力对标准碎石压入相同贯入量时标准荷载强度的比值(%)；

$p_{2.5}$——贯入量为 2.5mm 时对应的单位压力(kPa)。

(2)贯入量为 5.0mm 时的材料的承载比 CBR5.0：

$$\text{CBR5.0} = \frac{p_{5.0}}{10500} \times 100$$

式中：CBR5.0——贯入量达 5mm 时，单位压力对标准碎石压入相同贯入量时标准荷载强度的比值(%)；

$p_{5.0}$——贯入量为 5mm 时对应的单位压力(kPa)。

(3)精密度和允许差：

①采用贯入量为 5.0mm 时的承载比作为试验结果，以 2.5mm 时的承载比作为校核。若出现贯入量为 2.5mm 时的承载比大于 5.0mm 时，则该次试验废止，需重新进行试验。

②每组进行 5 个平行试验。

③将 5 个试验数据利用 Excel 表格计算样本均值、标准差及变异系数进行计算整理。

④当 $C_V > 16\%$ 时，则去掉一个最大值和一个最小值，重新计算。当仍达不到 $C_V \leq 16\%$ 时，则补加一组试验，直至 $C_V \leq 16\%$。

3.8 小结

本章利用《公路土工试验规程》(JTG 3430—2020)中的承载比(CBR)试验方法(T 0134—2019)，针对矿料进行了较为深入的研究，研究结果表明：《公路土工试验规程》(JTG 3430—2020)中的承载比(CBR)试验(T 0134—2019)方法所涉及的仪器测试设备(路强仪)、试筒和荷载板等均适合于矿料承载比试验。鉴于土和矿料具体的不同特点，在土的承载比试验的基础上补充设计了压力板，提出了三装一压成型方式，最后提出了基本可满足矿料承载比要求的改进型承载比试验方法——矿料承载比试验方法，又称为干法。

研究过程中选取了常用石灰岩、花岗岩和辉绿岩三种集料，取得以下成果与结论：

(1)通过振动、三装三捣及三装一压三种成型方式进行试件成型和承载比试验，发现采用三装一压的成型方式成型的试件离析最小，故建议试件成型采用三装一压的成型方式。

(2)根据三装一压的成型方式要求,设计了适合矿料承载比试验要求和配套的压力板;压力板直径48mm,厚20mm,中间刻划直径为50mm同心圆,方便贯入杆下压时对中。

(3)矿料承载比试验中,贯入量为2.5mm、荷载板厚度为3cm与贯入量为5.0mm、荷载板厚度为4cm时的变异系数分别为10%和6%。考虑到贯入量5.0mm与荷载板厚度为4cm时CBR5.0值和变异系数更为稳定,建议矿料承载比(CBR)试验荷载板采用4cm厚。

(4)三种不同岩性集料(石灰岩、花岗岩和辉绿岩)在试模高度相同时,CBR5.0值均随试模直径的增大而减小,但试模同直径不同高度时CBR值变化规律并不显著。分析三种不同岩性集料在不同直径不同高度时的CBR值试验结果,建议当矿料最大粒径不超过31.5mm时,矿料承载比试验的试模直径宜为15.2cm,试件高度宜为11cm。

(5)石灰岩、花岗岩和辉绿岩三种不同岩性的集料随着成型压力的增大,均存在一个CBR测定值与其相应变异系数间的平衡点位,为此建议石灰岩类集料的成型压力为10kN,花岗岩类集料的成型压力为15kN,辉绿岩类集料的成型压力为15kN。

(6)《公路土工试验规程》(JTG 3430—2020)中的承载比(CBR)试验(T 0134—2019)结果整理要求,如果贯入量为5mm时的承载比大于2.5mm时的承载比,则试验应重做,如试验结果仍然如此,则采用5mm时的承载比。矿料承载比试验中,5mm时的承载比均大于2.5mm时的承载比,鉴于此,建议矿料承载比试验采用5mm时的贯入值作为矿料的承载比(CBR)的评价指标,记为CBR5.0。

(7)《公路土工试验规程》(JTG 3430—2020)中的承载比(CBR)试验(T 0134—2019)规定精密度和允许差变异系数$C_V \leqslant 12\%$。矿料属散体材料,变异系数普遍较大,难以满足此要求。根据矿料承载比试验结果,建议CBR5.0的变异系数取$C_V \leqslant 16\%$为宜。

(8)通过对矿料针片状颗粒含量变化对CBR值的影响试验研究,发现片状颗粒比针状颗粒对集料骨架嵌挤结构稳定性影响更不利。针状颗粒含量在小于17%范围内对CBR5.0值影响较大,而片状颗粒含量在小于20%范围内。针、片状颗粒含量在7%处破碎率相等。

(9)给出了CBR_{max}回归分析求解方法。CBR_{max}求解置信度,不宜取值太高,以取90%为宜。回归的最少样本值不能少于3个,为保证回归的可靠性,样本值应在5个以上(含5个),简称"五点法"。

第4章 矿料承载比试验稳定性研究

4.1 概述

矿料承载比试验的难点在于克服或降低各档集料在成型过程中的离析问题,而保持各档集料经混合后在试验过程中的相对均匀。它是矿料承载比试验具有良好稳定性和复现性的基本保障。但由于集料本身的离散性特点,要实现不同粒径大小集料的混合均匀性存在较大难度,相较含有黏结剂的混合料,如沥青混合料或水泥混凝土以及水泥稳定级配碎石等则更易拌和均匀,离析现象并不突出,主要是因为这类混合料中的黏结剂与细集料、矿粉或水泥混合后形成胶浆,而被胶浆裹覆后的粗集料相互间具有一定的黏结力,有效抑制了集料间的自由滑移,从而减缓了不同粒径集料间的分离。鉴于此,在进行矿料承载比试验时,亦可在集料中预先加入某种黏结剂,通过黏结剂的假黏作用,阻止不同粒径集料之间的自由移动,使得不同粒径集料颗粒在拌和过程中因存在假黏作用而保持临时相对稳定,从而达到降低集料离析的目的。

本章内容主要是通过在集料中添加不同类型的黏结剂,研究矿料承载比试验的稳定性和复现性。为便于区分,将不加黏结剂时的矿料承载比试验方法称为干法,将加入黏结剂的矿料承载比试验方法称为湿法,所用试验设备同干法。在湿法的研究过程中,由于没有可参考的经验,所以走了不少弯路,但也取得了不少收获。为较为真实地记录研究过程。本章的整理叙写以先后时间为序,方便了解当时的研究思路。

4.2 干法矿料承载比试验及成果

4.2.1 矿料

试验所用粗集料为某石场生产的9.5~19mm、4.75~9.5mm和2.36~4.75mm三档辉绿岩集料。其筛分结果见表4-1,主要物理指标见表4-2。

集料筛分结果　　　　　　　　　　　表4-1

集料规格	通过下列筛孔(mm)的质量百分率(%)									
	19	16	13.2	9.5	4.75	2.36	1.18	0.6	0.3	0.15	0.075
9.5~19mm	100	98.1	77.9	17.4	0.27	0.27	0.27	0.27	0.27	0.27	0.27
4.75~9.5mm	100	100	100	99.8	1.00	0.06	0.06	0.06	0.06	0.06	0.06
2.36~4.75mm	100	100	100	100	90.5	1.00	0.77	0.77	0.75	0.75	0.68

集料主要物理指标　　　　　　　　　　　表4-2

集料规格	自然堆积密度(g/cm³)	捣实密度(g/cm³)	毛体积密度(g/cm³)	表观密度(g/cm³)	针片状颗粒含量(%)	吸水率(%)
9.5~19mm	1.582	1.771	2.844	2.868	5.8	0.29
4.75~9.5mm	1.569	1.726	2.854	2.884	6.6	0.38
2.36~4.75mm	1.563	1.706	2.813	2.847	—	0.42

4.2.2 干法矿料承载比试验

采用经改进后的矿料承载比(CBR)试验方法,即第3章研究总结的干法,对选用的集料进行承载比CBR5.0值测试,主要目的是和将要进行的湿法试验进行对比分析。

4.2.2.1 二级掺配

二级掺配9.5~19mm与4.75~9.5mm合档集料CBR5.0值及对应变异系数变化情况见表4-3和图4-1。

二级掺配实测 CBR5.0 值（干法）及变异系数   表4-3

掺配编号	9.5~19mm 掺配比例（%）	4.75~9.5mm 掺配比例（%）	CBR5.0（干法）（%）	变异系数（%）
1	20	80	44.94	20
2	50	50	49.17	23
3	60	40	56.59	19
4	70	30	49.91	17
5	90	10	42.35	17

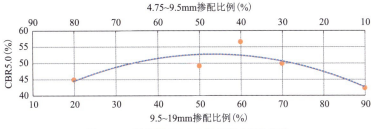

图 4-1 二级掺配 CBR5.0 值（干法）变化趋势

根据表4-3和图4-1试验结果，确定二级掺配比例为60%：40%。

4.2.2.2 三级掺配

三级掺配 H4.75~19mm 与 2.36~4.75mm 档集料 CBR5.0 值（干法）变化情况见表4-4和图4-2。

三级掺配实测 CBR5.0 值（干法）   表4-4

掺配编号	H4.75~19mm 掺配比例（%）	2.36~4.75mm 掺配比例（%）	CBR5.0（干法）（%）
1	100	0	56.59
2	96	4	58.93
3	90	10	50.25
4	88	12	48.12

根据表4-4和图4-2试验结果，确定三级掺配的比例为96%：4%。

根据二级掺配比例为60%：40%，三级掺配的比例为96%：4%，则骨架设计阶段各档集料的掺配比例见表4-5。

CBR-V 法骨架设计阶段各档集料掺配比例（干法）   表4-5

集料规格	9.5~19mm	4.75~9.5mm	2.36~4.75mm
集料掺配比例（%）	57.6	38.4	4

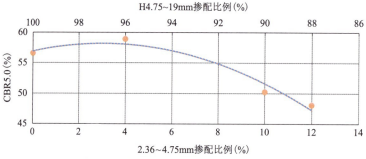

图 4-2 三级掺配 CBR5.0 值（干法）变化趋势

4.3 黏结剂对矿料承载比试验的影响

由于没有湿法方面矿料承载比试验经验，因此本试验将首先用乳胶类和沥青类黏结剂，按照干法矿料承载比试验方法进行承载比试验，探索湿法干做的可行性。所用档料同干法，为辉绿岩，成型方式亦同干法，为三装一压。

4.3.1 乳胶类黏结剂对矿料承载比试验的影响

4.3.1.1 黏结剂选择

黏结剂选择的原则：

(1)成熟产品：选择成熟的、市场供应稳定的黏结剂产品。

(2)生态环保：为保证试验过程中试验及生产人员的健康，选择生态环保、无害的产品。

(3)普遍性：所选用黏结剂容易获得，便于购买。

(4)黏度适中：所选黏结剂的初黏黏度要适中，既要具有一定的黏性，对集料有临时定位作用，又不能过黏，影响混合料的和易性。由于添加黏结剂的目的是在试验过程中对集料的临时定位，而非集料间最终的黏结效果，因此，不需要黏结剂具有终极黏结能力，仅需其具有初黏性能，使其仅能在试验阶段临时定位集料。

(5)固化时间：由于采用黏结剂的目的是对集料进行临时定位（假黏现象），而在临时定位期间要完成一系列试验程序的操作，故需要一定的黏结持续时间，因此所选黏结剂的初始固化时间不宜太短，应能满足试验过程操作时间要求。

根据以上原则,主要选择了以下几类黏结剂进行矿料承载比试验:
①乳胶类:包括白乳胶、防水涂料、腻子膏、防水胶粉等。
②沥青类:包括70号普通沥青、SBS改性沥青、高黏度沥青、液体沥青等。
③挂胶类:单组分瓷砖背胶、单组分干挂胶等。

4.3.1.2 乳胶类黏结剂选择

白乳胶具有良好的黏结性能,在集料中添加白乳胶可改善拌和后混合料的均匀性,有效提高混合料的抗离析能力。由于白乳胶的流动性较好,添加过多后易造成多余的胶液下渗至容器底部;而添加量过少时,则混合料的拌和均匀性将受到影响,从而降低其抗离析的效果。

腻子膏的黏结性能虽然较差,但是可以有效吸持白乳胶,防止白乳胶的渗漏。

结合两者的特点和各自的优势,通过试拌后发现,将两者按一定比例掺配后添加到集料中,具有更加优良的使用效果,既解决了白乳胶的渗漏问题,提高了集料间的黏结性能,同时也解决了白乳胶破乳成膜过早、有效试验时间过短的问题,从而提升了混合料的抗离析能力。

白乳胶和防水胶粉组合主要表现为混合后的胶液流动性不足,由于防水胶粉呈干粉状态,二者混合后防水胶粉吸附了白乳胶中大量的水。为提高其流动性,就必须增加白乳胶的添加量。白乳胶的添加量增加到一定量后,白乳胶和防水胶粉组合亦可以作为黏结剂使用,但其黏结效果相比单独使用白乳胶时已相差无几,且比白乳胶与腻子膏组合的黏结性能差。

此外,采用防水涂料代替白乳胶,其黏结效果亦不如白乳胶。

通过初步比选后,最终选用白乳胶与腻子膏组合作为黏结剂进行相关试验。

4.3.1.3 白乳胶与腻子膏组合掺配方法

通过多次的试掺试配,确定白乳胶与腻子膏组合的掺配方式如下:

(1)准备。

①清洗:各档集料过筛后洗净。将试样浸泡在水中,适当搅动,洗去附着在集料表面的尘土和石粉,经多次清洗至水清澈为止。

②烘干:将清洗后的各档集料放入105℃±5℃烘箱中烘干至恒重,一般在烘箱中的烘干时间不得少于4h。

③从烘箱中取出置放至常温备用。

(2)预拌。

①准备白乳胶和腻子膏若干。

②按每档集料分别拌和。拌和分两阶段:第一阶段先加入白乳胶拌和,以集料表面裹覆均匀、颜色一致为宜,集料表面的白乳胶不宜裹覆太厚;第二阶段加入腻子膏拌和,以集料表面裹覆均匀、颜色一致,且拌和容器及拌和铲上没有附着腻子膏为宜。两阶段拌和应连续进行,尽量缩短其间隔时间。

③将拌和均匀的集料装入专用的箱子内加盖封存待用。天气炎热时,为防止水分蒸发过快,导致白乳胶过早破乳成膜,可在封闭盖内侧加铺湿毛巾,保持箱体内空气湿润。

白乳胶与腻子膏用量按所需拌和集料的质量百分比计算。根据已有的试验经验,各档集料拌和时所需白乳胶和腻子膏的质量百分比推荐值见表4-6。

各档集料拌和所需白乳胶和腻子膏用量　　表4-6

集料规格	≥9.5mm	4.75~9.5mm	2.36~4.75mm
白乳胶	0.60%~0.80%	0.60%~0.80%	0.70%~0.90%
腻子膏	2.0%~2.50%	2.0%~2.50%	3.0%~4.0%

注:1.表中百分比为白乳胶(或腻子膏)/矿料。
　　2.花岗岩、辉绿岩及玄武岩取小值;石灰岩取大值。

(3)成型:根据配合比分别在装料箱中取样,取完料后应立即封盖。各档集料称取后拌和至均匀,然后采用三装一压的成型方法成型试件,即先装入集料至试模(设计高度)1/3高度,刮平后再装入1/3,再次刮平后装入剩余的1/3,再次刮平表面,将装满集料的试模放置于路强仪上,盖上压板后开始加压,压力增加至15kN(辉绿岩或花岗岩)或10kN(石灰岩)后停止。

(4)贯入试验:将压力板取出后,换上半月形荷载板,分四层按90°角交叉放置。放好后开始进行贯入试验,贯入杆直径50mm,贯入速度为1mm/min。

(5)由于白乳胶和腻子膏对时间较为敏感,经拌和后的集料必须在3h内用完,超出限定时间未用完集料应予以废弃。此外,应预先计划好每批次需要完成的试验组数,当每批次的组数大于2时,宜采用两组轮换的方式进行,最大限度地减少时间因素对试验的影响。具体轮换方式可参考表4-7,即试验时先用A组的第1桶(顺序1),然后用B组的第1桶(顺序2),接着用A组的第2桶(顺序3)及B组的第2桶(顺序4),依此类推,直至完成全部组数试验。合档集料拌和效果见图4-3。

以每组3桶集料为例的两组轮换方式　　表4-7

组别	序号		
第A组	1(顺序1)	2(顺序3)	3(顺序5)
第B组	1(顺序2)	2(顺序4)	3(顺序6)

图 4-3 白乳胶与腻子膏的集料拌和后效果

4.3.1.4 白乳胶与腻子膏掺配集料 CBR 试验

(1) 二级掺配

CBR 试验前,须先对二级掺配的两档料进行湿处理。根据表 4-6 建议值,白乳胶与腻子膏用量按所需拌和集料的质量百分比计算。其中档料 9.5~19mm 掺入白乳胶和腻子膏的质量百分比分别为 0.6% 和 2.0%;档料 4.75~9.5mm 掺入白乳胶和腻子膏的质量百分比也分别为 0.6% 和 2.0%。

二级掺配 9.5~19mm 与 4.75~9.5mm 的 CBR5.0 试验结果及对应变异系数见表 4-8 和图 4-4。

二级掺配 CBR5.0 值及变异系数试验结果　　　　表 4-8

掺配编号	9.5~19mm 掺配比例（%）	4.75~9.5mm 掺配比例（%）	CBR5.0(湿法)（%）	变异系数（%）	CBR5.0(干法)（%）*
1	0	100	30.04	18	35.90
2	20	80	38.87	14	44.94
3	40	60	31.34	15	34.10
4	60	40	34.76	20	56.60
5	80	20	41.44	15	51.00
6	100	0	37.41	21	56.33

注:* 数值来源于第 4 章第 2 节同档料同掺配比例干法试验结果。

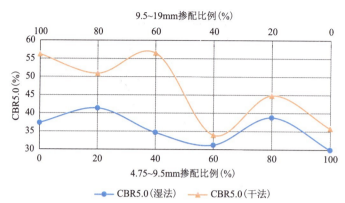

图 4-4 二级掺配 CBR5.0 值变化趋势及与干法 CBR5.0 值变化对比

从表 4-8 和图 4-4 可以看到：

①干法 CBR5.0 值均大于湿法(掺加白乳胶和腻子膏)CBR5.0 值，当 4.75~9.5mm 档集料含量大于 60%，后二者间的差距显著减小。

②当 4.75~9.5mm 档集料含量大于 60% 时，二者间的变化趋势基本趋于一致。

③干法的 CBR_{max} 出现在 4.75~9.5mm 档集料含量为 40% 处，而湿法的 CBR_{max} 则出现在 4.75~9.5mm 档集料含量为 20% 处，湿法的 CBR_{max} 对应的 9.5~19mm 档集料含量大于干法，即粗集料明显增加。

④结果分析：二级掺配时 9.5mm 以上粗集料均可作为混合料的骨架颗粒。干法时集料间相互嵌挤力大流动性差，集料间以相互嵌挤为主，填充为辅，CBR5.0 值大；湿法集料间存在胶黏剂，提高了集料间的流动性，集料间虽然仍以相互嵌挤为主，也增加了 4.75~9.5mm 集料对 9.5~19mm 集料的填充，4.75~9.5mm 含量为 20% 时达到充分填充，出现湿法的 CBR_{max}，继续减少 4.75~9.5mm 含量，破坏了 9.5~19mm 集料形成的骨架结构，CBR5.0 值持续减小，至 4.75~9.5mm 含量为 60% 时达到最小值；再继续减小 4.75~9.5mm 含量时，与 9.5~19mm 集料共同形成新的嵌挤结构，至 4.75~9.5mm 含量为 80% 时，达到新的稳定嵌挤结构，CBR5.0 值再次出现峰值，且略小于第一次骨架结构时的 CBR5.0 值，4.75~9.5mm 含量继续减小，嵌挤结构失稳，CBR5.0 值再次减小。总体来看，湿法由于提高了集料间的流动性，集料间的嵌挤力减小，也造成湿法 CBR5.0 值普遍低于干法。

(2) 三级掺配

CBR 试验前，须先对三级掺配的两档料进行湿处理。根据表 4-6 建议值，白乳胶与腻子膏用量按所需拌和集料的质量百分比计算。其中，合档料 H4.75~19mm 掺入白乳胶和腻子膏的质量百分比分别为0.6%和2.0%；档料2.36~4.75mm掺入白乳胶和腻子膏的质量百分比也分别为0.7%和3.0%。

三级掺配H4.75~19mm与2.36~4.75mm的CBR5.0试验结果及对应变异系数见表4-9和图4-5。

三级掺配CBR5.0值及变异系数试验结果　　　　　　表4-9

掺配编号	H4.75~19mm 掺配比例 (%)	2.36~4.75mm 掺配比例 (%)	CBR5.0(湿法) (%)	变异系数 (%)	CBR5.0(干法) (%)*
1	100	0	34.76	19	56.60
2	98	2	74.03	21	33.47
3	96	4	49.80	22	58.93
4	94	6	46.72	28	52.34
5	92	8	49.77	18.4	46.00
6	90	10	40.06	16	50.25
7	88	12	48.42	8	57.75

注：*数值来源于第4章第2节同档料同掺配比例干法试验结果。

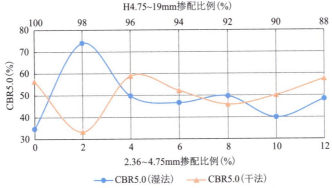

图4-5　三级掺配干法与湿法CBR5.0值变化趋势对比

由于二级掺配时干法与湿法的试验结果存在较大差异，为方便对比，在进行三级掺配试验时，仍参照干法确定的二级掺配比例9.5~19mm：4.75~9.5mm=60%：40%作为合档料H4.75~19mm组成比例。

从表4-9和图4-5可以看出：

(1)干法与湿法所测CBR5.0值的发展趋势明显不一致，甚至出现背离的发展情况，二者的相关性较低。

(2)干法的CBR_{max}出现在2.36~4.75mm档集料含量为4%处，湿法的CBR_{max}则出现

在 2.36～4.75mm 档集料含量为 2% 处,三级掺配时湿法的 CBR_{max} 对应的 2.36～4.75mm 档集料含量小于干法时,且湿法的 CBR_{max} 大于干法。

(3)湿法 2.36～4.75mm 档集料含量为 2% 处对骨架结构完成充分填充,CBR_{max} 出现,继续增加含量,持续破坏骨架结构,而且随着细集料增多,难以形成新的嵌挤结构,CBR5.0 值出现明显的持续减小趋势。相反,干法中 2.36～4.75mm 档集料含量 2% 对应的 CBR5.0 值明显偏低,为 33.47%,是最小值,除这点外,其他总体 CBR5.0(%)值在 40～60 之间波动。说明 2.36～4.75mm 档集料在对合档料 H4.75～19mm 填充过程中,干、湿料的作用机理可能因为黏结剂的掺入而不同。

试验表明,干法和湿法的结论差异性较大,这不符合实际,应该是干法、湿法中的某些方面出了问题,或者说湿法干做这种工艺有问题,或者说完全照搬干法进行湿法试验有问题,应该认真检讨。干法、湿法从组成上来讲,其区别就是添加了黏结剂,其他方面没有质的变化。但只要仔细分析会发现:干法得到 CBR_{max} 在 9.5～19mm:4.75～9.5mm = 60%:40% 处,而湿法得到 CBR_{max} 在 9.5～19mm:4.75～9.5mm = 80%:20% 处,这意味着加入黏结剂后 CBR_{max} 向粒径较大的方向退化,说明加入黏结剂后,粒料间的摩擦力变小了,即 φ 值减小了。为什么会出现这种现象呢?初步分析是黏结剂成膜引起的。黏结剂成膜后包裹在粒料表面,粒料表面的微观结构被改变,导致粒料间的摩擦力下降。这个问题在试验前已经考虑到了,所以采用了快速搅拌,并采用密封箱装料,力图减少溶剂蒸发,延长成膜时间,为试验争取时间,但还是成膜速度太快,不能满足试验要求的工作时间。可见由于黏结剂的加入,集料间发生了变化,第 3 章总结的干法可能不再适合湿法的试验要求,因而出现了较大的偏差。为此,应进一步探讨不同条件因素对湿法的影响,如黏结剂的种类、装料方法、成型方法等。

4.3.2　沥青类黏结剂矿料承载比试验的影响

为进一步考察黏结剂对湿法的影响,在白乳胶 + 腻子膏研究的基础上,考察沥青类黏结剂对湿法的影响。研究思路是变换黏结剂,针对黏结剂的特点改变试验方法,但装料、成型及测试方法仍维持干法。

4.3.2.1　试验方法

选用工程中常用的 70 号道路石油沥青作为沥青类黏结剂进行对比试验。结合沥青自身特性和大量的试验探索,确定沥青类黏结剂的掺配方式如下:

(1) 准备

①清洗：各档集料过筛后洗净。将试样浸泡在水中，适当搅动，洗去附着在集料表面的尘土和石粉，经多次清洗干净至水清澈为止。

②烘干：将清洗后的各档集料放入105℃±5℃烘箱中烘干至恒重，一般在烘箱中的烘干时间不得少于4h。

(2) 预拌

①取各档集料分别放置烘箱加热至180℃以上恒温待用。

②取沥青若干，放置烘箱加热至150℃左右待用。

③预热沥青搅拌试验机至180℃待用。

④称取加热好的各档集料若干，加入拌缸；称取加热好的沥青若干，加入拌缸。

⑤开动拌缸搅拌，拌缸在180℃时搅拌180s，至沥青与集料拌和均匀后出锅。

⑥出锅后的混合料装入料盘，放置在配置温控设施的空间内，要求恒温在28℃±2℃（该温度应根据沥青软化点大小，通过试验确定。其标准是沥青所表现出来的黏度能最大化，保证试验过程中矿料之间的黏性，减少或阻止矿料间的离析）。

⑦混合料成型时料的温度保持在28℃±2℃，以保证集料间的黏结性。

⑧沥青用量按所需拌和集料的质量百分比计算，各档集料拌和时所需沥青的质量百分比见表4-10，预拌前后的集料情况见图4-6。

⑨装料成型采用三装一压。

各档集料拌和所需沥青用量（沥青质量/矿料质量） 表4-10

集料规格	≥9.5mm	4.75~9.5mm	2.36~4.75mm
沥青用量	0.20%	0.20%	0.40%

图4-6 各档集料与70号道路石油沥青预拌前后情况

4.3.2.2 沥青类黏结剂矿料承载比试验

矿料"湿"处理沥青掺量见表4-10。二级掺配(普通沥青)CBR5.0值(湿法)及变异系数试验结果见表4-11。

二级掺配(普通沥青)CBR5.0值(湿法)及变异系数　　表4-11

掺配编号	9.5~19mm 掺配比例 (%)	4.75~9.5mm 掺配比例 (%)	CBR5.0(湿法) (%)	变异系数 (%)
1	0	100	22.41	9
2	20	80	25.86	14
3	40	60	24.42	16
4	50	50	30.69	13
5	55	45	32.20	14
6	60	40	33.88	16
7	65	35	38.92	15
8	70	30	40.78	14
9	80	20	26.28	9
10	100	0	28.07	4

二级掺配合档料 H4.75~19mm 的组成为 9.5~19mm：4.75~9.5mm=65%：35%。各档料"湿"处理沥青掺配量见表4-10，三级掺配(普通沥青)CBR5.0值(湿法)及变异系数试验结果见表4-12。

三级掺配(普通沥青)CBR5.0值(湿法)及变异系数　　表4-12

掺配编号	H4.75~19mm 掺配比例 (%)	2.36~4.75mm 掺配比例 (%)	CBR5.0(湿法) (%)	变异系数 (%)
1	100	0	28.78	16
2	98	2	30.17	10
3	96	4	30.80	12
4	94	6	29.88	15
5	92	8	28.28	16
6	90	10	26.65	12
7	88	12	25.36	14

试验成果分析：

(1)变异性有所改善。说明沥青作为集料黏结剂时,所获数据的变异系数相比较小,因此可以推断,在选择湿法黏结剂时,黏结剂黏结力越大,其数据离散性越小,变异系数也越小,说明改变并提高黏结剂的黏结性能对提高试验的可重复性是有效的。

(2)干法二级掺配结果为 60%∶40%,湿法(普通沥青)二级掺配结果为 65%∶35%;三级掺配的结果一样,均在 2.36~4.75mm 为 4% 处。干法、湿法两种方法的结果有靠近的趋势。

(3)湿法 CBR5.0 值(湿法)整体偏小,且不同比例之间差值不大,几乎分辨不出大小,什么原因导致这一结果呢?经分析初步认为是成型方法的问题。

在考察黏结剂对 CBR5.0 值(湿法)和变异系数影响的一系列试验中,有一个共同的问题,即湿法 CBR5.0 值均较小,且随着黏结剂黏结性能的增加其不同比例间的差值差异不大的现象。经过对试验过程及结果等多方面考量,认为影响湿法 CBR5.0 值大小的主要因素是成型装料方式,因为成型装料方式的不同会导致装料后料密实的不同,而密实程度直接影响湿法 CBR5.0 值的大小。在考察黏结剂的一系列试验中,试验成型装料均采用了三装一压成型方式,未考虑不同成型方法对湿法密实的影响。

4.4 黏结剂对矿料承载比试验成型方式的影响

总结白乳胶+腻子膏和沥青类两类黏结剂试验过程中出现的问题,本节对湿法状态下的成型方式开展进一步的研究。

4.4.1 不同成型方式的试验研究

本试验采用了三档料,其掺配比例为 9.5~19mm∶4.75~9.5mm∶2.36~4.75mm = 56.4%∶37.6%∶6%;"湿"处理黏结剂分别为胶水和腻子膏,各档料的具体掺量见表 4-13。

各档料黏结剂掺量 表 4-13

黏结剂类型	档料类型		
	9.5~19mm	4.75~9.5mm	2.36~4.75mm
胶水掺量(%)	1	1	1
腻子膏掺量(%)	2	2	3

采用最初研究干法成型时的三种方式三装三捣一压、三装三捣和三装一压进行研究,试验结果见表 4-14。

不同成型方式对湿法 CBR 值的影响   表 4-14

成型方式	CBR5.0(湿法)(%)	均值(%)	标准差(%)	变异系数(%)
三装三捣一压	33.81	28.94	11.4	39
	30.02			
	42.68			
	51.07			
	28.08			
	21.49			
	13.19			
	17.41			
	23.57			
	28.08			
三装三捣	27.4	28.93	10.41	36
	29.2			
	30.36			
	39.24			
	38.08			
	11.98			
	22.99			
	14.11			
	31.87			
	44.09			
三装一压	37.06	30.75	5.69	18
	27.6			
	32.45			
	39.63			
	21.29			
	33.18			
	29.68			
	23.19			
	30.27			
	33.13			

从表 4-14 可知:尽管试验样本比较大,同类进行了 10 次试验,但结果并不理想,数据结果离散性大,变异系数分别为 39%、36% 和 18%,远远超出 16% 的限值。从数据的精度要求来说,由于离散性较大,试验结果没有多大意义,是不可用的。但如果单从数据而言,还是可以分出个优劣来,即三装一压成型方式所得的结果变异系数最小,变异系数为 18%;其他两种成型方式所得结果变异系数差不多,分别为 39% 和 36%。对比三种成型方式,三装三捣一压和三捣一压有一个共同点是"捣",和三装一压的区别也是"捣",可见"捣"的过程直接影响到最终结果 CBR 值数据的大小和变异性,这是一个不可忽略而必须认真对待的过程。在此基础上,增加一装一压成型方式,汇总结果如表 4-15。

不同成型方式对 CBR5.0 值对应的变异系数的影响　　　表 4-15

类型	湿法				干法
成型方法	三装三捣一压	三装三捣	三装一压	一装一压	一装一压
变异系数(%)	39	36	18	25	17

从表 4-15 可知,湿法三装一压和一装一压两种成型方式都有一个共同点"装",其他行为相同,结果是三装一压的变异系数为 18%,一装一压为 25%,可见"装"次数影响着最终试验数据变异系数的大小,且表现出"装"的次数相对多,其变异系数相对较小的规律。

分析湿法三装三捣一压和三装三捣,变异系数分别为 39% 和 36%,差别在"一压",也再次证明,"压"对试验的变异系数的影响是有利的。而"捣"似乎在起反作用,试验的变异系数因"捣"变大。进一步分析表 4-15 可知,要想将湿法的试验结果限定在变异系数不超过 12%,则应该在减"捣"、增"装"、保"压"三个方面下功夫。

成型过程是个"脱虚向实"的过程,对于级配碎石还有一个减小离析的任务。前者是一个提高压实的过程,主要与成型方式有关;后者是一个将各粒径档料临时黏结起来,不至于在成型过程中过度离析的过程,主要与黏结剂的黏结强度有关。这样如果压实过程不变的话,提高 CBR5.0 值的"任务"完成的好坏就只是受到"装"和"捣"的影响,而通过对装的分析知,装三次要比一次好,那可以确定装三次作为成型的方式。这样影响成型的因素就只有"捣"了。

"捣"的行为是人工采用捣棒完成的。进一步观察"捣"的过程,发现"捣"的行为不但不能使得湿法集料密实,反而使其更"虚",这主要是黏结剂的黏结作用引起的。如胶水+腻子膏的黏结性能劣于沥青,则表现出在捣的过程中集料的溅料现象显著于沥青,从而导致沥青类黏结剂的成型后试件试验结果的变异性小。

4.4.2 夯锤的开发设计

根据大量观察及试验经验,选择放弃《公路工程集料试验规程》(JTG E42—2005)粗集料堆积密度及空隙率试验(T 0309—2005)的捣棒(捣棒:直径16mm、长600mm、一端为圆头的钢棒。),采用《公路土工试验规程》(JTG 3430—2020)中的击实试验(T 0131—2019)的击实设备,结果出现集料被击飞的情况大大减缓,但仍有集料被击飞的现象。针对被击飞的情况,采用了轻型人工击实的方式,效果比较好,原因是人工可以控制击力,可以先轻后重,直至击实。观察捣实过程,认为在锤质量不变的情况下,应对锤底直径进行适当调整,以通过增大锤底直径,增大击实面积,确保是击实而不是捣入,即应该是"夯"而不应该是"捣",这样对成型的密实作用更明显。

为减少研究的工作量,夯锤的研究以《公路土工试验规程》(JTG 3430—2020)击实试验(T 0131—2019)中的轻型夯锤(2.5kg)为蓝本,进行改进。具体做法是依据夯锤总质量不变的原则,加工了总质量为2.5kg的不同直径的夯锤,具体见图4-7。图4-7中,从左到右分别为夯棒ϕ16mm、锤底ϕ50mm、锤底ϕ60mm、锤底ϕ70mm和锤底ϕ80mm。

图4-7 不同直径夯锤对比

夯锤加工要求:

(1)控制手柄和锤头总质量2500g。

(2)控制尺寸为锤头直径,其他尺寸(手柄直径、长度、锤头高度)在保证总质量的前提下可微调。

（3）锤头采用 45 号钢，手柄可采用实心普通钢。

通过人工试验，比对夯锤夯实有效性且不易出现"溅"料等现象，通过多次试验观察，发现采用锤底 ϕ70mm 的夯锤可以达到有效夯实且不易溅料的效果，故此选定锤底 ϕ70mm 的夯锤作为后续试验用夯锤，也就是说在湿法成型中，将捣棒改为夯锤。

4.5 湿法矿料承载比试验方法的应用研究

4.5.1 液体沥青黏结剂

4.5.1.1 液体沥青成型方法

准备阶段同普通沥青。经过多次掺配试验，总结出液体沥青黏结剂试件成型步骤：

（1）试验建议按组分配，一次建议完成至少一组试件的试验，整个过程室温不宜出现大的变化。

（2）根据配比称取一组试件的各档料数量，分置在不同容器中。

（3）称取档料质量 1.5% 的液体沥青分别加入已称取的各档料中。

（4）将档料和液体沥青搅拌均匀待用，拌和后的效果见图 4-8。

（5）根据一个试件的组成，分别称取准备好的各档料若干。称取档料后，根据试验规程要求拌匀，并按四分法分成四份。

（6）装料分三次。第一次装入 2/4，第二次装入 1/4，第三次装入 1/4。

图 4-8　液体沥青拌和档料

每次装料后采用 φ70mm 夯锤进行夯实。夯实分三个阶段：

第一阶段为初平阶段：用夯锤轻夯，出现的是嚓嚓嚓的声音，当夯锤由嚓嚓嚓声音变为砰砰砰的声音时，初平夯实结束，进入夯实阶段；初平不计夯实次数，以普遍发出砰砰砰声音结果为准。

第二阶段为夯实阶段：先边部后中部沿试模内侧进行夯实操作，每次都能听到砰的声音，直至 25 次。

第三阶段为终平阶段：施加小力，将由于夯实阶段振松的部分补夯，若表面有不平的地方，可通过夯实高位，驱使料向低位滑移，确保夯实后的表面平整，无松散。终平不计夯实次数，以夯平为准。

注意事项：

①由于液体沥青黏结剂在一定程度上受到时间温度的影响，所以拌和料不宜多，应遵循边拌边用的原则，上午拌和的料，上午用完。

②液体沥青中的溶剂部分，可能会由于蒸发而散失，导致液体沥青状态发生变化，所以应尽量将环境温度和环境风力保持一致，减少环境的干扰。

③由于溶剂散失后液体沥青由液态转换为沥青态，这时拌和好的矿料间的黏度主要受沥青黏度影响，为保持持续的黏度，应注意沥青的软化点与环境温度的关系。

4.5.1.2 掺配

试验所需的三档料的液体沥青掺配比例均为 0.7%（液体沥青质量/档料质量）。

二级掺配时液体沥青黏结剂对矿料承载比的影响试验结果见表 4-16 和图 4-9。

二级掺配时液体沥青黏结剂对矿料承载比的影响　　　　表 4-16

掺配编号	掺配比例（%）		CBR5.0（湿法）（%）					变异系数（%）
	9.5~19mm	4.75~9.5mm	试验1	试验2	试验3	均值	标准差	
1	0	100	21.54	18	16.78	18.77	2.47	13
2	30	70	21.39	21.54	23.38	22.10	1.11	5
3	40	60	29.15	27.94	25.17	27.42	2.04	7
4	50	50	28.52	28.91	23.72	27.05	2.89	11
5	60	40	30.12	28.86	25.13	28.04	2.59	9
6	70	30	35.89	33.66	33.08	34.21	1.48	4
7	80	20	29.54	29.44	33.66	30.88	2.41	8
8	100	0	22.31	28.23	26.29	25.61	3.02	12

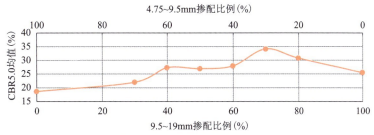

图 4-9　二级掺配时液体沥青黏结剂对矿料承载比的影响

三级掺配时液体沥青黏结剂对矿料承载比的影响试验结果见表 4-17 和图 4-10。试验合档料 H4.75～19mm 的掺配比例取 4.75～9.5mm∶9.5～19mm = 70%∶30%。

三级掺配时液体沥青黏结剂对矿料承载比的影响　　表 4-17

掺配编号	掺配比例（%）		CBR5.0（湿法）（%）					变异系数（%）
	H4.75～19mm	2.36～4.75mm	试验1	试验2	试验3	均值	标准差	
1	98	2	29.98	27.12	29.35	28.82	1.50	5
2	96	4	30.02	33.23	36.18	33.14	3.08	9
3	94	6	31.82	29.2	31.43	30.82	1.41	5
4	92	8	32.56	27.16	34.22	31.31	3.69	12
5	90	10	31.24	26.87	30.99	29.70	2.45	8
6	88	12	23.06	24.59	26.39	24.68	1.67	7

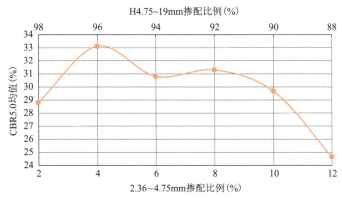

图 4-10　三级掺配时液体沥青黏结剂对矿料承载比的影响

试验结果分析：

（1）试验数据变异系数大幅下降，满足变异系数小于或等于 12% 范围内的要求。

（2）试验结果与干法不同。二级掺配比例为 70%∶30%，与干法不同；三级掺配时与干法相同,即干法和湿法在2.36~4.75mm处的掺配比例均为4%。二级掺配比例由干法的60%:40%处变动到湿法的70%:30%处,意味着合成级配更"粗",初步判断是由于沥青滑移造成的,即由于沥青在集料表面的滑移,造成集料克服阻力能力下降。这是一个很有意义的现象,因为这意味着如果要设计沥青混合料的集料级配,可以优先选用沥青作为黏结剂,这样可预先将沥青的滑移在矿料级配设计阶段提前考虑进去。

4.5.2 干挂胶黏结剂

考察单组分瓷砖背胶和单组分干挂胶。初步试验结果表明,单组分干挂胶优于单组分瓷砖背胶,故在其后的研究中,主要研究单组分干挂胶对矿料承载比(CBR)的影响。这里仅论述差异部分。

4.5.2.1 干挂胶黏结剂试件成型方法及步骤

(1)一次完成三个试件(一组)的试验,整个过程应控制在1.5~2.0h内。

(2)根据配比称取三个试件的各档料数量,分置在不同容器中。

(3)称取档料质量1.5%的黏结剂,分别加入已称取的各档料中。

图4-11 干挂胶和拌和档料

(4)将档料和黏结剂搅拌均匀,并立即储存在带盖的密封容器中待用(建议两个试验员配合操作,以节约拌和时间);拌和后的效果见图4-11。

(5)密封在容器中的料放置10~20min(以最后完成时起算,天气凉时放置15~20min,天气热时放置10~15min)后开始试验。

(6)根据一个试件的组成,分别称取准备好的各档料若干。称取档料后,立即将储存容器盖好。将称取好的档料,根据试验规程要求拌匀,并按四分法分成四份。

(7)装料分三次。第一次装入2/4,第二次装入1/4,第三次装入1/4。

(8)每次装料后采用ϕ70mm夯锤进行夯实,夯实分三个阶段:

第一阶段为初平阶段:用夯锤轻夯,出现的是嚓嚓嚓的声音,当夯锤由嚓嚓嚓声音变为砰砰砰的声音时,初平夯实结束,进入夯实阶段;初平不计夯实次数,以普遍发出砰砰砰声音结果为准。

第二阶段为夯实阶段:先边部后中部沿试模内侧进行夯实操作,每次都能听到砰的声音,直至25次。

第三阶段为终平阶段:施加小力,将由于夯实阶段振松的部分补夯,若表面有不平的地方,可通过夯实高位,驱使料向低位滑移,确保夯实后的表面平整,无松散。终平不计夯实次数,以夯平为准。

4.5.2.2 掺配

试验所需的三档料的干挂胶黏结剂掺配比例均为1.5%(干挂胶黏结剂质量/档料质量)。

二级掺配时干挂胶黏结剂对矿料承载比的影响试验结果见表4-18和图4-12。

二级掺配时干挂胶黏结剂对矿料承载比的影响　　　　表4-18

掺配编号	掺配比例(%)		CBR5.0(湿法)(%)					变异系数(%)
	10~18mm	5~10mm	试验1	试验2	试验3	均值	标准差	
1	0	100	21.34	22.17	25.27	22.93	2.07	9
2	30	70	23.62	21.68	22.65	22.65	0.97	4
3	40	60	32.06	34.39	34.5	33.65	1.38	4
4	50	50	39	37.78	38.39	38.39	0.61	2
5	60	40	41.37	43.8	43.41	42.86	1.31	3
6	70	30	33.76	35.99	32.5	34.08	1.77	5
7	80	20	49.81	43.36	40.55	44.57	4.75	11
8	100	0	42.83	40.6	48.89	44.11	4.29	10

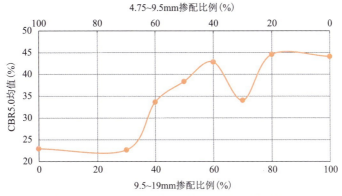

图4-12　二级掺配时干挂胶黏结剂对矿料承载比的影响

三级掺配时干挂胶黏结剂对矿料承载比的影响见表4-19和图4-13。试验合档料H4.75~19mm的掺配比例取9.5~19mm：4.75~9.5mm=60%：40%。

三级掺配时干挂胶黏结剂对矿料承载比的影响　　　　表4-19

掺配编号	掺配比例(%)		CBR5.0(湿法)(%)					变异系数(%)
	H4.75~19mm	2.36~4.75mm	试验1	试验2	试验3	均值	标准差	
1	100	0	40.4	42.1	40.42	40.97	1.20	2.93
2	98	2	36.52	35.26	37.3	36.36	0.89	2.45
3	96	4	58.21	54.32	48.84	53.79	2.75	5.11
4	94	6	45.3	35.46	41.76	40.84	4.98	12.20
5	92	8	37.35	36.57	36.81	36.91	0.55	1.49
6	90	10	35.95	31.82	31.19	32.99	2.92	8.85
7	88	12	33.86	29.64	32.02	31.84	2.98	9.37

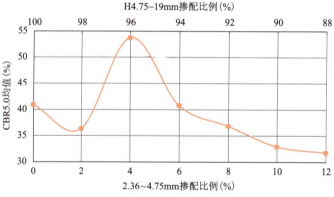

图4-13　三级掺配时干挂胶黏结剂对矿料承载比的影响

试验结果分析：

（1）二级掺配和三级掺配试验数据变异系数均大幅度减小，变异系数基本在要求的12%范围内。

（2）二级掺配和三级掺配结果与干法结论一致。

（3）从试验过程观测可知，掺配干挂胶后，矿料的均匀性和抗离析性大幅改善，尤其是原来易于离析的2.36~4.75mm档料，表现尤为突出。

（4）由于干挂胶受时间和气温及湿度影响，产生了新的问题，需要逐渐解决。

（5）掺配干挂胶后，CBR5.0试验数据仍小于干法所获取的试验数据，说明加入干挂胶后集料表面似液体一样出现滑移，导致摩擦力下降，使得CBR5.0值下降。

为进一步验证干挂胶的效果,试验更换矿料后,CBR 试验的稳定性和重复性依然良好。以下引用某高速公路中面层 AC-20 骨架设计部分资料,矿料为石灰岩。该试验所需的三档料的干挂胶黏结剂掺配比例均为 1.9%(干挂胶黏结剂质量/档料质量)。比例按"五点法"选取。

4.5.2.3 二级掺配

二级掺配取 9.5~19mm 与 4.75~9.5mm 两档料分为 5 个比例掺配,并进行 CBR 试验,结果见表 4-20 和图 4-14。

二级掺配 CBR5.0 值试验结果　　　　　　　　　　　　　　　　表 4-20

掺配编号	掺配比例(%)		CBR5.0(湿法)(%)	变异系数(%)
	9.5~19mm	4.75~9.5mm		
1	30	70	38.34	12
2	40	60	42.78	12
3	50	50	45.75	8
4	60	40	46.53	6
5	70	30	38.65	6

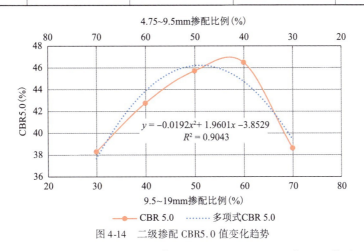

图 4-14　二级掺配 CBR5.0 值变化趋势

试验样本为 5,取置信度为 90,则 $R^2 = 0.9043 \geq 0.805$,满足置信度要求,根据回归方程计算 $CBR_{max} = 46.2687\%$,对应的掺配比例为 9.5~19mm : 4.75~9.5mm = 51% : 49%。

4.5.2.4 三级掺配

将合档料 H4.75~19mm 与档料 2.36~4.75mm 进行不同比例掺配并进行 CBR 试

验。合档料 H4.75～19mm 对应的掺配比例为 9.5～19mm：4.75～9.5mm = 51%：49%。试验结果见表 4-21 和图 4-15。

三级掺配 CBR5.0 值试验结果　　　　表 4-21

掺配编号	掺配比例(%)		CBR5.0(湿法)(%)	变异系数(%)
	H4.75～19mm	2.36～4.75mm		
1	100	0	48.27	13
2	98	2	46.93	13
3	96	4	47.45	8
4	94	6	60.40	7
5	92	8	51.28	6
6	90	10	50.23	13

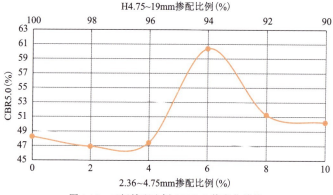

图 4-15　三级掺配比例 CBR5.0 值变化趋势

根据表 4-21 和图 4-15，可以确定三级掺配时 2.36～4.75mm 档料的掺配比例为 6%（由于三级掺配比例间距较小，为 2%，所以建议根据试验数据直接取用，不再进行回归分析计算）。两档料掺配比例为 H4.75～19mm：2.36～4.75mm = 94%：6%。

三档料的掺配比例计算如下：

9.5～19mm：51% × 94% = 47.94%；

4.75～9.5mm：49% × 94% = 46.06%；

2.36～4.75mm：6%。

以上试验结果表明，二级掺配时变异系数(%)小于或等于 12%，三级掺配时变异系数小于或等于 13%，试验的变异系数减小，试验的稳定性和重复性得以改善和提升。总结以上结果，加干挂胶的矿料承载比(CBR)试验的变异系数 C_V 可以定义为小于或等于 14%，并以此作为湿法矿料承载比(CBR)精度和允许差的控制值。

4.6 干法与湿法的对比分析

不同胶黏剂对矿料承载比二级掺配、三级掺配影响结果汇总分别见表 4-22 和表 4-23。

不同胶黏剂对矿料承载比二级掺配影响结果汇总　　　表 4-22

掺配编号	掺配比例(%)		CBR(干法)		CBR(干挂胶)		CBR(沥青)	
	9.5~19mm	4.75~9.5mm	CBR5.0 (%)	变异系数 (%)	CBR5.0 (%)	变异系数 (%)	CBR5.0 (%)	变异系数 (%)
1	0	100	35.89	18	22.93	9	20.77	13
2	20	80	44.94	20	22.65	4	23.56	11
3	40	60	34.08	19	33.65	4	26.82	7
4	50	50	49.17	23	38.39	2	25.34	11
5	55	45	44.39	18	39.73	7	26.44	9
6	60	40	56.59	19	42.86	3	27.21	9
7	65	35	49.49	19	41.26	6	28.30	10
8	70	30	49.91	17	34.08	5	31.15	4
9	80	20	51.00	19	44.57	11	28.73	8
10	90	10	42.35	17	43.50	9	27.81	10
11	100	0	56.33	21	44.11	10	28.40	12

不同胶黏剂对矿料承载比三级掺配影响结果汇总　　　表 4-23

掺配比例(%)		CBR(干法)		CBR(干挂胶)		CBR(沥青)	
H4.75~19mm	2.36~4.75mm	CBR5.0(干法)(%)	变异系数(%)	CBR5.0(湿法)(%)	变异系数(%)	CBR5.0(湿法)(%)	变异系数(%)
100	0	56.59	19	40.97	3	28.86	—
98	2	33.47	19	36.36	3	28.82	5
96	4	58.93	21	53.79	5	33.14	9
94	6	52.34	17	40.84	12	30.82	5
92	8	46.00	17	36.91	2	31.31	12
90	10	50.25	22	32.99	9	29.70	8
88	12	48.12	21	31.84	9	24.68	7

试验成果分析及建议：

（1）二级掺配时的 CBR5.0 值：干法最大，湿法中的干挂胶大于沥青；干法与干挂胶比，干挂胶总体的 CBR5.0 值约为干法的 80%，沥青约为干法的 60%；同属湿法的干挂胶和沥青相比，干挂胶总体 CBR5.0 值大于沥青总体 CBR5.0 值，沥青 CBR5.0 值约为干挂胶的 72%。不论是干、湿方法之间抑或是同为湿法不同黏结剂之间，其 CBR5.0 试验值之间均有较大的差异。

（2）三级掺配时的 CBR5.0 值：干法最大，湿法中的干挂胶大于沥青；干法与干挂胶相比，干挂胶总体的 CBR5.0 值约为干法的 80%，沥青约为干法的 60%；同属湿法的干挂胶和沥青相比，干挂胶总体 CBR5.0 值大于沥青总体 CBR5.0 值，沥青 CBR5.0 值约为干挂胶的 76%。不论是干、湿方法之间抑或是同为湿法不同黏结剂之间，其 CBR5.0 试验值之间均有较大的差异，其三级掺配总体上同二级掺配。

（3）对于二级掺配，干法和干挂胶的结论一致，但就试验的重复性来讲，湿法相比干法好得多，因此建议在实际应用中优先采用湿法。

（4）对于三级掺配，尤其合档料和最小粒径档料 2.36~4.75mm 掺配时，干法离析严重，推荐采用湿法。

（5）从矿料承载比试验的稳定性与可重复性来讲，就本书所涉猎的黏结剂比较，湿法中的干挂胶和沥青均表现不错，但通过试验观察，干挂胶更优。如果试验不考虑 CBR 值的大小，只是相对比较，则建议首选以干挂胶为黏结剂的矿料承载比，可大幅度提高试验的稳定性和可重复性。

（6）干挂胶的掺量（干挂胶质量/矿料质量）可根据矿料种类区别对待，根据现有的试验经验，花岗岩、辉绿岩和玄武岩的掺配比例建议为 1.6%，石灰岩干挂胶的掺量比例为 1.9%。

（7）鉴于干法与湿法矿料离析引起的差异，建议矿料精密度控制指标应对应调整。干法矿料承载比变异系数控制在 16% 以内，湿法矿料承载比变异系数控制在 14% 以内。

4.7 湿法矿料承载比试验方法（干挂胶）

4.7.1 目的和适用范围

（1）本试验方法只适用于在规定的试筒内，对矿料等散体材料进行承载比（CBR）试验。

(2)试样的公称最大粒径宜控制在31.5mm以下。

(3)矿料的针片状颗粒含量建议不大于10%。

4.7.2 仪器设备

(1)方孔筛:1套。

(2)试筒:内径152mm、高170mm的金属圆筒,见图4-16。

(3)贯入杆:端面直径50mm、长约100mm的金属柱。

(4)荷载板:直径150mm,中心孔眼直径52mm,每块质量1.25kg,共4块,并沿直径分为两个半圆块。荷载板的形式和主要尺寸见图4-17。

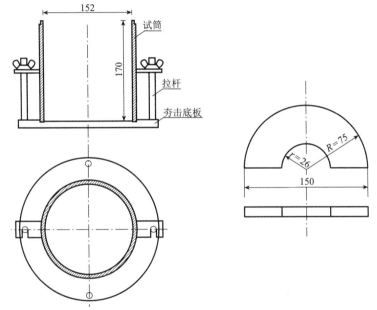

图4-16 承载比试筒(尺寸单位:mm)　　图4-17 荷载板(尺寸单位:mm)

(5)压力板:直径148mm,厚20mm,中间刻划直径为50mm同心圆,方便贯入杆下压时对中。带把手,方便取放(图4-18)。

(6)路强仪或其他载荷装置:能量不小于100kN,能调节贯入速度至每分钟贯入1mm。

(7)百分表:3个。

(8)夯锤:锤重2.5kg,锤底直径为70mm。

(9)其他:台秤(感量为试件用量的0.1%)、拌和盘、钢尺等。

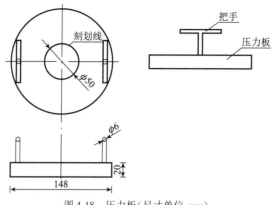

图 4-18 压力板(尺寸单位:mm)

4.7.3 矿料准备

(1)清洗:将各档料过筛洗净。将试样浸泡在水中,适当搅动,仔细洗去附在集料表面的尘土和石粉,经多次漂洗干净至水清澈为止。

(2)烘干:将各档料在 105℃±5℃烘箱中烘干至恒重,一般在烘箱中烘烤的时间不得少于 4h;每档料约 32kg。之后,凉至室温待用。

(3)试筒中集料的装料的压实高度为 11cm,并由此压实高度、试筒的体积和集料夯实密度反算所用一筒料的质量。

算例:以 AC-16 三档料(10~16mm、5~10mm 和 3~5mm)为例。

①试筒中集料体积 1995cm³,花岗岩夯实密度按 1.700g/cm³,可计算需 3400g/筒。

②二级掺配每筒各档料用量计算,见表 4-24。

二级掺配每筒各档料需用量计算　　　　表 4-24

10~16mm 档料		5~10mm 档料	
比例	质量(g)	比例	质量(g)
100%	3400	0%	0
80%	2720	20%	680
…	…	…	…
0%	0	100%	3400

③三级掺配每筒各档料用量计算。

若二级掺配得出最佳比例为 10~16mm:5~10mm=40%:60%,则三级掺配每筒各档料用量计算见表 4-25。

三级掺配每筒各档料需用量计算　　　　　表4-25

合档料比例	合档料 5~16mm				3~5mm 档料	
	10~16mm 档料		5~10mm 档料			
	40%		60%			
	比例	质量(g)	比例	质量(g)	比例	质量(g)
100%	40%	1360	60%	2040	0%	0
80%	32%	1088	48%	1632	20%	680
60%	24%	816	36%	1224	40%	1360
…	…	…	…	…	…	…
0%	0%	0	0%	0	100%	3400

4.7.4　成型方法(干挂胶)及步骤

此过程建议由两个试验员配合操作,以节约拌和时间。

(1)一次完成三个试件(一组)的试验,整个过程应控制在1.5~2.0h内。

(2)根据配比称取三个试件的各档料数量,分置在不同容器中。

(3)称取档料质量适量比例的黏结剂分别加入已称取的各档料中[建议干挂胶的掺量(干挂胶质量/矿料质量)为花岗岩、辉绿岩和玄武岩1.6%,石灰岩掺量1.9%]。

(4)将档料和黏结剂搅拌均匀,并立即储存在带盖的密封容器中待用。

(5)密封在容器中的料放置10~20min(以最后完成时起算,天气凉时放置15~20min,天气热时放置10~15min)后开始试验。

(6)根据一个试件的组成,分别称取准备好的各档料若干。称取档料后,立即将储存容器盖好。将称取好的档料,根据试验规程要求拌匀,并按四分法分成四份。

(7)装料分三次:第一次装入2/4,第二次装入1/4,第三次装入1/4。

(8)每次装料后进行夯实。夯实分三个阶段:

第一阶段为初平阶段:用夯锤轻夯,出现的是嚓嚓嚓的声音,当夯锤由嚓嚓嚓声音变为砰砰砰的声音时,初平夯实结束,进入夯实阶段;初平不计夯实次数,以普遍发出砰砰砰声音结果为准。

第二阶段为夯实阶段:先边部后中部沿试模内侧进行夯实操作,每次都能听到砰的声音,直至25次。

第三阶段为终平阶段:施加小力,将由于夯实阶段振松的部分补夯,若表面有不平的地方,可通过夯实高位,驱使料向低位滑移,确保夯实后的表面平整,无松散。终平不计夯实次数,以夯平为准。

(9)整平表面并放置压力板。

4.7.5　试验步骤

(1)将成型好的试筒连同压力板移动至路强仪,将贯入杆对中压力板的中心施加荷载。根据试验研究可知,石灰岩的成型压力为10kN,辉绿岩、花岗岩等成型压力为15kN。施加压力可以用路强仪,也可使用其他加载设备。

(2)达到成型压力后,卸载。

(3)取出压力板,换上荷载板。荷载板共4层,垂直错缝叠放。

(4)贯入试验。

①先在贯入杆上施加45N荷载,然后将测力和测变形的百分表指针均调整至整数,并记读起始读数;

②加荷使贯入杆以1mm/min的速度压入试件,同时测计3个百分表读数。记录测力计内百分表某些整读数时的贯入量,并注意使贯入量为250×10^{-2}mm时,能有5个以上的读数。因此,测力计内的第一个读数应是贯入量30×10^{-2}mm左右。

(5)每个试件用料可以重复用两次,以节约用料。

4.7.6　结果整理

(1)贯入量为2.5mm时的材料承载比CBR2.5:

$$CBR2.5 = \frac{p_{2.5}}{7000} \times 100$$

式中:CBR2.5——贯入量达2.5mm时,单位压力对标准碎石压入相同贯入量时标准荷载强度的比值(%);

　　　$p_{2.5}$——贯入量为2.5mm时对应的单位压力(kPa)。

(2)贯入量为5.0mm时的材料的承载比CBR5.0:

$$CBR5.0 = \frac{p_{5.0}}{10500} \times 100$$

式中:CBR5.0——贯入量达5mm时,单位压力对标准碎石压入相同贯入量时标准荷载强

度的比值(%);

$p_{5.0}$——贯入量为5mm时对应的单位压力(kPa)。

(3)精密度和允许差。

①采用贯入量为5.0mm时的承载比作为试验结果,以2.5mm时的承载比作为校核。若出现贯入量为2.5mm时的承载比大于5.0mm时,则该次试验废止,需重新进行试验。

②每组进行5个平行试验。

③将5个试验数据利用Excel表格计算样本均值、标准差及变异系数,并整理。

④当C_V>14%时,则去掉一个最大值和一个最小值,重新计算。当仍达不到C_V≤14%时,则应补加一组试验,直至C_V≤14%。

4.8 小结

为进一步克服或降低集料在CBR试件成型过程中的离析问题,本章在第3章研究的基础上,通过添加黏结剂,利用黏结剂固化前的假黏作用,有效阻止了不同粒径集料之间的自由移动,从而达到降低集料离析的目的,提高了矿料承载比试验的稳定性和复现性。最后在总结分析的基础上,提出了湿法矿料承载比试验方法。在该方法的研究过程中,获得以下成果和结论:

(1)开发设计了夯锤,质量为2.5kg,端头直径为70mm。

(2)湿法相比干法,变异系数可考虑降低2个百分点,由干法的C_V≤16%降为C_V≤14%。

(3)不论是干、湿方法之间抑或是同为湿法不同黏结剂之间,其CBR5.0试验值之间均有较大的差异。

(4)对于大于4.75mm以上粒径集料的掺配,干法和干挂胶的结论一致,但就试验的重复性来讲,湿法相比干法好得多,因此建议在实际工程应用中采用湿法。

(5)对于合档料和最小粒径档料2.36~4.75mm掺配时,干法离析严重,推荐采用湿法。

(6)从矿料承载比试验的稳定性与可重复性来讲,就本章研究所涉猎的黏结剂种类,干挂胶最好。

第 5 章　最大承载比指标的合理性试验研究

5.1　概述

力学-体积两阶段矿料级配设计方法是基于矿料承载比试验的一种设计方法。由于 CBR 指标可间接反映矿料组合体的各种宏观和微观特征所体现出的力学性能,因此,将 CBR 指标作为矿料级配设计骨架部分的力学评价指标应该具有客观唯一性特征。矿料级配设计是研究不同档料间组合的学问,组合后的最大剪力是力学指标最关心的指标,相对 CBR 而言,就是如何确定矿料组合后的最大承载比(CBR_{max})问题。力学-体积两阶段矿料级配设计方法是按照层层传递的方式进行类推来确定最大承载比的,这种方法,概念上易于理解且工作量相对较小,但确定的最大承载比是否就是那个具有"客观唯一性"的最大承载比或者说接近最大承载比呢? 为回答这个问题,本章将通过正交试验进行比对,验证用 CBR-V 试验方式确定最大承载比的可行性。

5.2　最大承载比指标的合理性试验研究

对于力学-体积两阶段矿料级配设计方法而言,通过试验方法获取矿料的CBR_{max}是矿料级配设计的关键,也是该方法设计理论成立的关键。为此,本章拟通过 32 组正交试验所获取的CBR_{max}与 CBR-V 法获取的CBR_{max}进行对比试验,分析其内在的作用机理,研究判断采用 CBR-V 法获取CBR_{max}的合理性。

5.2.1 原材料

试验所用集料为某石场生产的 9.5~19mm、4.75~9.5mm 和 2.36~4.75mm 三档辉绿岩集料;其主要物理指标及筛分结果见表 5-1、表 5-2。

矿料主要物理指标及技术要求　　　　表 5-1

物理指标	档料规格			技术要求
	9.5~19mm	4.75~9.5mm	2.36~4.75mm	
表观相对密度	2.940	2.933	2.961	≥2.5
毛体积相对密度	2.923	2.897	2.905	—
吸水率(%)	0.20	0.42	0.68	≤3.0
水洗法<0.075mm(%)	0.5	0.4	0.4	≤1
针片状颗粒含量(%)	6.6	11.1	—	≤12
压碎值(%)	9.3	—	—	≤22
洛杉矶磨耗值(%)	6.1	—	—	≤28

各档集料筛分结果　　　　表 5-2

集料规格(mm)	通过下列筛孔(mm)的质量百分率(%)										
	26.5	19	16	13.2	9.5	4.75	2.36	1.18	0.6	0.3	0.15	0.075
9.5~19	100	94.1	65.2	36.0	2.9	0.5	0.5	0.5	0.5	0.5	0.5	0.5
4.75~9.5	100	100	100	100	91.1	2.3	0.6	0.4	0.4	0.4	0.4	0.4
2.36~4.75	100	100	100	100	100	83.4	2.7	0.9	0.4	0.4	0.4	0.4

5.2.2 正交试验

5.2.2.1 试验设计

试验采用矿料承载比试验方法(干法),试件成型采用三装一压方式。由于所用原材料为辉绿岩,成型压力采用 15kN。为全面了解三档集料不同掺配比例情况下的 CBR 变化规律,具体试验设计如下:

(1)按 3 因素 4 水平正交设计试验,总计开展 16 组试验,初判三档集料不同掺配比例情况下 CBR 变化规律及 CBR_{max} 可能存在的范围。

(2)在(1)的基础上,加密三档集料不同掺配比例,再按 3 因素 4 水平进行正交设计试验,并开展16组试验,确定三档集料不同掺配比例情况下的CBR变化规律及CBR_{max}所在范围。

(3)根据CBR-V法进行三档集料掺配试验,并获取CBR_{max}。由此与正交试验结果进行对比,验证通过CBR-V法所获取的CBR_{max}是否为三档集料掺配后所能达到的最大值或可能的准最大值。

(4)对上述试验所获取的CBR_{max}存在范围内的掺配比例进行再次试验验证,以确定已有试验结果的复现性。

5.2.2.2 正交试验

$L_{16}(4^3)$试验中3为因数,即三档集料9.5~19mm、4.75~9.5mm和2.36~4.75mm;4为试验水平,如表5-3中所列9.5~19mm掺配量为20%、40%、60%和80%,4.75~9.5mm对应的比例为80%、60%、40%和20%,2.36~4.75mm对应的比例为5%、10%、15%和20%。然后按三档料掺配后的和为100%进行处理,得到16组不同的掺配比例,据此进行CBR试验,测定CBR5.0值,试验结果见表5-3。

$L_{16}(4^3)$掺配试验 CBR5.0 值结果(1)　　　表5-3

试验编号	不同规格集料掺配比例(%)			CBR5.0 (%)
	9.5~19mm	4.75~9.5mm	2.36~4.75mm	
1	73	18	9	60.0
2	57	38	5	65.0
3	67	17	16	65.0
4	70	17	13	64.5
5	55	36	9	60.6
6	52	35	13	59.9
7	76	19	5	57.1
8	35	52	13	55.0
9	38	57	5	54.1
10	50	33	17	53.1
11	33	50	17	53.0
12	36	55	9	49.0
13	19	76	5	48.5
14	18	73	9	44.4
15	17	70	13	44.0
16	17	67	16	41.3

表 5-3 中的 CBR5.0 值大体是按降序排列的,从表中的试验结果可以看到,CBR5.0 值大于或等于 60% 时的各档集料掺配比例范围分别为,9.5~19mm 的掺配比例范围为 55%~73%,且 9.5~19mm 档集料掺配比例在此范围内的各组 CBR5.0 值均大于 60%,说明该档集料对 CBR5.0 值的影响最显著;4.75~9.5mm 的掺配比例范围为 17%~38%,在此范围内的 19% 和 33% 掺配比例对应组的 CBR5.0 值小于 60%,说明该档集料对 CBR5.0 值的影响低于 9.5~19mm 档集料;2.36~4.75mm 的掺配比例为 4%~17%,涵盖了整个试验比例的范围,说明该档集料的各试验比例对 CBR5.0 值影响最不显著。由此可见,在一组混合集料中,对 CBR_{max} 影响最大的是公称粒径最大的档料,次粒级档料影响次之,粒径最小档料对 CBR_{max} 的影响也最小,也就是说对 CBR_{max} 的影响随着档料粒径的减小而逐渐降低。

调整各试验水平:9.5~19mm 掺配量调整 30%、50%、70% 和 90%,4.75~9.5mm 对应为 90%、70%、50% 和 30%,2.36~4.75mm 比例保持不变。然后按三档集料掺配后的和为 100% 进行处理,再得到 16 组不同的掺配比例并进行 CBR 试验。试验结果见表 5-4。

$L_{16}(4^3)$ 掺配试验 CBR5.0 值结果(2)　　　表 5-4

试验编号	不同规格集料掺配比例(%)			CBR5.0 (%)
	9.5~19mm	4.75~9.5mm	2.36~4.75mm	
17	64	27	9	70.0
18	61	26	13	69.0
19	58	25	17	69.0
20	82	9	9	62.5
21	78	9	13	62.0
22	75	8	17	59.2
23	42	42	16	58.3
24	48	48	4	58.1
25	44	44	12	54.9
26	46	46	8	54.3
27	67	29	4	52.4
28	27	64	9	48.2
29	86	10	4	47.3
30	26	61	13	46.7
31	25	58	17	46.4
32	29	67	4	42.4

根据 CBR5.0 值按降序排列(表 5-4),与第一例正交试验数据相比较,CBR5.0 值与相应的集料掺配比例均发生了较大变化。其中 CBR5.0 最大值由 65% 增大到 70%,而 CBR5.0 值大于或等于 60% 时的各档集料掺配比例范围则分别为:

①9.5~19mm 的掺配比例范围为 58%~82%,但在此范围内的 67% 和 75% 掺配比例对应组的 CBR5.0 值小于 60%。

②4.75~9.5mm 的掺配比例范围为 9%~27%,在此范围内的 10% 掺配比例对应组的 CBR5.0 值小于 60%,且其对应的 9.5~19mm 的掺配比例为 86%,超出比例范围;9.5~19mm 的掺配比例为 67% 和 75% 对应的 4.75~9.5mm 的掺配比例分别为 29% 和 8%,亦不在相应范围内。说明上述掺配比例范围内两档集料的掺配比例对 CBR5.0 值的影响普遍较为显著(尽管有个别异常点)。

③2.36~4.75mm 的掺配比例为 9%~17%,虽然没有涵盖整个试验比例的范围,但对 CBR5.0 值影响仍不显著。

综合上述分析,三档集料掺配后的 CBR_{max} 值应处于 9.5~19mm 掺量的 55%~82% 之间,取其中间值为 68.5%;处于 4.75~9.5mm 掺量的 9%~38% 之间,取中间值为 23.5%;2.36~4.75mm 的掺量按照 100% 总量计算,约为 8%。

表 5-3、表 5-4 中的试验结果表明,已有试验中 CBR5.0 最大值为 70%。由于试验自身的局限性,无法穷尽三档集料的所有掺配比例组合并实测其 CBR 值。按已完成的正交试验,9.5~19mm 档集料的掺量比例间隔约为 10%,仅可判断 CBR5.0 值为 70% 时,趋近于三档混合集料的 CBR_{max} 值。通过正交试验结果进行集料设计,应该具有良好得骨架结构。正交试验三档集料 CBR_{max} 对应的掺配比例见表 5-5。

正交试验三档集料 CBR_{max} 对应的掺配比例   表 5-5

集料规格	9.5~19mm	4.75~9.5mm	2.36~4.75mm
掺配比例	68.5%	23.5%	8%

5.2.3 CBR-V 法试验

5.2.3.1 二级掺配

将 9.5~19mm 和 4.75~9.5mm 两档集料进行二级掺配,不同集料掺配比例和 CBR5.0 值试验结果见表 5-6 和图 5-1。

第5章 最大承载比指标的合理性试验研究

二级掺配 CBR5.0 值试验结果　　　　　　表 5-6

掺配编号	不同规格集料掺配比例(%)		CBR5.0 (%)
	9.5~19mm	4.75~9.5mm	
1	100	0	87.1
2	80	20	56.2
3	70	30	63.2
4	65	35	71.0
5	60	40	57.5
6	55	45	57.4
7	50	50	51.0
8	45	55	52.2
9	40	60	52.8
10	35	65	55.2
11	30	70	43.8
12	20	80	40.4
13	0	100	38.4

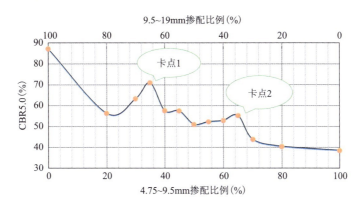

图 5-1　二级掺配比例时 CBR5.0 值试验结果

根据表 5-6 和图 5-1 可以看出，当 9.5~19mm 档集料用量为 100% 时，相应地出现 CBR5.0 值二级掺配中的最大值 87.1%，这也再次证明，单档集料的粒径越大，对 CBR5.0 值的贡献越显著，但作为混合料必须具有一定的工作性以满足施工需要。因此，考虑不同粒级集料的合理搭配，优化多档集料间的掺配比例组合方式，对于工程应用具有现实意义。

由图 5-1 可知,随着两档集料不同掺配比例的变化,CBR5.0 试验结果出现了两个峰值(卡点),且 CBR5.0 值均低于最大值,这两个卡点的出现主要由集料间的骨架结构变化与相互填充引起。其中,卡点 1 位于 9.5～19mm 档集料掺量为 65% 和 4.75～9.5mm 档集料掺量为 35% 处,记作卡点 1(65/35);卡点 2 位于 9.5～19mm 档集料掺量在 35% 和 4.75～9.5mm 档集料掺量的 65% 处,记作卡点 2(35/65)。卡点 1 的 CBR5.0 值为 71%,卡点 2 的 CBR5.0 值为 55.2%,按照 CBR5.0 越大骨架结构稳定性越强的机理,当需要设计强骨架结构的混合料时,可采用 CBR5.0 = 71% 所对应的掺配比例,但若需要混合料具有更好的工作性和施工和易性时,可选用 CBR5.0 = 55.2% 所对应的掺配比例。为了能够更加全面地了解两个卡点处集料组合的 CBR5.0 值发展规律和多级集料组合后 CBR 值的可传递性,将两个卡点对应的二级掺配比例均作为三级掺配试验方案的设计依据。

5.2.3.2 三级掺配

(1)卡点 1(65/35)三级掺配试验

利用卡点 1(65/35)和 2.36～4.75mm 档集料进行三级掺配,不同集料掺配比例和 CBR5.0 值试验结果见表 5-7 和图 5-2。合档料 H4.75～19mm 对应的掺配比例为 9.5～19mm:4.75～9.5mm = 65%:35%。

卡点 1 对应三级掺配比例时 CBR5.0 值试验结果 表 5-7

掺配编号	不同规格档料掺配比例(%)		
	H4.75～19mm	2.36～4.75mm	CBR5.0(%)
14	100	0	60.7
15	98	2	67.2
16	96	4	75.3
17	94	6	73.6
18	92	8	73.4
19	90	10	55.5
20	88	12	66.1
21	86	14	55.4
22	84	16	68.6

第5章 最大承载比指标的合理性试验研究

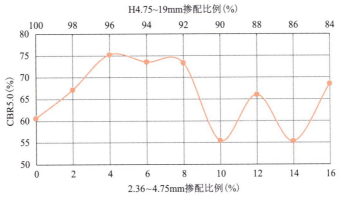

图5-2 卡点1对应三级掺配比例时CBR5.0值试验结果

由表5-7和图5-2可知,卡点1(65/35)获取的CBR_{max}为75.3%,对应的各档集料的比例为9.5~19mm:4.75~9.5mm:2.36~4.75mm=62%:34%:4%,见表5-8。

卡点1对应三级掺配比例　　　　表5-8

档料规格	9.5~19mm	4.75~9.5mm	2.36~4.75mm
掺配比例	62%	34%	4%

（2）卡点2(35/65)三级掺配试验

利用卡点2(35/65)和2.36~4.75mm档集料进行三级掺配,不同集料掺配比例和CBR5.0值试验结果见表5-9和图5-3。合档料H4.75~19mm对应的掺配比例为9.5~19mm:4.75~9.5mm=35%:65%。

卡点2对应三级掺配比例时CBR5.0值试验结果　　　　表5-9

掺配编号	不同规格档料掺配比例(%)		CBR5.0（%）
	H4.75~19mm	2.36~4.75mm	
23	100	0	48.60
24	98	2	52.30
25	96	4	54.10
26	94	6	58.90
27	92	8	61.30
28	90	10	63.20
29	88	12	53.10
30	86	14	52.90
31	84	16	48.90

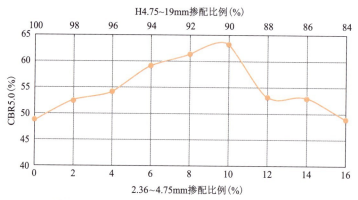

图 5-3 卡点 2 对应三级掺配比例时 CBR5.0 值试验结果

由表 5-9 和图 5-3 可知,卡点 2(35/65)获取的 CBR_{max} 为 63.2%,对应的各档集料的比例为 9.5~19mm:4.75~9.5mm:2.36~4.75mm = 32%:59%:10%。

通过试验分析卡点 1(65/35)和卡点 2(35/65)获取的不同 CBR_{max},两者之间存在较大的差值。二级掺配时卡点 1 和卡点 2 的 CBR5.0 值分别为 71% 和 55.2%,差值为 15.8%;三级掺配后卡点 1 和卡点 2 的 CBR_{max} 分别为 75.3% 和 63.2%,差值为 12.1%,差值有所减小,具体见表 5-10。

CBR-V 法骨架结构集料掺配比例(不同卡点)　　　　表 5-10

卡点编号	9.5~19mm 掺配比例(%)	4.75~9.5mm 掺配比例(%)	2.36~4.75mm 掺配比例(%)	CBR_{max}(%)
卡点 1(65/35)	62	34	4	75.3
卡点 2(35/65)	32	59	10	63.2

合并表 5-7 和表 5-9 中三档集料掺配比例及 CBR5.0 值,见表 5-11。

三档集料掺配比例及 CBR5.0 值汇总　　　　表 5-11

三档集料掺配比例(%)			CBR5.0(%)
9.5~19mm	4.75~9.5mm	2.36~4.75mm	
64	34	2	67.2
62	34	4	75.3
61	33	6	73.6
60	32	8	73.4
55	29	16	68.6
32	59	10	63.2
57	31	12	62.0

续上表

三档集料掺配比例(%)			CBR5.0 (%)
9.5~19mm	4.75~9.5mm	2.36~4.75mm	
32	60	8	61.3
33	61	6	58.9
59	32	10	55.5
56	30	14	55.4
34	62	4	54.1
31	57	12	53.1
30	56	14	52.9
34	64	2	52.3
29	55	16	48.9

从表5-11中可以看到,当CBR5.0≥70%时,三档集料对应的掺配比例分别为:9.5~19mm档集料的掺配比例为60%、61%和62%,4.75~9.5mm档集料的掺配比例为32%、33%和34%,2.36~4.75mm档集料的掺配比例为8%、6%和4%,且9.5~19mm档集料的掺配比例为62%时$CBR_{max}=75.3\%$。

5.2.4 正交试验与CBR-V法试验结果对比分析

将正交设计试验CBR5.0≥60%和CBR-V法试验CBR5.0≥60%的值合并整理并按CBR5.0值降序排列,见表5-12。从表5-12可知,CBR5.0值排名前三位的均为CBR-V法所获取,其CBR5.0值分别为75.3%、73.6%和73.4%,均大于正交试验所获取的最大值70%,说明通过CBR-V法获取的合成集料CBR5.0值更接近于CBR_{max},且试验工作量更小,效率更高。可见在获取CBR_{max}时,采用CBR-V法比正交试验具有明显的优势。

表5-12 正交设计试验和CBR-V法所获取的CBR5.0值大于60%

试验类型	不同规格档料掺配比例(%)			CBR5.0 (%)
	9.5~19mm	4.75~9.5mm	2.36~4.75mm	
CBR-V	62	34	4	75.3
CBR-V	61	33	6	73.6
CBR-V	60	32	8	73.4
正交设计	64	27	9	70.0

续上表

试验类型	不同规格档料掺配比例(%)			CBR5.0 (%)
	9.5~19mm	4.75~9.5mm	2.36~4.75mm	
正交设计	61	26	13	69.0
正交设计	58	25	17	69.0
CBR-V	55	29	16	68.6
CBR-V	64	34	2	67.2
正交设计	57	38	5	65.0
正交设计	67	17	17	65.0
正交设计	70	17	13	64.5
CBR-V	32	59	10	63.2
正交设计	82	9	9	62.5
CBR-V	57	31	12	62.0
正交设计	78	9	13	62.0
CBR-V	32	60	8	61.3
正交设计	55	36	9	60.6
正交设计	73	18	9	60.0

通过正交试验和CBR-V法试验及分析,可得出如下结论:

(1)正交试验获取的CBR_{max}相比CBR-V法获取的CBR_{max}小7.6%,说明通过CBR-V法获取的CBR值更接近于CBR_{max},证明采用CBR-V法获取CBR_{max}是可行的。

(2)通过CBR-V法获取CBR_{max},试验工作量更小,效率更高。

(3)经试验验证,CBR-V法采用的强度指标按各档集料粒径由大到小逐级传递的理念是正确的。

(4)通过CBR-V法获取的CBR_{max}具有客观唯一性的特点。

5.3 小结

试验证明:力学-体积两阶段矿料级配设计方法提出的骨架设计阶段各档粗集料按粒径从大到小依次累加式递推法求解CBR_{max}的方法是合理的,且具有客观唯一性特点。

第6章 力学-体积两阶段法级配骨架强度系数的确定

6.1 级配骨架评价方法概述

6.1.1 基于体积特性的级配骨架评价方法

粗集料是混合料的重要组成部分。研究表明,混合料相互间通过嵌挤作用而形成骨架结构时,混合料抗车辙性能会得到明显提高。因此若能够正确有效地评价集料骨架结构强度,对优化矿料级配和改善混合料高温性能具有积极的指导意义。通过汇总可以发现,当前国内外基于体积特性的级配骨架评价方法主要有以下几种类型:

当前主流的级配骨架评价方法是依据美国联邦公路局(FHWA)和美国国家沥青路面协会(NAPA)在《SMA 混合料配合比设计方法》中对混合料骨架密实结构的定义,以及经验公式 $VCA_{mix} < VCA_{DRC}$ 作为粗集料骨架结构的判断依据。

其中,VCA_{mix} 是指压实状态下沥青混合料的粗集料骨架间隙率,VCA_{DRC} 为捣实状态下的粗集料松装间隙率。

当 $VCA_{mix} = VCA_{DRC}$ 时,粗集料可以恰好形成骨架结构且具有最佳的嵌挤效果。

当 $VCA_{mix} > VCA_{DRC}$ 时,粗集料骨架结构受到沥青胶浆和细集料的干涉作用而被撑开。

Kim 和 Roque 等提出一种基于混合料级配的全新理论来评价粗集料骨架结构,定义优势集料尺寸范围(DASR),构成沥青混合料中起承担荷载作用的网络骨架结构。

Pouranian 提出一种线性混合填料模型来评价混合料中集料骨架特征,同时用以预测计算沥青混合料矿料间隙率(VMA)。该模型中引入破坏因子(DF)和配位数(CN)两个参数来评价集料骨架结构,用以描述集料主要粒径范围集料(MPSR)与混合料车辙性能间关系。其中,破坏因子(DF)定义为未混合小粒径范围集料(SUMP)和未混合大粒径范围集料(LUMP)对主要粒径范围集料(MPSR)稳定性影响;配位数(CN)被定义为中心集料与周围集料间的接触数之和。

Haryanto 引入贝雷法中 CA 值作为集料骨架种类的评价指标,通过采用不同集料骨架结构的沥青混合料进行半圆弯曲试验,确定混合料临界 J 积分(J_c),探讨了磨耗层集料骨架特性与混合料抗裂性之间关系。

Ding 提出一种离散元轮廓填充模型来分析评价混合料中集料骨架微观和宏观力学性能。该方法首先采用集料成像测量系统获取集料颗粒二维图像和关键形态特征,然后应用 PFC2D 软件实现轮廓填充建模,根据模拟试验结果可以发现新提出方法准确性和应用效果良好。

Miao 认为粗细集料构成比例以及集料颗粒功能是影响混合料骨架结构性能的主要因素,而当前沥青混合料设计方法主要基于工程经验,混合料结构组成的不均匀性和复杂性未得到充分研究。因此其采用离散元法(DEM)研究并确定了集料颗粒平均接触数和相互作用力,并以此作为评价指标从微观角度分析集料骨架结构和集料颗粒功能。

刘中林提出将大碎石沥青混合料(LSAM)划分为紧排骨架密实结构、松排骨架密实结构和悬浮密实结构,并以骨架接触度 SSC 和骨架稳定度 S 作为三种结构的区分标准,认为当 SSC>95% 时大碎石沥青混合料可以形成骨架结构。其中,骨架接触度 SSC 是指大碎石沥青混合料中粗集料间相互接触的密实程度,计算方法为压实成型的混合料中粗集料毛体积密度与粗集料干捣相对密度指标之比,而骨架稳定度 S 则定义为压实成型的沥青混合料中粗集料的体积密度与粗集料松堆密度之比。

6.1.2　基于图像法的级配骨架评价方法

Abubeker 等利用 IPAS2D 软件对车辙板所截取的断面进行图像处理,获得截取断面的二值图像,通过预先设定集料接触距离,来判断集料接触状态;同时提出以颗粒间的接触总长度作为集料骨架结构评价标准,并通过混合料车辙试验对该评价指标进行验证,认为颗粒间的接触总长度越大,则集料构成的骨架结构越强。

Jiang Jiwang 等提出以接触结构指数来对集料骨架进行评价,通过采用 IPAS 软件对混合料切片图中集料接触特性进行分析。该评价方法将接触结构指数定义为:

$$\text{CSI} = \frac{L_{\text{sum}} \cdot L_{\text{ave}}}{d_{\text{ave}}} \tag{6-1}$$

式中：CSI——接触结构指数；

L_{sum}——集料接触总长度(mm)；

L_{ave}——平均接触长度(mm)；

d_{ave}——平均接触距离(mm)。

集料接触总长度 L_{sum} 越长，则混合料中的集料发生更多的接触，混合料的连接性较好；当集料平均距离 L_{ave} 越大，则表明集料间填充更多的沥青胶浆，混合料抗变形能力较差；而集料接触长度越大，则集料间的嵌挤更为紧密。

石立方等基于数字图像处理技术，针对当前集料骨架评价方法的不足，提出以平均配位数和"悬浮"粗集料含量 C 值作为集料骨架细观定量评价指标，认为粗集料形成最优骨架结构的定量评价标准为 $n_c > 1.6$，且 $C < 20\%$。其中，平均配位数是指颗粒集合内部某颗粒与周围相邻颗粒接触数目的平均值，而 C 值则被定义为无接触点的粗集料数量 k 和粗集料总数量 K 的比值，两个指标计算方法见式(6-2)：

$$\begin{aligned} \bar{n}_c &= \frac{1}{K}\sum_{i=1}^{k} n_c^i \\ C &= \frac{k}{K} \end{aligned} \tag{6-2}$$

式中：$\bar{n}_c$——沥青混合料平均配位数；

n_c^i——粗集料 i 的配位数；

C——"悬浮"粗集料含量；

k——无接触点的粗集料数量；

K——粗集料总数量。

袁峻等认为从微观角度来看，粗集料颗粒随机分布在沥青胶浆介质之间，形成一种具有空间网格的多相分散体系，粗集料颗粒之间会发生嵌挤以及摩擦作用，因此其粗集料所形成的骨架结构对沥青混合料高温性能有较大影响，进而提出以欧拉数 E' 作为沥青混合料中粗集料骨架嵌挤情况判定指标。其中欧拉数 E' 定义为：

$$E' = C' - H \tag{6-3}$$

式中：C'——区域内的连接部分个数；

H——区域内空洞数。

英红等提出以单位截面图像(二维图像)面积(a)颗粒接触数 n_a 和单位截面图像面

积颗粒接触长度 l_a 来评价集料骨架组成。该方法认为当 n_a 和 l_a 越大,则集料颗粒间的接触紧密程度越高,集料骨架结构更优,n_a 和 l_a 确定方法见式(6-4):

$$n_a = \frac{\sum_{i=1}^{n} n_{pi}}{a}$$
$$l_a = \frac{\sum_{i=1}^{n} l_{pi}}{a}$$
(6-4)

式中:a——截面图像面积;

n_a——单位截面图像面积颗粒接触数;

l_a——单位截面图像面积颗粒接触长度。

6.1.3 基于力学特性的级配骨架评价方法

Li Peilong 等认为沥青混合料在高温破坏时,其受到的滑动阻力一方面来自集料骨架的互锁效应,另一方面是来自沥青结合料的黏结力,而当前的一些混合料高温性能测定方法难以对集料的滑移作用进行有效评估。因此,为研究沥青混合料中集料骨架对滑移的抵抗作用,开发了一种集料滑移试验(Aggregate Slip Test)。

孙宗元基于锥入试验提出以锥入能指标来评价集料骨架结构,设计并完善锥入试验方法,亦对该评价指标进行试验验证。

6.1.4 适用性分析

当前基于图像法的集料骨架评价方法能够直观反映出集料骨架结构内部接触构成情况,从而较为准确地评价集料骨架结构。但该方法不能在级配设计阶段对骨架结构进行评价,仅可作为一种混合料中的集料骨架结构验证方法。

基于体积特性的集料骨架评价一般是对集料骨架的嵌挤密实情况进行评价,但由于集料颗粒在混合料中分布情况复杂,嵌挤密实程度好的集料骨架结构并不一定具备良好的力学特性,因此该评价方法可以作为矿料级配设计的参考。

而基于力学特性的集料骨架评价方法能够直观反映骨架结构的力学特性,一般均可以在级配设计阶段对集料骨架强度进行评价,因此可以为集料骨架级配设计提供指导,但该类评价方法的评价指标与混合料高温性能间的相关性还有待验证。

6.2 力学-体积两阶段法矿料级配体积参数与级配分析

6.2.1 CBR-V 矿料级配体积参数

6.2.1.1 各档集料捣实状态与松散状态下体积参数比较

根据 CBR-V 两阶段矿料级配设计特点,粗料主要起骨架作用,其设计以力学指标为设计指标;细集料和填料起填充作用,设计时以体积指标为设计指标,并分为先后两个阶段进行,最后通过级配合成,形成完整的矿料级配设计成果。通过分析合成过程可知,虽然级配为两个阶段,但是有前后差异,骨架构建在前,体积填充在后,所以可以说,这个体积填充是定义在骨架构建后特殊条件下的,是和目前体积设计方法所定义的体积范畴是有区别的。因此,CBR-V 法所定义的体积是粗集料构建最强骨架后的体积,这个体积和粗集料所构建的最强骨架是相对应的,也可以认为,这个体积所对应的体积正好对应了粗集料构建的最强骨架。这样就可以把研究力学-体积两阶段矿料级配设计骨架强度的问题转换为研究骨架强度所对应的体积问题。以下内容所研究的体积及体积指标,均是指 CBR-V 法构建出的最强骨架所对应的体积或体积指标。

表 6-1 是某工程按照 CBR-V 两阶段矿料级配设计方法,通过 CBR_{max} 给出的粗集料级配下各档料的体积参数。

CBR_{max} 确定下的粗集料级配各档料体积参数　　　　　表 6-1

项目	算式或测试方法	指标计算		
		16~9.5mm	9.5~4.75mm	4.75~2.36mm
粗集料各档料计算配比(%)	来自 CBR_{max} 求解器	55.20	36.80	8.00
各档料毛体积密度 ρ_b (g/cm³)	T 0304—2005	2.844	2.854	2.813
合档料的平均毛体积密度 ρ_{mch} (g/cm³)	$\rho_{mch}=100/(e/\rho_{me}+d/\rho_{md}+c/\rho_{mc}+b/\rho_{mb})$	2.85		
合档料的平均毛体积密度间隙率(%)		100		
各档料的捣实密度 ρ_s (g/cm³)	T 0309—2005	1.77	1.73	1.71
合档料的捣实密度 ρ_{sch} (g/cm³)	$\rho_{sch}=100/(e/\rho_{se}+d/\rho_{sd}+c/\rho_{sc}+b/\rho_{sb})$	1.75		

续上表

项目	算式或测试方法	指标计算		
		16~9.5mm	9.5~4.75mm	4.75~2.36mm
合档料捣实状态下的间隙率 VCA1(%)	$VCA1 = (1 - \rho_{sch}/\rho_{mch}) \times 100$ (T 0309-4)	38.53		
各档料的自然堆积密度 ρ_s (g/cm³)	T 0309—2005	1.582	1.569	1.563
合档料的自然堆积密度 ρ_{sch} (g/cm³)	$\rho_{sch} = 100/(e/\rho_{se} + d/\rho_{sd} + c/\rho_{sc} + b/\rho_{sb})$	1.59		
合档料自然堆积状态下的间隙率 VCA1(%)	$VCA1 = (1 - \rho_{sch}/\rho_{mch}) \times 100$ (T 0309-4)	44.24		

通常,粗集料的骨架紧密程度高,集料嵌挤密实,则集料空隙率小,其密度较大。按照 CBR-V 法获取的粗集料骨架也不例外。分析表 6-1 可知:合成粗集料自然堆积密度 1.59g/cm³、间隙率 44.24%,而合成粗集料捣实密度 1.75g/cm³、间隙率 38.53%。可见,合成集料捣实状态下,其骨架紧密程度提高,空隙率减少,相对密度增大。

因此,可考虑通过分析集料密度的变化,考察粗集料间隙率的变化,进而研究 CBR-V 级配设计集料骨架强度的变化和级配的变化。

6.2.1.2 不同状态下合档料密度与密度变化系数 β 的关系

基于合成粗集料捣实密度,假定密度变化系数 β = 计算密度/捣实密度,计算不同密度变化系数 β 下集料的计算密度变化情况,见表 6-2 和图 6-1。

不同状态下合档料密度与密度变化系数 β 的关系 表 6-2

毛体积密度 (g/cm³)	捣实密度 (g/cm³)	自然堆积密度 (g/cm³)	密度变化系数 β	计算密度 (g/cm³)
2.85	1.75	1.59	1.10	1.93
			1.05	1.84
			1.00	1.75
			0.95	1.66
			0.90	1.58
			0.85	1.49
			0.80	1.40

第6章 力学-体积两阶段法级配骨架强度系数的确定

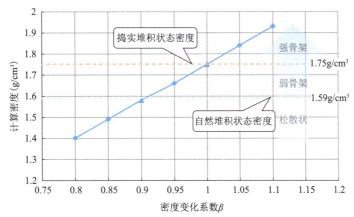

图 6-1 密度变化系数 β 与集料计算密度的关系曲线

分析表 6-2 和图 6-1 可知：

(1)假定密度变化系数 $\beta=1.0$ 时，对应合成粗集料计算密度等于捣实密度，合成粗集料处于捣实堆积状态；当密度变化系数 $\beta>1.0$ 时，合成粗集料密度大于捣实密度，说明这时合成粗集料状态处于相比捣实堆积状态更紧密的状态，骨架向更强的方向发展。

(2)当密度变化系数 $\beta=0.9$ 时，合成粗集料计算密度为 $1.58g/cm^3$，约等于或略小于合成粗集料的自然堆积密度 $1.59g/cm^3$，说明此时合成粗集料处于自然堆积状态。当密度变化系数 $\beta<0.9$ 时，合成粗集料密度小于自然堆积状态密度，说明合档料骨架处于更松散的状态，骨架向更松散的方向发展。

6.2.1.3 不同状态下集料间隙率与密度变化系数 β 的关系

合成集料捣实状态间隙率与捣实密度之间成反比，因此，假定密度变化系数 $\beta=$ 捣实状态间隙率/计算间隙率，计算不同密度变化系数 β 下集料的间隙率变化情况，见表 6-3 和图 6-2。

不同状态下合档料间隙率与密度变化系数 β 的关系　　　　表 6-3

自然状态间隙率 （%）	捣实状态间隙率 （%）	密度变化系数 β	计算间隙率 （%）
44.24	38.53	1.10	35.03
		1.05	36.70
		1.00	38.53
		0.95	40.56

续上表

自然状态间隙率（%）	捣实状态间隙率（%）	密度变化系数 β	计算间隙率（%）
44.24	38.53	0.90	42.81
		0.85	45.33
		0.80	48.16

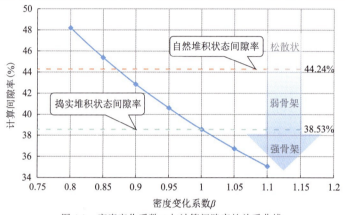

图 6-2　密度变化系数 β 与计算间隙率的关系曲线

分析表 6-3 和图 6-2 可得与表 6-2 和图 6-1 相同的结果,只不过表现形式由密度转为合档粗集料的间隙率。

综上分析可见,不同密度变化系数 β 对应不同计算密度和间隙率,也就是说,密度变化仅是个手段,真正变化的是骨架间隙率,而骨架间隙率的变化影响着填充料的多寡,而填充料的多寡又可反映合成集料骨架强度变化状况。再进一步分析可知,其实这里只是假借了密度的变化,主要目的是通过改变填充体积的大小,而改变骨架的强弱和级配的类型。

6.2.2　不同密度变化系数 β 下 CBR-V 矿料级配类型

结合某工程项目不同 CBR-V 矿料级配设计,得到不同密度变化系数 β 下的合成集料级配类型,如表 6-4、表 6-5 所列。

6.2.2.1　密度变化系数 β<1 时 CBR-V 矿料级配对比

当密度变化系数 β<1 时,合成集料骨架处于减弱或松散的状态,将不同密度变化系

数 β 下 CBR-V 集料级配与常见密级配沥青混合料(AC-16、MAC-16)进行比较,见表 6-4 和图 6-3。其中,MAC-16 是在 AC-16 基础上结合广东省高温多雨气候地区进行改进的地域性沥青混合料级配形式,更接近于间断级配的骨架密实结构型沥青混合料。

不同密度变化系数 β 下 CBR-V 矿料级配与典型级配对照　　表 6-4

级配类型		通过下列筛孔(mm)的质量百分率(%)									
		19	16	13.2	9.5	4.75	2.36	1.18	0.6	0.3	0.15	0.075
AC-16	级配上限	100	100	92	80	62	48	36	26	18	14	8
	级配中值	100	95	84	70	48	34	24.5	17.5	12.5	9.5	6
	级配下限	100	90	76	60	34	20	13	9	7	5	4
MAC-16	级配上限	100	100	90	70	44	35	29	23	18	13	8
	级配中值	100	97.5	80	60	35	26.5	22	17.5	13	9.5	6
	级配下限	100	95	70	50	26	18	15	12	9	6	4
不同密度变化系数 β 下 CBR-V	$\beta=1.0$	100.0	97.5	81.2	55.8	32.5	26.7	17.4	12.9	8.9	6.5	5.0
	$\beta=0.95$	100.0	97.6	82.0	57.7	35.4	29.8	19.5	14.4	10.0	7.3	5.6
	$\beta=0.90$	100.0	97.7	82.8	59.6	38.3	32.9	21.5	15.9	11.0	8.0	6.1
	$\beta=0.85$	100.0	97.8	83.6	61.5	41.2	36.0	23.5	17.4	12.0	8.8	6.7
	$\beta=0.80$	100.0	98.0	84.0	63.0	44.0	39.0	26.0	19.0	13.0	10.0	7.0

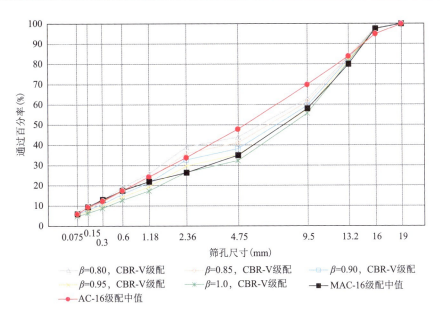

图 6-3　不同密度变化系数 β 下 CBR-V 矿料级配与典型级配对比

分析表6-4和图6-3可知：

（1）当$\beta=0.95$时，CBR-V对应的级配与MAC-16中值接近，级配相当于骨架密实结构级配；当$\beta=0.8$时，CBR-V对应的级配与AC-16级配中值相近，相当于悬浮密实结构。

（2）从图6-3可见，当β越小时，2.36mm筛孔以下细集料比例提高，2.36mm筛孔以上的粗集料比例降低，说明β越小，合成集料骨架越松散，粗集料间隙率越大。

6.2.2.2 密度变化系数$\beta \geq 1$时CBR-V矿料级配

当密度变化系数$\beta \geq 1$时，合成粗集料处于强骨架状态，将不同变化系数β下CBR-V集料级配与骨架密实型混合料——沥青玛蹄脂碎石SMA-16进行比较，见表6-5和图6-4。

不同密度变化系数β下CBR-V矿料级配与SMA-16级配对比　　　表6-5

级配类型		通过下列筛孔(mm)的质量百分率(%)									
		19	16	13.2	9.5	4.75	2.36	1.18	0.6	0.3	0.15	0.075
SMA-16	级配上限	100	100	85	65	32	24	22	18	15	14	12
	级配中值	100	95	75	55	26	19.5	18	15	12.5	11.5	10
	级配下限	100	90	65	45	20	15	14	12	10	9	8
不同密度变化系数β下CBR-V	$\beta=0.95$	100	97.59	82.03	57.71	35.4	29.81	19.48	14.39	9.96	7.27	5.57
	$\beta=1.0$	100	97.4	80.3	53.6	29.1	23.1	15.1	11.1	7.7	5.7	4.4
	$\beta=1.05$	100	97.25	79.48	51.71	26.15	19.97	13.04	9.61	6.67	4.9	3.78
	$\beta=1.10$	100	97.14	78.66	49.78	23.18	16.81	10.97	8.07	5.62	4.13	3.2

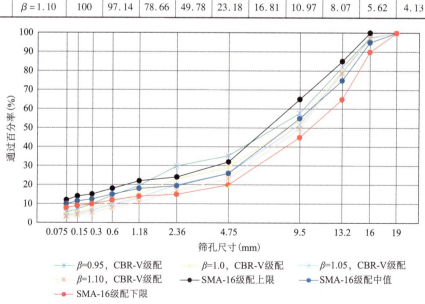

图6-4 不同密度变化系数β下CBR-V矿料级配与SMA-16级配对比

分析表 6-5 和图 6-4 可知：

①当密度变化系数 β 从 1.0 到 1.1 依次增大时，CBR-V 合成级配曲线逐渐接近于 SMA-16 级配中值，且 $\beta=1.05$ 时，关键筛孔 2.36mm 以上粗集料的比例与 SMA-16 级配中值最接近。

②从图 6-4 可见，当密度变化系数 β 越大时，细集料筛孔通过百分率逐渐减少，粗集料筛孔通过百分率亦逐渐减小，说明密度变化系数增大时，CBR-V 合成集料粗集料比例增大，形成相互嵌挤的骨架状态。

综合以上分析可见，不同密度变化系数 β，对应不同级配形式。密度变化系数 β 由 0.8 增大到 1.1，其级配形式分别接近于 AC-16、MAC-16、SMA-16 级配，故密度变化系数 β 可以描述 CBR-V 法设计的混合料骨架级配类型。

6.3 力学-体积两阶段矿料级配设计密度

6.3.1 CBR-V 矿料级配设计密度定义

设计密度实际上是一个"虚"值，即计算密度，是为设计不同的级配和骨架强度而提出的，是捣实密度乘以系数 β 的结果，其实质是填料的多少。设计密度通过将捣实密度放大或缩小，使得 CBR_{max} 所对应的合成捣实密度变大或变小，其实质是对应填充体积的大小，从而形成骨架强度不同、级配不同的混合料。当捣实密度被放大时，$\beta \geqslant 1$，反映的是组成骨架的粗集料的空隙体积减小，实际上是所需填充的细集料减少，导致骨架增强，级配向骨架密实级配发展；而当捣实密度被缩小时，$\beta<1$，反映的是组成骨架的粗集料的空隙体积增大，实际上是所需填充的细集料增多，导致骨架减弱，级配向骨架悬浮结构发展。

设计密度是贝雷设计方法中提出的。设计密度所涉及的具体概念如下：

(1) 粗集料的自然堆积密度

粗集料的自然堆积密度是填充单位体积而不施加任何压实作用的集料的数量，按照《公路工程集料试验规程》（JTG E42—2005）中的粗集料堆积密度及空隙率试验（T 0309—2005）所述方法进行测定。此条件下可以认为是"石-石"骨架建立的开始。即集料与集料开始接触，而不需要任何外力，这个条件表示当粗集料相互之间刚刚接触而没有施加任何外部压力时所存在的空隙体积。

(2)粗集料的捣实密度

粗集料的捣实密度是集料填充单位体积时施加压实力的量,按照《公路工程集料试验规程》(JTG E42—2005)中的粗集料堆积密度及空隙率试验(T 0309—2005)所述方法进行测定。压实力降低了集料中的空隙体积,增加了"石-石"骨架建立的可靠性。利用粗集料的捣实密度,确定此条件下的空隙体积。这个条件表示当粗集料相互之间由于压实作用而进一步接触时所存在的空隙体积。由于通过 CBR_{max} 选择的粗集料配比是最强骨架状态,可以认为此状态等同于粗集料的捣实密度状态。

(3)设计密度

贝雷法认为,松方密度是粗集料形成嵌挤的下限值。理论上来讲,它也是构成细级配和粗级配沥青混合料的分界点。如果所选用的密度值低于松方密度,则粗集料颗粒在混合料中处于分散状态,没有形成石-石嵌挤。即此时的混合料性能将主要取决于细集料的性质。捣实密度是粗集料形成嵌挤状态的上限值,通常是松方密度的 1.1 倍左右。设计者可根据对混合料骨架程度的需求,先选择一个"嵌挤"程度作为设计目标。

借鉴贝雷法,定义粗集料自然堆积密度为贝雷法中的松方密度,定义粗集料的捣实密度为贝雷法中的捣实密度,定义设计密度为贝雷法中的设计密度。这样,选择细级配、粗级配或 SMA 等不同种类的级配时,就转化为如何选择设计密度的问题,只要设计密度确定,级配的结构基本上确定,设计密度与级配类型的关系如图6-5所示。

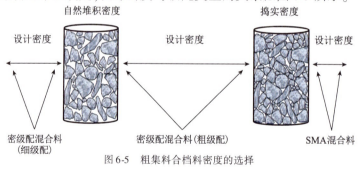

图6-5 粗集料合档料密度的选择

6.3.2 CBR-V 矿料级配设计密度的选择

自然堆积密度是粗集料骨架强度的下限值。从理论上说,这是细级配混合料和粗级配混合料之间的分界线。如果混合料设计者选择的设计密度小于自然堆积密度,则粗集料颗粒分散,不处于均匀的石-石骨架接触状态。因此,混合料的性能主要与细集料特性有关。捣实密度一般被认为是粗集料骨架强度的上限值,这时粗集料之间形成石-石强骨架状态。这个值通常接近松散单位体积质量的110%。当选择的单位体积质量接近捣实密度时,混合料压实所需的压实功会显著增加,将使得混合物在现场施工变得困难。

对于密级配的混合料,所选择的粗集料设计密度是以自然堆积密度的百分比来描述的。如果希望获得某种程度的骨架结构,所使用的百分比应在自然堆积密度的95%~105%之间。对于易碎的软质集料,所选择的设计密度应该接近自然堆积密度的105%。超过捣实堆积密度的值应审慎,主要在于增加了集料破碎的概率和现场压实的难度,同时易造成摊铺离析。对于细级配混合料,选择的设计密度应小于自然堆积密度的90%,确保主导骨架由细集料结构控制。

贝雷法建议细级配设计密度为自然堆积密度的90%以下;粗级配设计密度为自然堆积密度的95%~105%;SMA设计密度为自然堆积密度的110%~125%。

对于密级配混合料,建议设计时不宜使用所选设计密度在自然堆积密度的90%~95%范围内。

一般而言,由于沥青黏结剂的润滑作用,混合集料的单位体积固结质量通常会超过所选的单位体积质量。此外,在确定单位体积质量时,每档粗集料中都会含有一定量的细集料,这将导致出现两种不同的单位体积质量。如果在试验前将这些材料筛除,它们就会比原本的质量略重。因此,通常在使用低至95%的松散单位体积质量时,仍然会导致一定程度的粗集料连锁。

设计人员需要在配合比设计中合理选择所需的粗集料骨架的强弱。通过CBR_{max}选择的粗集料配比是比较强的骨架或者从某种程度上来讲是最强骨架,但如果直接采用,可能会导致施工困难,如摊铺易出现离析,难以压实等情况。通过填充调整骨架强弱,以改善混合料的施工和易性是较为可行的方法。当填充料的体积大于粗集料骨架的间隙率时,骨架会被挤开,粗集料骨架变弱,混合料的施工和易性得到改善,从而降低施工难度。因此,可以通过合理选择粗集料的设计密度,从而间接改变了填充料的数量,相应地就改变了粗集料在混合料中的体积和级配骨架的强弱程度。

6.4 力学-体积两阶段级配骨架强度系数的确定

6.4.1 CBR-V级配骨架强度系数的确定

结合6.2节针对CBR-V矿料级配体积参数与级配的分析,假定的密度变化系数$\beta=$

捣实状态间隙率/设计间隙率＝设计密度/捣实密度,能够反映 CBR-V 粗集料合档料级配骨架强度。因此,可将密度变化系数 β 定义为 CBR-V 级配骨架强度系数,在 CBR-V 矿料级配设计中可根据以下具体步骤确定系数 β。

(1)CBR-V 矿料级配设计步骤

①原材料资料收集。

②粗集料骨架构建;通过改进 CBR 试验方法,以 CBR_{max} 为指标确定粗集料各档料的比例。

③计算粗集料的间隙率。

④逐级填充计算。

⑤确定配合比曲线。

⑥进行混合料性能试验验证,如马歇尔试验等。

以上六个步骤中,核心内容为第②步～第④步。第③步根据 CBR_{max} 确定了粗集料各档料的比例,当粗集料的比例确定后,合档粗集料的间隙率或空隙率就已经确定,即可通过细集料将粗集料的间隙或空隙填充密实。细集料的填充量按照 CBR-V 法设计时,粗集料的空隙体积即等于填充的体积,这两个体积的比值设定为 1。当粗集料的空隙体积和填充体积不相等时,就会有不同的骨架出现:当比值大于 1 时,级配骨架转强,而当比值小于 1 时,级配骨架则转弱。

因此,可以通过粗集料的空隙体积和填充体积比值来调整级配骨架的强弱,这与 6.2 节密度变化系数 β 具有相同的意义,粗集料空隙体积即为粗集料捣实状态间隙体积,细集料填充体积即为设计间隙体积。当粗集料捣实状态间隙体积确定后,即可通过设计间隙体积来控制系数 β 的大小,进而调整级配骨架结构的强弱。

(2)CBR-V 级配骨架强度系数定义

将通过 CBR_{max} 确定的粗集料级配各档料的加权平均捣实密度所对应的孔隙体积与设计密度所对应的孔隙体积的比值定义为 CBR-V 级配骨架强度系数(简称级配系数)。

$$\beta = \frac{V_{CBR.M}}{V_{CBR.N}} \tag{6-5}$$

式中:β——CBR-V 级配骨架强度系数;

$V_{CBR.M}$——CBR_{max} 确定的粗集料级配各档料的加权平均捣实密度所对应的孔隙体积;

$V_{CBR.N}$——CBR_{max} 确定的粗集料级配各档料的设计密度所对应的孔隙体积。

6.4.2 CBR-V 级配骨架强度系数的确定

结合 6.2 节针对 CBR-V 矿料级配体积参数与级配的分析,级配骨架强度系数既反映了粗集料组成部分骨架的强弱,同时反映了级配中粗集料部分空隙体积的大小,而空隙体积的大小又决定了细集料部分的多少。因而级配骨架强度系数的大小实际上也反映了组成混合料粗、细集料的比例和级配粗细的程度,即级配骨架强度系数越大,组成混合料的粗集料越多,级配越粗;级配骨架强度系数越小,组成混合料的粗集料越少,级配越细。

目前沥青混合料按组成混合料网络结构中"骨架成分"和"密实成分"所占比例的不同有三种典型类型,即悬浮-密实结构、骨架-空隙结构、密实-骨架结构,如图 6-6 所示。

a) 悬浮-密实结构　　b) 骨架-空隙结构　　c) 密实-骨架结构

图 6-6　沥青混合料结构组成示意图

(1) 悬浮-密实结构

这种由次级集料填充前级集料(较次级集料粒径稍大)空隙的沥青混合料,具有很大的密度,但由于各级集料被次级集料和沥青胶浆所分隔,不能直接互相嵌锁形成骨架,因此该结构具有较大的黏聚力,但内摩擦角较小,高温稳定性较差,其级配骨架强度系数 $\beta<1$。

(2) 骨架-空隙结构

此结构粗集料所占比例大,细集料很少甚至没有;粗集料可互相嵌锁形成骨架;但细集料过少,容易在粗集料之间形成空隙。这种结构内摩擦角较大,但黏聚力较小,其级配骨架强度系数 $\beta>1$。

(3) 密实-骨架结构

较多数量的粗集料形成空间骨架,相当数量的细集料填充骨架间的空隙形成连续级配,这种结构不仅内摩擦角较大,黏聚力也较大,其级配骨架强度系数 $\beta\approx1$。

通过以上分析可知,级配骨架强度系数与混合料的级配密不可分,因此级配骨架强度系数也可称之为级配系数,具体 β 取值可参考表 6-6。

级配骨架强度系数 β 取值建议表　　　　表6-6

β 取值	级配类型	级配骨架状况
$\beta \geqslant 1$	SMA、OGFC	强骨架结构
$0.9 < \beta < 1$	AC 类骨架-密实结构	骨架-密实结构
$\beta \leqslant 0.9$	AC 类悬浮-密实结构	悬浮-密实结构

6.5　小结

（1）本章首先回顾了各种目前常见的级配骨架评价方法，并对各种方法的适用性进行了分析。

（2）通过 CBR-V 级配体积参数与级配分析，提出了密度变化系数 β 的概念。不同密度变化系数 β，对应不同级配形式。密度变化系数 β 由 0.8 增大到 1.1，其级配形式分别接近于 AC-16、MAC-16、SMA-16 级配形式，故密度变化系数 β 可以描述 CBR-V 法设计的混合料级配骨架类型。

（3）提出了 CBR-V 矿料级配设计密度的概念。设计密度是 CBR_{max} 所对应的合成捣实密度与捣实密度变化系数 β 相乘的产物，是一个"虚"值，即计算密度，"实"则是改变填充体积的大小，是为设计不同的级配骨架强度而提出的。当捣实密度被放大时，$\beta \geqslant 1$，组成骨架的粗集料的空隙体积减小，所需填充的细集料也越少，导致骨架增强，级配向骨架密实级配或骨架级配发展；而当捣实密度被缩小时，$\beta < 1$，组成骨架的粗集料的空隙体积增大，所需填充的细集料也越多，导致骨架减弱，级配向骨架悬浮结构发展。

（4）提出了 CBR-V 级配骨架强度系数概念。

（5）给出了 CBR-V 级配骨架强度系数（级配系数）β 建议值。

第7章 基于工作性的最大承载比取定原则

7.1 概述

级配一词在《道路与交通工程词典》中定义为砂、石等矿质材料按颗粒粗细的分级和搭配。配制质量合格的各种水泥混凝土、沥青混合料以及其他砂石混合料,如级配碎石、级配砾石及其他结合料稳定的混合料,都要求其矿质材料(包括粗、细集料,矿粉,土等)颗粒有一定级配。集料的颗粒级配有连续级配和间断级配之分。

《公路设计手册 路面(第三版)》中关于集料级配则描述为,路用矿质集料除满足一定的强度要求外,还应该具备合适的级配以满足某些物理力学性质的要求。所谓集料级配,是指集料中不同粒径粒料间的相互搭配关系。路用矿质集料的级配一般应满足下列基本要求:

(1)最大的内摩阻力——其所组成的矿质集料,任何一级集料应不干涉或少干涉其他各级集料的紧密排列,使其形成一个多级空间骨架结构,具有最大内摩阻力。

(2)一定的孔隙率——采用不同粒径的矿质集料,按一定的比例配合,使其组成一种满足一定孔隙率要求的矿质集料。

《道路与交通工程词典》关于级配的定义着重于级配合成的方法,"矿质材料按颗粒粗细的分级和搭配";而《公路设计手册 路面(第三版)》既说明了级配合成的方法,也明确了级配设计的目的要具有"最大的内摩阻力和一定的孔隙率"。从以上关于级配的论述中可以看到:一是集料级配的形成是通过不同粒径的矿质集料搭配的结果;二是集料级配的基本要求是获取最大的内摩阻力和一定的孔隙率。如果将级配的形成定义为过程的话,那么获取最大的内摩阻力和一定的孔隙率就仅是级配需要达到的目的,这中间明显缺失了达到这一目的的整个实现的过程,这个过程也就是各种混合料的施工过程,即混合料拌和、摊铺和碾压,这是实现级配设计目的的必经途径。级配设计的最终目标是服务于施工,如果少了这个过程,则级配设计及其设计目的就成了空谈。当然,在混合料的拌和、摊铺和碾压过程中需要保持级配的稳定,否则,难以完全达到级配设计的目的。

对于矿质集料混合料而言,影响拌和、摊铺和碾压效果的最主要因素是混合料的工作性。而混合料工作性和最大内摩阻力存在一定的矛盾,即混合料良好的工作性需要以降低最大内摩阻力为代价,反之,当混合料具有最大内摩阻力时其工作性就会相对变差,尤其不利于混合料的摊铺和压实。这就需要在级配设计时合理平衡混合料的工作性和最大内摩阻力的要求。因此目前关于集料级配的表述时应在最大摩阻力和一定空隙率的基础上进一步考虑形成混合料后的工作性,确保级配目标的实现。

7.2 混合料的工作性及影响因素

7.2.1 混合料的工作性

工作性可以通俗地认为是混合料易于达到一定密实程度的工作特性,或者是易于浇筑摊铺且不易产生离析的一种表征。离析使得混合料的集料组成分布不再均匀,如粗集料的沉降作用,导致粗集料与细集料及浆体的分离。

对于沥青混合料而言,工作性是指沥青混合料易于拌和、摊铺和碾压并能获得质量均匀、成型密实的性能。从沥青混合料的组成来看,混合料的级配无疑是影响沥青混合料工作性的关键因素之一,如粗集料过多细集料过少,将导致混合料拌和、摊铺和压实困难,由此产生严重的离析问题。

CBR-V 矿料级配设计方法中骨架部分的设计通过"最大内摩阻力"来定义。试验发现,"最大摩阻力"时常出现在最大粒级的单档集料时,如果按"最大内摩阻力"标准进行选取,则最大粒级的单档集料可作为 CBR-V 矿料级配设计方法所确定的最佳骨架结构组合,但对于骨架密实型混合料明显不合理。因为这种级配的工作性将会比较差,在拌和、运输和摊铺过程中均会容易出现离析,严重影响施工质量。因此,有必要通过试验研究,考察 CBR-V 矿料级配设计方法中骨架部分"最大内摩阻力"与工作性的平衡关系。

传统的矿料级配设计方法是从整体到局部,而CBR-V矿料级配设计方法的特点是从局部到整体,即从集料的最大粒级开始,以CBR_{max}为骨架结构强度判定指标,再以密实指标判断对设计骨架结构的填充效果。在整个设计过程中,尤其是对于骨架设计,通过CBR_{max}来选取各档集料间的搭配组合,尚未考虑所设计矿料级配组成的工作性,以CBR_{max}为指标设计的配合比必然存在工作性不佳的情况。因此,有必要研究如何合理选择CBR_{max},保证混合料的工作性。

7.2.2 混合料工作性的影响因素

混合料的工作性受自身内部的多重因素影响,如材料的性质、级配的类型、最大公称粒径、粗集料所占比例、胶结料用量等。为进一步论证说明,在此引用学者唐真喜在《不同类型沥青混合料的拌和流动特性》一文中的级配种类进行不同级配工作性试验结果,见表7-1。

试验所用不同级配类型　　　　　　　表7-1

级配类型	通过下列筛孔(mm)的质量百分率(%)										
	26.5	19	16	13.2	9.5	4.75	2.36	1.18	0.6	0.3	0.15	0.075
AC-13	100	100	100	98	82	57	35	24	17	12	8	5
AC-20	100	94	82.9	72	56	38.7	26	18.5	12.6	8.8	6.2	4.4
ATB-25	95.7	73	63.5	54.9	42	29	21.7	17	11.3	7.9	6	4.2
SMA-13	100	100	100	95.1	61.2	30	23.6	19.6	17	14.2	13.2	11.4
OGFC-13	100	100	100	94.2	71.6	23.5	13.6	8.8	7.6	6.2	5.4	4.6

利用长安大学延西利教授课题组自行开发设计的变速拌和功率测试仪器对表7-1中的不同级配混合集料(不加沥青)进行测试,试验结果见表7-2。

不同类型级配时粗集料含量及搅拌功率　　　表7-2

级配类型	粗集料含量(大于2.36mm)(%)	拌和速率(r/min)			
		20	30	40	50
AC-13	65	84.6	118.2	150.2	183.6
AC-20	74	94.9	127.7	161.4	196.5
ATB-25	78.3	105.4	147.6	175.9	210.4
SMA-13	76.4	91.3	124.2	156.2	190.5
OGFC-13	87.4	92.1	125.4	160.3	193.4

由表7-2可知,对于同一种级配,采用不同拌和速率时,所需的搅拌功率不同,搅拌功率随着拌和速率的提高而增加。对于密级配类型的混合料(如AC-13、AC-20、ATB-25),粗集料含量随着最大公称粒径逐渐增大,其所需的搅拌功率也逐渐增大,说明集料级配的最大公称粒径越大,所需的搅拌功率也越大,其工作性越差。

而对于最大公称粒径相同的级配,随着粗集料用量的增多,其所需的搅拌功率越大。AC-13、SMA-13和OGFC-13三种混合料类型的最大公称粒径相同,粗集料含量依次为65%、76.4%、87.4%(OGFC-13),搅拌功率从小到大依次为AC-13、SMA-13、OGFC-13。这也说明,集料级配的粗集料含量越大,搅拌时所需的搅拌功率越大,其工作性越差。

从级配类型来看,AC-13是连续级配,而SMA-13为间断级配,SMA-13拌和时所消耗的搅拌功率大于AC-13拌和时所消耗的功率,说明间断级配的工作性比连续级配差。

从表7-2可知,最大公称粒径相同时,从粗集料含量(大于2.36mm)来看,从小到大依次为AC-13、SMA-13、OGFC-13,不同搅拌速率下功率从大到小依次为OGFC-13、SMA-13、AC-13。说明不同类型级配混合料所需搅拌的功率与粗集料的含量成正比,即粗集料含量越多所需的搅拌功率越大,就工作性来讲,其工作性越差。

综上分析可知,为保证混合料必要的施工工作性,级配设计时需合理确定级配类型、级配的最大公称粒径、级配中粗集料含量和级配组成粒径的连续性等,只有在满足混合料的工作性和施工质量的基础上,有条件地提高设计级配的路用性能才有实际意义。

7.3 最大承载比的取值范围研究

7.3.1 试验思路

混合料级配中粗集料含量越多其工作性越差,而在CBR-V矿料级配设计中,有时会出现CBR_{max}对应的粗集料含量过高的情况,出现这种情况时(尤其在二级掺配),如果不加取舍地取CBR_{max}对应的矿料比例,则最后构成的混合料的工作性可能比较差,有可能无法施工,以至于严重影响工程的施工质量,为此本节将对CBR_{max}取值的合理范围进行研究。

采用改进型矿质集料承载比(CBR)试验方法(干法)测定混合集料的CBR5.0值,CBR5.0值反映集料级配的内摩阻力大小。试验材料采用辉绿岩集料,为提高试验的准确性,将辉绿岩集料筛分为多个分级档料,分别为16~19mm、13.2~16mm、9.5~13.2mm、

4.75~9.5mm、2.36~4.75mm 和 0~2.36mm 六档集料。试验采用的最大粒级(16~19mm)掺配比例为0%、20%、40%、60%、80%和100%,由最大粒级分别与次一级、再次一级等依次分别掺配,测定其 CBR5.0 值,并据此分析各档集料不同掺配比例情况下内摩阻力的变化规律及性能变化趋势。

7.3.2 原材料

试验所用集料为辉绿岩集料,筛分情况及主要物理指标见表7-3、表7-4。

辉绿岩不同规格档料筛分情况　　　　　　　　　　　　　　　　表7-3

集料规格	通过下列筛孔(mm)的质量百分率(%)									
	19	16	13.2	9.5	4.75	2.36	1.18	0.6	0.3	0.15	0.075
16~19mm	100	89.4	15.3	4.1	0.2	0.2	0.2	0.2	0.2	0.2	0.2
13.2~16mm	100	100	90	15	3.2	0.2	0.2	0.2	0.2	0.2	0.2
9.5~13.2mm	100	100	100	87.7	10.8	0.3	0.3	0.3	0.3	0.3	0.3
4.75~9.5mm	100	100	100	97.6	1	0.1	0.1	0.1	0.1	0.1	0.1
2.36~4.75mm	100	100	100	100	90.5	1	0.8	0.8	0.8	0.8	0.8
0~2.36mm	100	100	100	100	100	80	50.4	39.1	23.3	16.3	8.4

辉绿岩集料主要物理指标　　　　　　　　　　　　　　　　表7-4

集料规格	自然堆积密度 (g/cm³)	捣实密度 (g/cm³)	毛体积密度 (g/cm³)	表观密度 (g/cm³)	针片状颗粒含量 (%)	吸水率 (%)
16~19mm	1.583	1.773	2.856	2.87	5.3	0.29
13.2~16mm	1.583	1.773	2.854	2.87	5.7	0.29
9.5~13.2mm	1.582	1.771	2.844	2.87	5.8	0.29
4.75~9.5mm	1.569	1.726	2.854	2.88	6.6	0.38
2.36~4.75mm	1.563	1.706	2.813	2.85	—	0.42
0~2.36mm	1.596	—	—	2.766		

7.3.3 试验结果及分析

7.3.3.1 各档集料 CBR5.0 值变化趋势

试验所用辉绿岩集料规格分别为 16~19mm、13.2~16mm、9.5~13.2mm、4.75~

9.5mm、2.36~4.75mm 和 0~2.36mm，各档集料的 CBR5.0 值试验结果见表 7-5、图 7-1。

各档集料 CBR5.0 值试验结果 表 7-5

粒径范围	0~2.36mm	2.36~4.75mm	4.75~9.5mm	9.5~13.2mm	13.2~16mm	16~19mm
CBR5.0(%)	19.76	36.78	41.92	59.49	68	113

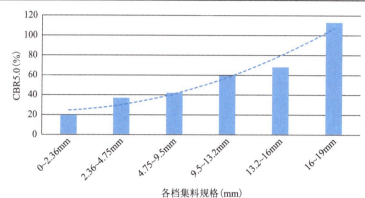

图 7-1 各档集料 CBR5.0 值变化趋势

由表 7-5 和图 7-1 可知：

(1) 随着各档集料公称最大粒径的增大，CBR5.0 值呈逐渐增大趋势。

(2) 在试验的六档集料中，16~19mm 档集料的公称最大粒径最大，其对应的 CBR5.0 值亦达到最大值 113%。

(3) 根据级配的定义，矿质集料级配设计的主要目的之一是获取最大内摩阻力。在试验的六档集料中，16~19mm 的内摩阻力最大，但在级配设计时显然不能仅用单档集料，因为其无法满足混合料的工作性要求。

鉴于此，仍需考察 16~19mm 与其他各档集料组合后的内摩阻力变化规律及性能变化趋势。

7.3.3.2 16~19mm 档集料与其他各单档集料掺配 CBR5.0 值变化情况

以 16~19mm 档集料为基料，掺配比例分别为 0%、20%、40%、60%、80%、100%，其他单档集料(13.2~16mm、9.5~13.2mm、4.75~9.5mm、2.36~4.75mm、0~2.36mm)分别按 100%、80%、60%、40%、20%、0% 与其掺配，并对掺配后的混合集料进行 CBR5.0 值测试，见表 7-6、图 7-2。

16～19mm 档集料与其他各档集料掺配 CBR5.0 值试验结果　　　　表 7-6

掺配比例(%)		CBR5.0(%)				
16～19mm	其他各档集料	13.2～16mm	9.5～13.2mm	4.75～9.5mm	2.36～4.75mm	0～2.36mm
0	100	19.76	36.78	41.92	59.49	68.00
20	80	25.22	45.89	63.74	61.82	82.41
40	60	34.52	75.67	71.04	84.50	70.83
60	40	63.22	100.55	67.26	87.12	74.75
80	20	39.34	83.16	70.48	87.52	58.30
100	0	113.00	113.00	113.00	113.00	113.00

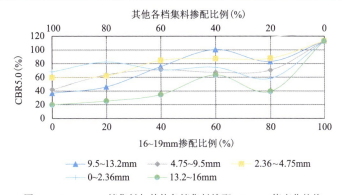

图 7-2　16～19mm 档集料与其他各档集料掺配 CBR5.0 值变化趋势

由表 7-6 和图 7-2 可知：

(1) 16～19mm 档集料与其他各档集料分别单独掺配时，不同比例时的 CBR5.0 值变化趋势基本一致。

(2) 16～19mm 档集料和其他各档集料掺配时，混合集料的 CBR5.0 最大值仍为 113%，即 16～19mm 档集料占比为 100% 的单档集料。

(3) 16～19mm 档集料与 2.36～4.75mm 档集料掺配时，存在过程极值。在 16～19mm 掺量 60%、2.36～4.75mm 掺量 40% 处，出现 CBR5.0 极值 100.5%；该极值大于 13.2～16mm、9.5～13.2mm、4.75～9.5mm 三档集料各掺配比例时的 CBR5.0 值。按照贝雷法关于集料不干涉粒径比例因子应为最大公称粒径的 0.22 倍，则 16～19mm 档集料对应的集料粒径范围应为 3.52～4.18mm，取相近的筛孔即为 2.36～4.75mm。这说明 2.36～4.75mm 档集料在掺量为 40% 时对 16～19mm 档集料进行充分填充，且对粗集料骨架结构干涉最小。

(4) 16～19mm 档集料与 0～2.36mm 档集料掺配时，在 16～19mm 掺量 60%、0～

2.36mm 掺量 40% 处,亦存在过程极值,但其 CBR5.0 极值小于 2.36~4.75mm 档集料在此处的极值。

(5)16~19mm 档集料在与 13.2~16mm、9.5~13.2mm、4.75~9.5mm 三档集料掺配时,CBR5.0 值不但出现的峰值不显著,甚至还出现了持续下降趋势。这说明粒径相近的集料在掺配过程中更易发生干涉,同时也表明,在级配设计过程中,跨粒径集料组合有助于减少干涉的影响,提高骨架结构的稳定性。跨度大小以最大公称粒径的 0.22 倍为宜。

7.3.3.3 13.2~16mm 档集料与其他各档集料掺配 CBR5.0 值变化情况

以 13.2~16mm 档集料为基料,掺配比例分别为 0%、20%、40%、60%、80%、100%,其他单档集料(9.5~13.2mm、4.75~9.5mm、2.36~4.75mm、0~2.36mm)分别按 100%、80%、60%、40%、20%、0% 与其掺配,并对掺配后的混合集料进行 CBR5.0 值测试,见表 7-7、图 7-3。

13.2~16mm 档集料与其他各档集料掺配 CBR5.0 值试验结果 表 7-7

掺配比例(%)		CBR5.0(%)			
13.2~16mm	其他各档集料	9.5~13.2mm	4.75~9.5mm	2.36~4.75mm	0~2.36mm
0	100	59.49	41.92	36.78	19.76
20	80	47.03	50.17	55.52	26.69
40	60	48.14	43.80	62.36	34.49
60	40	37.69	54.06	52.02	55.01
80	20	79.33	67.14	65.04	66.38
100	0	68.00	68.00	68.00	68.00

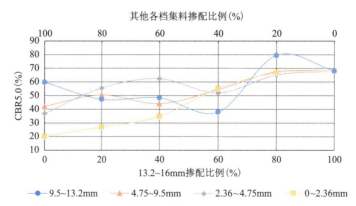

图 7-3 13.2~16mm 档集料与其他档集料掺配 CBR5.0 值变化趋势

由表7-7和图7-3可知：

(1)13.2~16mm档集料9.5~13.2mm掺配过程中，CBR5.0值的变化趋势主要表现为集料骨架结构的破坏与重建过程。当13.2~16mm档集料掺配比例为0时，骨架结构完全由9.5~13.2mm档集料建立，随着13.2~16mm档集料用量的增加，持续对9.5~13.2mm较小颗粒级骨架结构造成干涉破坏，而新的更大粒级骨架结构尚未建立，具体表现为内摩阻力减小，CBR5.0值也表现为持续减小，直至13.2~16mm档集料掺量为60%时，CBR5.0达到最低值；随着13.2~16mm档集料掺量的继续增加，新的骨架结构逐渐由更大粒级13.2~16mm档集料建立，而随着9.5~13.2mm档集料掺量减少，则主要表现为对新骨架结构的填充和嵌挤，内摩阻力开始逐渐变大，CBR5.0值也表现为持续增大，直至13.2~16mm档集料掺量为80%、9.5~13.2mm档集料掺量为20%时，新建立的骨架结构达到填充与嵌挤的最稳定状态，此时内摩阻力增至最大，CBR5.0也达到峰值；随着9.5~13.2mm档集料掺量继续减小，填充效果开始表现不足，CBR5.0值也表现为有所减小。但总体仍表现为13.2~16mm档集料掺量为100%的CBR5.0值大于9.5~13.2mm档集料掺量为100%时的CBR5.0值。

(2)0~2.36mm档集料与13.2~16mm档集料掺配时CBR5.0随着13.2~16mm档集料的增多而逐渐增大，这主要是因为0~2.36mm细集料无法形成骨架或嵌挤结构，随着13.2~16mm档集料掺量增加，混合料中因为粗集料的增多，形成骨架结构，表现为内摩阻力增大，CBR5.0值亦持续增大；当13.2~16mm档集料掺量增至60%后，基本形成了13.2~16mm档集料为主的骨架结构，0~2.36mm档集料则起到填充作用，待13.2~16mm档集料掺量增至80%时则骨架结构趋于稳定，13.2~16mm档集料掺量为100%，CBR5.0值仅略有增加。

(3)13.2~16mm档集料与4.75~9.5mm、2.36~4.75mm两档集料掺配时CBR5.0值的变化趋势基本一致，不同在于4.75~9.5mm档集料的公称粒径更大，13.2~16mm档集料掺量为20%时即形成稳定的嵌挤结构，出现第一次CBR5.0峰值；而13.2~16mm档集料掺量为40%时，才与2.36~4.75mm档集料形成稳定嵌挤结构，出现第一次CBR5.0峰值。其后以4.75~9.5mm和2.36~4.75mm为主的嵌挤结构随着13.2~16mm档集料继续增加陆续被破坏，13.2~16mm档集料掺量分别为40%和60%时，CBR5.0达到最低值；随着13.2~16mm档集料掺量继续增大，逐渐形成以13.2~16mm档集料为主的嵌挤结构，集料内摩阻力开始增大，CBR5.0值亦持续增大，且在13.2~16mm档集料掺量至60%之后，4.75~9.5mm档集料对应的CBR5.0值均开始大于 2.36~4.75mm 档集料对应的 CBR5.0 值。

7.3.3.4 9.5~13.2mm 档集料与其他档集料掺配 CBR5.0 值变化情况

以 9.5~13.2mm 档集料为基料,掺配比例分别为 0%、20%、40%、60%、80%、100%,其他单档集料(4.75~9.5mm、2.36~4.75mm、0~2.36mm)分别按 100%、80%、60%、40%、20%、0% 与其掺配,并对掺配后的混合集料进行 CBR5.0 值测试,见表 7-8、图 7-4。

9.5~13.2mm 档集料与其他各档集料掺配 CBR5.0 值试验结果　　表 7-8

掺配比例(%)		CBR5.0(%)		
9.5~13.2mm	其他各档集料	4.75~9.5mm	2.36~4.75mm	0~2.36mm
0	100	41.92	36.78	19.76
20	80	43.64	53.18	20.84
40	60	46.03	59.63	43.03
60	40	56.25	58.21	44.82
80	20	50.90	59.95	48.43
100	0	59.49	59.49	59.49

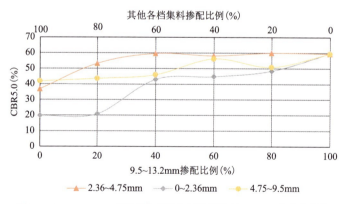

图 7-4　9.5~13.2mm 档集料与其他各档集料掺配 CBR5.0 值变化趋势

由表 7-8 和图 7-4 可知:

(1) 0~2.36mm 档集料和 9.5~13.2mm 档集料掺配时 CBR5.0 值的变化趋势与 0~2.36mm 档集料和 13.2~16mm 档集料掺配时的表现基本一致,均处于持续增大状态。

（2）4.75~9.5mm 档集料和 9.5~13.2mm 档集料掺配时 CBR5.0 值的变化趋势与 4.75~9.5mm 档集料和 13.2~16mm 档集料掺配时的表现基本一致，不同在于基料 9.5~13.2mm 档集料的公称粒径减小，与相邻的 4.75~9.5mm 档集料之间掺配主要表现为骨料之间的相互嵌挤。因此，9.5~13.2mm 档集料掺量为 60% 时才形成稳定的嵌挤结构出现第一次 CBR5.0 峰值。其后随着 9.5~13.2mm 档集料继续增加嵌挤结构被破坏，至 9.5~13.2mm 档集料掺量为 80% 时，CBR5.0 达到最低值；随着 9.5~13.2mm 档集料掺量继续增大，逐渐形成以 9.5~13.2mm 档集料为主的骨架结构，CBR5.0 值又开始增大，直至以 9.5~13.2mm 档集料的骨架结构。

（3）2.36~4.75mm 与 9.5~13.2mm 两档集料因最大公称粒径的差别，相互掺配，存在填充和嵌挤的双重作用；在 9.5~13.2mm 档集料掺量小于 40% 之前主要表现为相互嵌挤作用的加强，此时 CBR5.0 值持续增大；当 9.5~13.2mm 档集料掺量为 40% 时，两档集料之间的相互嵌挤和部分填充基本达到平衡；其后随着 9.5~13.2mm 档集料掺量的继续增加，由两档料共同作用形成的嵌挤结构，逐渐转变为以 9.5~13.2mm 档集料为主的嵌挤结构，集料内摩阻力随粒径增大而增大，但由于 2.36~4.75mm 档集料掺量减少，填充效果必将持续减弱。综合两种影响因素的相互作用，CBR5.0 值基本表现为稳定状态，仅有较小的波动。

7.3.3.5　4.75~9.5mm 档集料与其他各档集料掺配 CBR5.0 值变化情况

以 4.75~9.5mm 档集料为基料，掺配比例分别为 0%、20%、40%、60%、80% 和 100%，其他单档集料（2.36~4.75mm、0~2.36mm）分别按 100%、80%、60%、40%、20% 和 0% 与其掺配，并对掺配后的混合集料进行 CBR5.0 值测试，见表 7-9、图 7-5。

4.75~9.5mm 档集料与其他各档集料掺配 CBR5.0 值变化情况　　表 7-9

掺配比例（%）		CBR5.0（%）	
4.75~9.5mm	其他各档集料	2.36~4.75mm	0~2.36mm
0	100	38.78	19.76
20	80	43.43	29.93
40	60	38.00	33.16
60	40	47.97	38.51
80	20	40.91	32.80
100	0	41.92	41.92

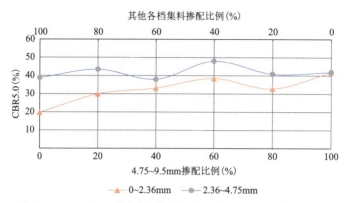

图 7-5　4.75~9.5mm 档集料与其他各档集料掺配 CBR5.0 值变化趋势

由表 7-9 和图 7-5 可知：

(1) 4.75~9.5mm 档集料与相邻的 2.36~4.75mm 档集料之间掺配主要表现为集料之间的相互嵌挤。4.75~9.5mm 档集料掺量为 20% 时，形成以 2.36~4.75mm 档集料为主的稳定嵌挤结构，出现第一次 CBR5.0 峰值；其后随着 4.75~9.5mm 档集料继续增加嵌挤结构被破坏，至 4.75~9.5mm 档集料掺量为 40% 时，CBR5.0 达到最低值；随着 4.75~9.5mm 档集料掺量继续增大，逐渐形成以 4.75~9.5mm 档集料为主的嵌挤结构，CBR5.0 值又开始增大，至 4.75~9.5mm 档集料掺量为 60% 时，形成以 4.75~9.5mm 档集料为主的稳定嵌挤结构，出现第二次 CBR5.0 峰值，且第二次峰值时形成嵌挤结构的集料公称最大粒径大于第一次峰值，其第二次 CBR5.0 峰值亦大于第一次 CBR5.0 峰值；其后，随着 4.75~9.5mm 档集料掺量继续增大，以 4.75~9.5mm 档集料为主的稳定嵌挤结构再次被破坏，致使 CBR5.0 值持续降低。

(2) 4.75~9.5mm 档集料与 0~2.36mm 档集料因集料粒径大小存在较大差异，相互掺配时存在填充和嵌挤的双重作用。在 4.75~9.5mm 档集料掺量小于 60% 之前主要表现为相互嵌挤作用的加强，此时 CBR5.0 值持续增大；至 4.75~9.5mm 档集料掺量为 60% 时，两档集料之间的相互嵌挤和部分填充基本达到平衡，出现第一次 CBR5.0 峰值；随着 4.75~9.5mm 档集料掺量的继续增加，由两档集料共同作用形成的稳定结构被破坏，至 4.75~9.5mm 档集料掺量为 80% 时，CBR5.0 达到最低值；其后随着 4.75~9.5mm 档集料掺量的继续增加，逐渐转变为以 4.75~9.5mm 档集料为主的嵌挤结构，集料内摩阻力随粒径增大而增大，至 4.75~9.5mm 档集料掺量为 100% 时达到单档集料 CBR5.0 最大值。

7.3.3.6 2.36~4.75mm 与 0~2.36mm 两档集料掺配 CBR5.0 值变化情况

以 2.36~4.75mm 档集料掺配比例分别为 0%、20%、40%、60%、80%、100%，0~2.36mm 档集料掺配比例分别为 100%、80%、60%、40%、20%、0%，相互掺配后的混合集料进行 CBR5.0 值试验。试验结果见表 7-10、图 7-6。

2.36~4.75mm 与 0~2.36mm 两档集料掺配 CBR5.0 值变化情况 表 7-10

掺配比例(%)		CBR5.0(%)
2.36~4.75mm	0~2.36mm	0~2.36mm
0	100	19.76
20	80	23.50
40	60	27.00
60	40	27.00
80	20	32.40
100	0	37.00

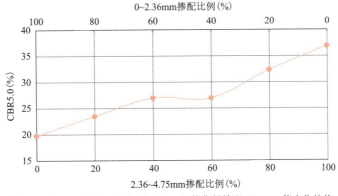

图 7-6 2.36~4.75mm 与 0~2.36mm 两档集料掺配 CBR5.0 值变化趋势

由表 7-10 和图 7-6 可知，2.36~4.75mm 与 0~2.36mm 两档集料虽然公称粒径相邻，但由于集料粒径大小存在较大差异，造成两档集料在相互掺配时存在填充和嵌挤的双重作用。在 2.36~4.75mm 档集料掺量小于 40% 之前主要表现为相互嵌挤作用的加强，此时 CBR5.0 值持续增大；至 2.36~4.75mm 档集料掺量为 40% 时相互形成稳定的嵌挤结构，但 2.36~4.75mm 档集料掺量增加为 60% ，嵌挤结构虽然受到破坏，但由于粗集料的增加，填充作用得到加强，致使 2.36~4.75mm 档集料掺量为 40% 和 60% 时的 CBR5.0 值基本一致；随着 2.36~4.75mm 档集料掺量的继续增加，形成以 2.36~4.75mm 档集料为主的嵌挤和以 0~2.36mm 档集料为主的填充共同作用，使得 CBR5.0 值处于持续增大状态。

7.3.4 讨论及建议

总结并分析以上结果,有以下结论:

(1)集料为单档集料时,随着单档集料最大公称粒径的增大,CBR5.0 逐渐增大;就本试验粒径范围来讲,最大公称粒径为 16～19mm,此时 CBR5.0 达到最大值 113%。

(2)集料粒径 16～19mm 与其他次档料掺配结果显示,其单档集料的 CBR5.0 最大为 113%。集料粒径 16～19mm 档料与次档料掺配的最佳范围为 40%～100%。

(3)当集料 16～19mm 集料掺量为 80%,13.2～16mm 集料掺量为 20%,出现本次掺配试验的低值,CBR5.0 为 58.3%,该值为除 0～2.36mm 集料以外本次试验在该比例掺配时的最低值,这说明当 16～19mm 集料与集料 13.2～16mm 两种集料掺配时,且当 13.2～16mm 低掺量时,对整个骨架的形成有一定的"破坏"作用。

(4)集料粒径 13.2～16mm 档料与次档料掺配的最佳范围为 20%～100%;集料粒径 9.5～13.2mm 档料与次档料掺配的最佳范围为 40%～100%;集料粒径 4.75～9.5mm 档料与次档料掺配的最佳掺量在 60% 左右;集料粒径 2.36～4.75mm 档料与次档料无最佳掺配范围。

(5)集料粒径 16～19mm 与集料粒径 2.36～4.75mm 掺配时,存在最大值。在集料 16～19mm 掺量 60% 处,有 CBR5.0 最大值 100.5%;这个掺配跨过了 13.2～16mm、9.5～13.2mm、4.75～9.5mm 三档集料。按照贝雷法关于集料不干涉粒径比例因子为最大公称粒径的 0.22 倍,为 3.52～4.18mm 之间,取相近的筛孔为 2.36～4.75mm。这再次证明贝雷法的正确性。

(6)集料粒径在 9.5～13.2mm 与各档料掺配时,CBR5.0 表现比较优异的是和集料粒径 2.36～4.75mm 在 40%～100% 范围,这个比例对应的 CBR5.0 值趋同,说明在此范围内增减集料粒径 2.36～4.75mm 档料的量对 CBR5.0 影响不大。集料粒径 9.5～13.2mm 单档集料的 CBR5.0 为 68%,虽然不是最大,但位列第二,因此最大粒径对内摩阻力的影响无法忽视。

(7)集料粒径 2.36～4.75mm 与集料粒径 0～2.36mm 不同比例掺配时,CBR5.0 表现为随集料粒径 2.36～4.75mm 掺量的增加而逐步上升的趋势;最小值在掺量为 0% 处,最大值在为 100% 处。

鉴于以上分析及试验成果,考虑到施工过程中拌和、摊铺和碾压对和易性的要求和

单档集料或更粗集料多易离析的事实,建议 CBR-V 矿料级配设计骨架设计部分最大内摩阻力取用时采用以下建议:

(1)4.75mm 以上档料间的掺配比例范围限制在大一级粒径集料掺量为 40%~80% 范围内,在此范围内选取最大内摩阻力对应的掺配比例为 CBR-V 矿质集料设计方法骨架部分掺配比例。

(2)根据试验结果和以往试验经验 2.36~4.75mm 档料的掺配比例建议限制在 0%~12% 范围内。

(3)随着 0~2.36mm 档料掺量的增加,合成级配的内摩阻力直线下降。因此在合成级配时应审慎定夺该档料的掺量;对于 CBR-V 矿质集料级配设计,该档料定义为填充料,因此不存在此问题,但该结论对级配的调整有意义。

(4)试验成果显示集料不干涉粒径比例因子为最大公称粒径的 0.22 倍,这再次证明贝雷法的正确性。这一结论对级配调整有重要的指导意义。

(5)矿料级配的定义宜修改为:集料级配是指集料中不同粒径间的相互搭配关系。路用矿质集料的级配一般应在满足施工和易性要求的基础上,满足最大的内摩阻力和一定的孔隙率等基本要求。

7.4 规范级配范围工作性分析及其在最大承载比选取过程中的应用

规范级配范围是理论计算和试验验证及实践总结的产物,在此范围内的级配,尽管针对性不强,但对于工作性来讲是个有效的限制。

所谓的规范设计法,是指规范所给出的设计级配。如《公路沥青路面施工技术规范》(JTG F40—2004)第 5.3 节配合比设计中所给定的各种设计级配,各省、自治区、直辖市等地标所给出的各种设计级配,这些级配都是经验及理论计算和试验的总结,尤其是地标,更符合当地的气候和交通条件。按照规范设定级配掺配矿料已经成为一个约定俗成的设计步骤,因此级配设计在沥青路面设计中尤为简单,就是"抄"一个"标准"给定的配范围而已。具体到了施工阶段,级配设计才开始"难"起来,因为这时要确定一个级配。如何确定呢？也比较简单,在给定的级配范围内选三条线,也就是三个级配,通常为级配的中值曲线和上下各一条曲线,之后进行马歇尔试验,检验路用性能,若满足规定的路用性能就选用,至于是否相对较好或最好就无从考证了。这是因为矿料变异性的问题。我国地域广阔,矿料品质繁多、破碎和筛分方式多种多样,因此不仅各档料的粒径分布不同,即使相同粒径的石料,由于岩性和破碎方式的不同,矿料的颗粒形状和破碎面都不同。在实际过程中,不仅各个省份或地区的矿料性质不同,即使是同一省份、同一个工程中,不同标段所使用的矿料也不尽相同。因此,如此繁多的矿料均采用同一个设计级配曲线显然是不合理的。为了改变这一不足,提出了力学-体积两阶段矿料级配设计方法。该方法不是对过去的否定,恰恰相反,应该是对规范法的补充,避免了规范设计方法大而划一的问题,使得级配设计更为精准,因此,力学-体积两阶段矿料级配设计方法完全可以以规范法设计为基础,利用好规范法的成果。

规范法给定的成果是一个级配范围,这个范围是成千上万个工程实例经验和已有设计理论的结晶,虽然由于只给出的是一个范围而被诟病,但可以肯定的是,在这个范围内,一定有最佳级配。这个成果可以有效地将 CBR-V 法的搜寻范围限定在一定的范围内,从而可以节省大量的试验工作,提高寻找合理的能满足施工工作性的 CBR_{max} 的效率。

MAC 沥青混合料设计级配是由莫石秀博士开发调整完成的,目前在广东地区已被大量采用,铺装高速公路上千公里,设计的沥青混合料性能优异,能满足广东地区高温多雨的气候特征。其粗集料部分见表 7-11。

MAC 系列级配范围粗集料部分 表 7-11

类型		通过下列筛孔(mm)的质量百分率(%)						
		26.5	19	16	13.2	9.5	4.75	2.36
MAC-25	上限	100	90	85	75	63	42	36
	中值	97.5	81	75	65	53	32	26
	下限	95	72	65	55	43	22	16
MAC-20	上限		100	92	80	63	42	40
	中值		97.5	82	70	54	32	28
	下限		95	72	60	45	22	16
MAC-16	上限			100	90	66	44	35
	中值			97.5	80	58	35	26.5
	下限			95	70	50	26	18

通过试验分析并对照 CBR-V 设计结果,其中值接近 CBR-V 设计值,因此可以利用 MAC 给出的级配范围,确定 CBR_{max} 的搜寻范围,提高搜寻效率。其部分整理成果见表 7-12。

MAC 系列级配 CBR_{max} 搜寻范围　　　　　表 7-12

级配类型	掺配级数	档料掺配比例(%)			
		19~26.5mm	9.5~19(16)mm	4.75~9.5mm	2.36~4.75mm
MAC-25	二级	40	60		
	三级	H70		30	
	四级	H91			9
MAC-20	二级		68	32	
	三级		H94		6
MAC-16	二级		65	35	
	三级		H88		12

注:H-上一级掺配形成的合档料。

为说明具体确定方法,现以 MAC-20 为例,举例说明。

步骤 1:选取级配范围(表 7-13)。

级配范围　　　　　表 7-13

类型		通过下列筛孔(mm)的质量百分率(%)						
		26.5	19	16	13.2	9.5	4.75	2.36
MAC-20	上限	100	100	92	80	63	42	40
	中值	100	97.5	82	70	54	32	28
	下限	100	95	72	60	45	22	16

步骤 2:确定档料所对应的粒径。

假定设计的档料粒径分别为 9.5~19mm、4.75~9.5mm 和 2.36~4.75mm,则对应的界定粒径分别为 9.5mm、4.75mm 和 2.36mm。

步骤 3:通过中值界定粒径的通过率。

从级配范围可知通过 9.5mm、4.75mm 和 2.36mm 筛孔的中值百分率分别为 54%、32% 和 28%,相应地 9.5mm、4.75mm 和 2.36mm 筛孔分计筛余为 46%、22% 和 4%。

步骤 4:确定各级掺配比例的大致范围。

二级掺配在 9.5~19mm 和 4.75~9.5mm 之间进行。两档料的分计筛余为 46% 和 22%,总分计筛余为 46% + 22% = 68%。按百分比分配两档料的分计筛余,分别为 68% 和 32%,即两档料的最佳掺配比例大致为 68%:32%。

三级掺配在 H4.75~19mm 和 2.36~4.75mm 之间进行。两档料的分计筛余分别为 68% 和 4%,总分计筛余为 68% + 4% = 72%。按百分比分配两档料的分计筛余,分别为 94% 和 6%。即两档料的最佳掺配比例范围大致为 94%∶6%。

步骤 5:确定 CBR 试验掺配比例。

二级掺配 CBR 试验比例:以步骤 4 所确定的最佳掺配比例为中值,分别以递增和递减的方式拓展,拓展幅度可定义为 5%、10% 或前 5% 后 10%。假定为 5%,则根据步骤 2 的结果,9.5~19mm 和 4.75~9.5mm 两档料的最佳掺配比例大致为 68%∶32%,那么 CBR 试验的掺配比例分别为 78%∶22%、73%∶27%、68%∶32%、63%∶37%、58%∶42%。

三级掺配 CBR 试验比例:根据步骤 4 的结果,H4.75~19mm 和 2.36~4.75mm 两档料的最佳掺配比例大致为 94%∶6%,由工程经验可知,2.36~4.75mm 档料一般在 0~10%,所以拓展幅度不宜太大,在此以 2% 为例,则 CBR 试验的掺配比例分别为 98%∶2%、96%∶4%、94%∶6%、92%∶8%、90%∶10%。

7.5 小结

(1)本章从级配的定义入手,分析了级配工作性的重要性。在利用 CBR-V 法进行矿料级配设计时,不宜片面追求最大的 CBR_{max},而应该追求档料组合后的 CBR_{max},以满足级配工作性的要求,保证施工质量。

(2)矿料级配的定义宜修改为:集料级配是指集料中不同粒径间的相互搭配关系。路用矿质集料的级配一般应在满足施工和易性要求的基础上,满足最大的内摩阻力和一定的孔隙率等基本要求。

(3)为保证必要的施工工作性,应对级配的最大工程粒径、级配中的粗集料含量和料的组成粒径的连续性有所限制。

(4)为保证混合料的工作性和缩窄 CBR_{max} 的找寻范围,提高工作效率,应利用当地成功的级配范围,在当地提供的级配中值范围内采用"五点法"进行试验找寻。

第8章 填料对粗集料骨架填充方式的研究

8.1 概述

填充理论认为,粗集料的矿料间隙以更小的粒径而非次级粒径集料填充会得到更大的密实度,并对粗集料骨架结构产生较小的干涉。因而在级配设计时,考虑把粗集料和细集料按一定的粒径区间予以断开,尽量减少甚至不用该粒径区间的集料,这样粗集料形成的骨架结构将不受次级粒径或者更低级粒径集料的干涉,则可充分提高粗集料间的内摩阻力,细集料则可发挥其易密实的特点完成对粗集料骨架间隙的填充,由此形成内摩阻力和密实度均达到最佳效果的混合料。通过这种方法设计的矿料级配也被称为间断级配,是综合了干涉理论和填充理论提出的。细集料部分仍按连续级配原则设计,以保持其凝聚力。

CBR-V 两阶段矿料级配设计方法中,填充料对骨架间隙填充"密实"是为了保证"骨架"在受到外力作用时骨架不变形,保持一定抗力,有"定型"的作用,以此辅助粗集料骨架结构保持稳定。但如何判断填充的最佳"密实"效果则有较大控制难度,因为密实作为填充的最终结果,如果填充量超出骨架间隙量或填料中存在超粒径颗粒,填料必然会对骨架结构的稳定性产生不利影响。此外,细集料填充的过程也是集料间相互嵌挤滑移的动态过程,当发生嵌挤的集料量过多或细集料嵌挤力过大时就会破坏粗集料的"骨架",导致"骨架"结构发生"崩解"或"塌陷",引起"骨架"结构强度急剧下降;同理,相互嵌挤的集料量偏少或细集料嵌挤力过小,就起不到定型"骨架"和辅助骨架保持稳定的作用,同样会导致"骨架"结构的稳定性降低,并由此造成混合料密实效果不佳,导致混合料的耐久性和抗水损害能力不足等。按照CBR-V设计理念,完成骨架部分设计以后,通过细集料填充来实现骨架结构的"密实",因此在"填充"的过程中,应尽量避免或降低填料对骨架结构的干涉。

已有研究认为,对于粗集料间断级配混合料,细集料在混合料中的作用除了填充粗集料形成的骨架间隙外,也会对粗集料的骨架结构产生一定程度的干涉。主要干涉粒径范围是 2.36~4.75mm 和 1.18~2.36mm。试验证明,随着混合料公称最大粒径的逐渐减小及混合料中干涉粒径范围内的集料含量的逐渐增加,这种干涉效应也会越来越显著,主要表现为混合料矿料间隙率、粗集料矿料间隙率和空隙率等指标将发生显著变化,也就是说,对混合料的密实程度和紧密程度都将产生影响。因此,在使用间断级配混合料时,应对相应干涉粒径范围内的集料含量进行合理限制。此外,这种干涉作用对混合料路用性能的影响还有待更深入的研究。在实际工程中,对于某些特殊的使用要求,这种干涉可能是有利的。

8.2 填充料规格及要求

目前我国采用的填充料主要为石屑、机制砂、河砂和矿粉,对应《公路沥青路面施工技术规范》(JTG F40—2004)则为细集料和填料,其规格应满足表8-1、表8-2。

沥青混合料用机制砂或石屑规格　　　　　　　　　　　　　　　　　　表8-1

规格	公称粒径(mm)	水洗法通过各筛孔(mm)的质量百分率(%)						
		9.5	4.75	2.36	1.18	0.6	0.3	0.15	0.075
S15	0~5	100	90~100	60~90	40~75	20~55	7~40	2~20	0~10
S16	0~3	—	100	80~100	50~80	25~60	8~45	0~25	0~15

注:当生产石屑采用喷水抑制扬尘工艺时,应特别注意含粉量不得超过表中要求。

沥青混合料用矿粉规格(高速公路、一级公路)　　　　　　　　　　　　表8-2

粒度(mm)	通过各筛孔(mm)的质量百分率(%)		
	0.6	0.15	0.075
范围	100	90~100	75~100

《广东省公路工程施工标准化指南　第三分册　路面工程》对沥青混合料用机制砂规格要求见表8-3。

第8章 填料对粗集料骨架填充方式的研究

沥青混合料用机制砂规格　　　　　　　　　表8-3

规格	石场生产筛网（mm）	公称粒径（mm）	水洗法通过各筛孔(mm)的质量百分率(%)						
			4.75	2.36	1.18	0.6	0.3	0.15	0.075
S16	0~3	0~2.36	100	80~100	55~80	25~60	8~45	0~25	0~12

将《公路沥青路面施工技术规范》(JTG F40—2004)中的矿粉要求与《广东省公路工程施工标准化指南　第三分册　路面工程》进行对比。对于机制砂，《广东省公路工程施工标准化指南　第三分册　路面工程》虽针对筛孔1.18mm和0.075mm筛孔的通过率进行了调整，范围有所减小，但对规格基本没有实质影响。从规格要求来看，每个筛孔的通过率范围都比较大，说明目前国内对机制砂的规格要求不是很高，需要各项目在施工中自行把控。表8-4为广东某高速公路机制砂和矿粉规格。

广东某高速公路机制砂和矿粉规格　　　　　　　　表8-4

名称	通过各筛孔(mm)的质量百分率(%)							
	9.5	4.75	2.36	1.18	0.6	0.3	0.15	0.075
机制砂	100	99.9	91.2	64.9	41.9	25.1	15.2	7.2
矿粉	—	—	—	—	100	100	99.9	96.5

由表8-4可知，机制砂中大约有10%的超粒径集料，这部分集料大于公称粒径2.36mm。在考虑填充时这部分集料和2.36~4.75mm档集料间相互重叠，将会直接影响到原骨架结构的稳定性，因此，在CBR-V矿料级配填充设计阶段应予以考虑。

8.3 填充料对粗集料骨架结构干涉判别

填充料部分主要考虑的是填充"密实"而不"干涉"骨架，即填充的细集料不能对粗集料的骨架结构造成干涉或撑持作用。依据贝雷法可知，两组集料颗粒之间不干涉的粒径为 $d=0.22D$，即若公称最大粒径集料的直径为 D，则不干涉的公称粒径集料颗粒直径为 $0.22D$。根据这一原则，组成各档集料筛孔及对应的干涉筛孔见表8-5。

筛孔及干涉筛孔对应表　　　　　　　　表8-5

公称最大粒径筛孔 D(mm)	25.6	19	16	13.2	9.5	4.75	2.36
干涉颗粒最大粒径 $0.22D$(mm)	5.632	4.18	3.52	2.904	2.09	1.045	0.5192
干涉筛孔(mm)	4.75	4.75	4.75	2.36	2.36	1.18	0.6

机制砂加工时的筛网为 0～3mm,公称粒径为 0～2.36mm,筛孔组合为 2.36mm、1.18mm、0.6mm、0.3mm、0.15mm 和 0.075mm,对骨架可能产生干涉筛孔见表 8-5,主要有 4.75mm、2.36mm 和 1.18mm 三个筛孔。根据《公路沥青路面施工技术规范》(JTG F40—2004)中对填料粒径的定义,填料的粒径范围小于 0.6mm。按照填料粒径范围的规定,填料应该不构成对骨架结构的干涉,因此,可以不考虑填料的影响,或者认为填料不会对骨架结构产生干涉。

目前沥青混合料中常用的机制砂公称粒径为 0～2.36mm,而 CBR-V 矿料级配设计建议的粗集料骨架粒径为大于或等于 2.36mm,因此将小于 0.6mm 粒径的填料部分排除后,仅需考虑 2.36mm 和 1.18mm 两个筛孔上的筛余料,由表 8-5 可知,这两个筛孔均会对不同型号的混合料骨架结构产生干涉。为了避免干涉现象的产生,可以将填充部分全部用填料代替机制砂。

以最大公称粒径 9.5mm 为例,按照表 8-5 计算的结果,其相应的干涉粒径为 2.36mm,小于 2.36mm 的集料可以认为不会对粗集料骨架产生干涉,即 1.18mm 和 0.6mm 两个筛孔的筛余料不会对最大公称粒径为 9.5mm 时的粗集料骨架结构产生干涉。同理,对于最大公称粒径为 4.75mm 时的粗集料骨架结构,0.6mm 筛孔以下的粒径不会对其所形成的骨架结构产生干涉,而 2.36mm 和 1.18mm 两个筛孔的筛余料会对其形成骨架结构产生干涉。对最大公称粒径为 2.36mm 时形成的骨架结构影响同理。综上所述,干涉粒径应该是存在于一定的范围内,相应的也就有个配位的问题。根据骨架形成的间隙量和不发生干涉粒径的数量是否一致,可将其分为等配位、不等配位和错配位三种情况,分别定义如下:

等配位:某粒径形成的骨架间隙刚好被临界干涉粒径的集料所完全填充。

不等配位:某粒径形成的骨架间隙不能被临界干涉粒径的集料所完全填充。

错配位:某粒径形成的骨架间隙不是被临界干涉粒径所填充,而是被其他干涉粒径的集料所填充。

不等配位和错配位均可能引起干涉发生,而等配位则不会发生干涉现象。从实际情况来看,在这三种情况中,不等配位和错配位占多数。因此,对于机制砂来讲,对骨架的干涉是不可避免的。

对于最大公称粒径大于或等于 2.36mm 的各型沥青混合料来讲,当填充料的粒径小于 0.6mm 时,理论上不会对粗集料形成的骨架结构产生干涉,实现等配位的方法有两种,一是全部用矿粉填充,因为矿粉的最大公称粒径小于 0.6mm;二是将机制砂中粒径大于

0.6mm 的集料筛除,采用更"细"的机制砂。

以 AC-13 型沥青混合料为例,矿料级配引自《广东省公路工程施工标准化指南 第三分册 路面工程》,沥青相对密度为 1.03,沥青膜厚度为 $7\mu m$,计算结果见表 8-6。

AC-13 型沥青混合料采用机制砂和矿粉时沥青有效含量计算结果对比　　表 8-6

筛孔尺寸(mm)	16	13.2	9.5	4.75	2.36	1.18	0.6	0.3	0.15	0.075	SA(m^2/kg)
AC-13 通过的百分率(%)	100	97.5	67.5	35	26	19.5	14	11.5	9	6	
表面系数	0.0041	0	0	0.0041	0.0082	0.0164	0.0287	0.0614	0.1229	0.3277	
比表面积(m^2/kg)	0.41	0	0	0.1435	0.2132	0.3198	0.4018	0.7061	1.1061	1.9662	5.2667
有效沥青含量(%)	3.80										
矿粉通过的百分率(%)	100	100	100	100	100	100	100	100	99.9	96.3	
AC-13(合成级配1)通过的百分率(%)	100	97.5	67.5	35	35	35	35	35	34.86	33.71	
比表面积(m^2/kg)	0.41	0	0	0.1435	—	—	—	—	4.284294	11.046767	15.9
有效沥青含量(%)	11.46										
机制砂通过的百分率(%)	100	100	100	99.9	91.2	64.9	41.9	25.1	15.2	7.2	
筛除机制砂大于0.6mm 粒径通过的百分率(%)	100	100	100	100	100	100	100	60	36	17.2	
AC-13(合成级配2)通过的百分率(%)	100	97.5	67.5	35	35	35	35	21	12.6	6.02	
比表面(m^2/kg)	0.41	0	0	0.1435	—	—	1.0045	1.2894	1.54854	1.972754	6.36
有效沥青含量(%)	4.58										

从表 8-6 计算可知,采用矿粉填充时,有效沥青含量达到 11.46%,这样的沥青混合料不具有实用价值,属于工程技术上和经济上均不可行的方案。

将机制砂筛除 0.6mm 筛孔上的筛余量,即机制砂的规格由 0～2.36mm 变为 0～0.6mm,此时,机制砂不会对骨架结构产生干涉,有效沥青量为 4.58%,虽然沥青用量有所提升,但仍是一个可以接受的方案。

8.4 降低填充料对骨架结构干涉的措施

采用 CBR-V 两阶段矿料级配设计法进行沥青混合料设计时,是对粗集料(大于 2.36mm 的集料)和细集料(小于 2.36mm 的集料)分别进行设计。前者通过 CBR_{max} 指标设计嵌挤骨架结构状态时的粗集料组成,后者通过逐级填充密实状态确定细集料用量,两者在 2.36mm 粒径既要分开设计,又要相互融合。这其中必然存在部分集料的交叉重叠,重叠部分主要存在于机制砂中。因为在机制砂中通常有 10% 左右的 2.36mm 筛孔上的余料,填料中的集料粒径越大对骨架结构的干涉越显著,说明这部分集料极易对粗集料骨架结构产生较大的干涉,必须要加以调整。机制砂中 2.36mm 筛孔上的筛余部分主要与粗集料骨架中的 2.36~4.75mm 档集料重叠,因此可通过对 2.36~4.75mm 档集料和 0~2.36mm 细集料的用量比例进行调整。

鉴于机制砂中超粒径部分主要范围为 2.36~4.75mm,可考虑将机制砂中超粒径部分计入 2.36~4.75mm 档集料中,同时再相应减少 2.36~4.75mm 档集料的用量比例,保持 2.36~4.75mm 档集料用量的总体平衡。尽管机制砂的干涉不可避免,但通过等量替代避免 2.36~4.75mm 档集料用量超出设计预期,可以尽量降低机制砂中超粒径集料对骨架结构的干涉。为此提出以下处理原则:

(1)保持大于 4.75mm 集料和矿粉用量比例不变,主要原因是这两部分矿料属于不干涉部分。

(2)保持 2.36~4.75mm 档集料的实际比例不变,采取调来多少,减去多少。调来部分即为 0~2.36mm 档集料中超粒径部分。

(3)保持 0~2.36mm 档集料的用量不变,采取调走多少,增加多少。虽然 0~2.36mm 档集料的比例增加,当总的用量基本保持不变,实际超粒径部分相对被稀释减少。

依据上述处理原则,具体等量替代过程计算分析如下:

(1)各档集料和矿粉筛分结果

各档集料和矿料筛分结果见表 8-7。

(2)0~2.36mm 档集料中大于 2.36mm 的部分计算

根据表 8-7 中 0~2.36mm 档集料 2.36mm 筛孔通过率及 0~2.36mm 档集料的用量比例,计算 0~2.36mm 档集料中大于 2.36mm 的部分占总的矿料量比例为 $(100-91.2)/100 \times 23.31\% = 2.05\%$,见表 8-8。

各档集料和矿粉筛分结果(1)　　　　　　　　表 8-7

筛孔尺寸 (mm)	不同规格档料的级配(%)					
	19~26.5mm	9.5~19mm	4.75~9.5mm	2.36~4.75mm	0~2.36mm	矿粉
37.5	100	100	100	100	100	100
31.5	100	100	100	100	100	100
26.5	100	100	100	100	100	100
19	71.4	100	100	100	100	100
16	7.0	92.0	100	100	100	100
13.2	1.3	52.6	100	100	100	100
9.5	0.5	3.5	94.5	100	100	100
4.75	0.3	0.9	0.9	77.4	99.9	100
2.36	0.3	0.3	0.3	1.8	91.2	100
1.18	0.3	0.3	0.3	0.6	64.9	100
0.6	0.3	0.3	0.3	0.6	41.9	100
0.3	0.3	0.3	0.3	0.6	25.1	100
0.15	0.3	0.3	0.3	0.6	15.2	99.9
0.075	0.3	0.3	0.3	0.6	7.2	96.3
CBR-Ⅴ级配	10.34%	31.02%	27.57%	1.41%	23.31%	6.36%

各档集料和矿粉筛分结果(2)　　　　　　　　表 8-8

筛孔尺寸 (mm)	不同规格档料的级配(%)					
	19~26.5mm	9.5~19mm	4.75~9.5mm	2.36~4.75mm	0~2.36mm	矿粉
37.5	100	100	100	100	100	100
31.5	100	100	100	100	100	100
26.5	100	100	100	100	100	100
19	71.4	100	100	100	100	100
16	7.0	92.0	100	100	100	100
13.2	1.3	52.6	100	100	100	100
9.5	0.5	3.5	94.5	100	100	100
4.75	0.3	0.9	0.9	77.4	99.9	100
2.36	0.3	0.3	0.3	1.8	91.2	100
1.18	0.3	0.3	0.3	0.6	64.9	100
0.6	0.3	0.3	0.3	0.6	41.9	100
0.3	0.3	0.3	0.3	0.6	25.1	100

续上表

筛孔尺寸(mm)	不同规格档料的级配(%)					
	19~26.5mm	9.5~19mm	4.75~9.5mm	2.36~4.75mm	0~2.36mm	矿粉
0.15	0.3	0.3	0.3	0.6	15.2	99.9
0.075	0.3	0.3	0.3	0.6	7.2	96.3
CBR-V 级配	10.34%	31.02%	27.57%	1.41%	23.31%	6.36%
					2.05%	

（3）等量替代

0~2.36mm 档集料中大于 2.36mm 的量对 2.36~4.75mm 档集料的贡献应在 2.36~4.75mm 档集料的用量比例中减去，减去后 2.36~4.75mm 档集料的用量比例为 1.41% - 2.05% = -0.64%。0~2.36mm 档集料的用量比例为原用量比例加上可调整的用量比例，调整后实际比例为 23.31% + 2.05% + (-0.64%) = 24.72%，见表 8-9。

各档集料和矿粉筛分结果（3） 表 8-9

筛孔尺寸(mm)	不同规格档料的级配(%)					
	19~26.5mm	9.5~19mm	4.75~9.5mm	2.36~4.75mm	0~2.36mm	矿粉
37.5	100	100	100	100	100	100
31.5	100	100	100	100	100	100
26.5	100	100	100	100	100	100
19	71.4	100	100	100	100	100
16	7.0	92.0	100	100	100	100
13.2	1.3	52.6	100	100	100	100
9.5	0.5	3.5	94.5	100	100	100
4.75	0.3	0.9	0.9	77.4	99.9	100
2.36	0.3	0.3	0.3	1.8	[1]91.2	100
1.18	0.3	0.3	0.3	0.6	64.9	100
0.6	0.3	0.3	0.3	0.6	41.9	100
0.3	0.3	0.3	0.3	0.6	25.1	100
0.15	0.3	0.3	0.3	0.6	15.2	99.9
0.075	0.3	0.3	0.3	0.6	7.2	96.3
CBR-V 级配	10.34%	31.02%	27.57%	[3]1.41%	[2]23.31%	6.36%
					[4]2.05%	
				[5]-0.64%		
					[6]24.72%	

(4) 计算过程

利用 Excel 表格进行求解,具体涉及的 Excel 表格公式如下:

$$[4] = (100 - [1]) \times [2]/100$$
$$[5] = [3] - [4]$$
$$[6] = IF([5] < = 0, [2] + [4] + [5])$$

经过等量替代后,0~2.36mm 和 2.36~4.75mm 两档集料的实际用量比例见表 8-10。

各档集料和矿粉筛分结果(4)　　　　表 8-10

筛孔尺寸 (mm)	不同规格档料的级配(%)					
	19~26.5mm	9.5~19mm	4.75~9.5mm	2.36~4.75mm	0~2.36mm	矿粉
37.5	100.00	100.00	100.00	100.00	100.00	100.0
31.5	100	100	100	100	100	100
26.5	100	100	100	100	100	100
19	71.4	100	100	100	100	100
16	7	92	100	100	100	100
13.2	1.3	52.6	100	100	100	100
9.5	0.5	3.5	94.5	100	100	100
4.75	0.3	0.9	0.9	77.4	99.9	100
2.36	0.3	0.3	0.3	1.8	91.2	100
1.18	0.3	0.3	0.3	0.6	64.9	100
0.6	0.3	0.3	0.3	0.6	41.9	100
0.3	0.3	0.3	0.3	0.6	25.1	100
0.15	0.3	0.3	0.3	0.6	15.2	99.9
0.075	0.3	0.3	0.3	0.6	7.2	96.3
CBR-V 级配	10.34%	31.02%	27.57%	1.41%	23.31%	6.36%
					2.05%	
				-0.64%		
	10.34%	31.02%	27.57%	0.00%	24.72%	6.36%

8.5　小结

本章从填料干涉机理出发,探讨了填料的规格,填料对粗集料骨架干涉的判别以及如何降低填料对粗集料骨架干涉的措施。主要成果和建议如下:

(1)细集料对粗集料形成骨架的干涉不可避免,解决的方向是尽量降低干涉效应和程度。

(2)为了避免干涉现象的发生,将填充部分全部用填料代替,不具有工程实用性和经济性。

(3)实际工程中,机制砂中超粒径部分主要范围为 2.36~4.75mm,可考虑将机制砂中超粒径部分计入 2.36~4.75mm 档料中,并相应减少该档料的掺量,尽量降低机制砂中超粒径集料对骨架结构的干涉。

第9章 力学-体积两阶段沥青混合料配合比设计

9.1 概述

沥青混合料配合比设计应通过目标配合比设计、生产配合比设计和生产配合比验证三个阶段,确定沥青混合料的原材料类型、矿料级配、最佳沥青用量。沥青混合料配合比设计方法主要步骤包括:

(1)确定工程设计级配范围;

(2)材料选择与准备;

(3)矿料配合比设计;

(4)马歇尔试验;

(5)确定最佳沥青用量(或油石比);

(6)配合比设计检验;

(7)配合比设计报告。

更为详细的过程及要求见附录2《热拌沥青混合料配合比设计方法》。

力学-体积两阶段沥青混合料配合比设计主要针对"(3)矿料配合比设计"部分进行了补充优化。将(3)分解为三个部分:骨架级配设计、填充级配设计和合成级配设计。本章将主要针对增加的部分内容进行必要的论述和说明,其他部分参照《公路沥青路面施工技术规范》(JTG F40—2004)中的附录B《热拌沥青混合料配合比设计方法》(见本书附录2)。

增加部分的主要设计流程如下:

第一步:备料。

第二步:选定沥青混合料级配类型及规范规定的矿料级配范围,确定级配骨架强度系数 β 和矿料间隙率 VMA。

第三步:骨架设计。

第四步:填充设计。

第五步:计算合成级配。

第六步:根据材料、级配范围及经验进行级配调整并进行试验验证。

9.2 力学-体积两阶段沥青混合料矿料级配设计

9.2.1 矿料基本要求

根据我国《公路沥青路面施工技术规范》(JTG F40—2004)和路面设计文件的要求选择集料。

(1)集料的分档应满足《公路沥青路面施工技术规范》(JTG F40—2004)中表4.8.3、表4.9.4和表4.10.1的要求。

(2)各档集料的质量应满足《公路沥青路面施工技术规范》(JTG F40—2004)中表4.8.2、表4.8.5、表4.8.7、表4.9.2和表4.10.1的要求。

9.2.2 粗、细集料及填料分界点定义

(1)填料定义为筛分粒径小于或等于0.6mm的矿料部分。简记为FI(Filler)。

(2)细集料主要指机制砂,简记为FA(Fine Aggregate),分S15和S16两种规格。机制砂按粗集料岩性有同源和不同源之分,当粗集料和机制砂岩性相同时,为同源,反之为不同源。目前大多数机制砂是石灰岩加工而成。在此,建议细集料根据机制砂的规格来确定,即当机制砂规格为S15、公称粒径为0~5mm时,粗、细集料的分界线为4.75mm;当机制砂的规格为S16、公称粒径为0~3mm时,粗、细集料的分界线为2.36mm。由于目前沥青混合料用机制砂多采用S16,公称粒径为0~3mm,鉴于沥青混合料质量要求的不断提升,沥青混合料所用细集料的分界线建议定为2.36mm。

(3)粗集料一般由多档规格的粗集料组合而成,简记为 CA(Coarse Aggregate),按规格可划分为 S1~S14,一般根据级配设计要求合理选择。

9.2.3 集料粗、细分段划分

根据 CBR-V 设计方法的特点,为便于对各档集料进行 CBR-V 设计,将每档集料按定义的分界点分为粗集料粗部(>2.36mm 粒径)和粗集料细料部(≤2.36mm 粒径)、细集料粗部(>2.36mm 粒径)和细集料细部(≤2.36mm 粒径)。其中,粗集料 = 粗集料粗部 + 细集料粗部,细集料 = 细集料粗部 + 细集料细部。由于填料出现超粒径的概率较小,可以认为填料 = 填料部分。尽管人为地将集料划分为粗集料、细集料和填料,但实际集料可能会出现粒径重叠、相互包含的情况,如粗集料可能包含粗集料部分、细集料部分和填料部分,细集料部分也同样,填料部分这种情况少一点。当然,规范中关于各种料的规格,也反映了这一点。若将各档料按粗集料、细集料和填料分段,则各档集料按粗集料、细集料和填料分段后的具体划分见表9-1。表9-1 中列举的档料为 3 档粗集料 + 1 档细集料 + 1 档填料。交叉影响方面可根据影响的严重性在配合比调整阶段予以考虑。

各档集料粗集料、细集料和填料分段划分　　　　表 9-1

集料分段	筛孔(mm)	粗集料(CA)			细集料(FA)	填料(FI)
		CA-1	CA-2	CA-3		
粗料部分	—	CA-1-1	CA-2-1	CA-3-1	—	
	4.75					
	2.36				FA-1	
细料部分	≤2.36	CA-1-2	CA-2-2	CA-3-2	FA-2	
填料部分	≤0.6	CA-1-3	CA-2-3	CA-3-3		FI

随着集料加工水平的提高和施工质量要求的提升,尤其是沥青路面工程,混料情况已得到有效遏制,故在高速公路和一级公路沥青路面工程中可不考虑粗集料混料情况,此时表9-1 可简化为表9-2。通常 3~5mm 档集料中的粗的部分含量比较高,应予以考虑。

各档集料粗、细分段划分　　　　　　　　　　表9-2

集料分段	筛孔(mm)	粗集料(CA)			细集料(FA)	填料(FI)
		CA-1	CA-2	CA-3		
粗料部分	—	CA-1-1	CA-2-1	CA-3-1	—	—
	4.75					
	2.36				FA-1	
细料部分	2.36	—	—	—	FA-2	
	0.075					
填料部分	≤0.6	—	—	—		FI

9.2.4 集料物理参数

集料物理参数应根据不同集料的主体部分通过试验获取,如粗集料应以粗集料粗料部分(CA-X-1)为样本,必要时须将集料过2.36mm的筛网,筛余部分作为试验用料;对于细集料则以细集料细料和填料部分(FA-2)为样本,即须将细集料过2.36mm的筛网,通过部分为试验用料,筛余部分须调整到2.36~4.75mm档集料中。填料应以FI为样本,通过试验获取。由于填料属矿料中公称粒径最小的一档料,对细集料的影响非常有限,故建议忽略填料中超粒径部分对细集料的影响,不再分段。高速公路及一级公路所用矿料主要物理参数具体见表9-3。

矿料主要物理参数(高速公路及一级公路)　　　　表9-3

物理参数	试验方法	粗集料样本(CA)			细集料样本(FA)	填料样本(FI)
		CA-1	CA-2	CA-3		
毛体积相对密度ρ_b	T 0308—2005	CA-1-1	CA-2-1	CA-3-1	FA-2	
自然堆积密度ρ_l	T 0309—2005	CA-1-1	CA-2-1	CA-3-1		
捣实密度ρ_s	T 0309—2005	CA-1-1	CA-2-1	CA-3-1		
紧装密度ρ_d	T 0331—1994				FA-2	FI

注:试验方法涉及《公路工程集料试验规程》(JTG E42—2005)中的粗集料密度及吸水率试验(容量瓶法)(T 0308—2005)、粗集料堆积密度及空隙率试验(T 0309—2005)、细集料堆积密度及紧装密度试验(T 0331—1994)。

9.2.5 选定沥青混合料级配类型及规范规定的矿料级配范围，确定级配骨架强度系数 β 和矿料间隙率 VMA

相关规范或指南根据当地的具体情况经验性地给出了沥青混合料级配类型及选择原则，在此基础上结合室内试验、工程实践及当地的具体情况给出了相应的级配范围，这为选择级配骨架强度系数 β 和矿料间隙率 VMA 提供了极大的便利。

目前沥青混合料按组成混合料网络结构中"骨架成分"和"密实成分"所占比例的不同划分为三种典型类型，即悬浮-密实结构、骨架-空隙结构、密实-骨架结构。设计时，可根据设计文件要求的沥青混合料种类，选择适当的级配骨架强度系数 β。具体级配骨架强度系数 β 取值见表 6-6。

沥青混合料矿料间隙率 VMA 是混合料设计的一个重要参数之一，它直接影响沥青混合料的耐久性。《公路沥青路面施工技术规范》(JTG F40—2004)规定的最小 VMA 不仅要保证足够的沥青用量，还要保证沥青混合料的稳定性。《公路沥青路面施工技术规范》(JTG F40—2004)采用马歇尔设计方法，第 5.3 节给出了具体的规定，要求密级配沥青混合料(AC)技术指标应符合表 5.3.3-1，SMA 沥青混合料技术指标应符合表 5.3.3-3。设计时，可根据设计文件要求的沥青混合料级配种类确定。

9.2.6 骨架级配设计流程

(1) 根据设计文件所提供的矿料级配范围，测算各档料在各级掺配时的比例范围；

(2) 在确定的档料范围内，按"五点法"逐级搜寻 CBR_{max} 并决定合理的 CBR_{max} 值，确定对应的档料掺配比例，直至最后一档粗集料(CA)3~5mm。

(3) 根据最后一档粗集料的掺配比例，反算出其他各档料的掺配比例，该比例即为骨架设计阶段粗集料的掺配比例，由该比例构成骨架合档粗集料(P_{ca})。

9.2.7 骨架合档粗集料(P_{ca})主要物理参数计算

按式(2-10)计算骨架合档粗集料(P_{ca})毛体积相对密度 $\rho_{h,b,ca}$。
按式(2-11)计算骨架合档粗集料(P_{ca})自然堆积相对密度 $\rho_{h,l,ca}$。
按式(2-12)计算骨架合档粗集料(P_{ca})捣实堆积相对密度 $\rho_{h,d,ca}$。
按式(2-13)计算骨架合档粗集料(P_{ca})在自然堆积状态下的间隙率 $VV_{h,l,ca}$。

按式(9-1)计算骨架合档粗集料(P_{ca})在捣实堆积状态下的间隙率$VV_{h,d,ca}$。

$$VV_{h,d,ca} = \left(1 - \beta \times \frac{\rho_{h,d,ca}}{\rho_{h,b,ca}}\right) \times 100 \tag{9-1}$$

式中：$VV_{h,d,ca}$——骨架合档粗集料(P_{ca})在捣实堆积状态下的间隙率(%)；

β——级配骨架强度系数。

9.2.8 细集料填充级配的确定(设定填充料为1档细集料+1档填料)

取骨架合档粗集料(P_{ca})体积率$V_{ca}=1$。其体积组成之间的关系见式(9-2)：

$$V_{ca} = V_{d,ca} = V_{b,ca} + VV_{h,d,ca} = 1 \tag{9-2}$$

骨架合档粗集料(P_{ca})体积组成(V_{ca})如图9-1所示。

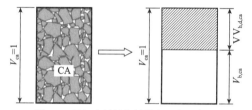

图9-1 骨架合档粗集料体积组成示意图

一级填充细集料(FA)的填充体积率(V_{fa})及质量百分比(M_{fa})计算公式分别见式(9-3)、式(9-4)：

$$V_{fa} = VV_{h,d,ca} - VMA \tag{9-3}$$

$$M_{fa} = V_{fa} \times \rho_{d,fa} \tag{9-4}$$

式中：VMA——矿料间隙率(%)；

V_{fa}——一级填充细集料的体积率(%)；

$\rho_{d,fa}$——一级填充细集料紧装相对密度；

M_{fa}——一级填充细集料的质量比(%)。

一级填充后细集料的间隙率VV_{fa}计算公式见式(9-5)，细集料填充过程体积组成变化如图9-2所示。

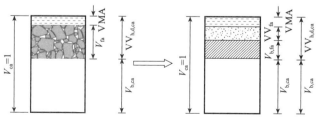

图9-2 一级细集料填充后体积组成变化示意图

$$VV_{fa} = \left(1 - \frac{\rho_{d,fa}}{\rho_{b,fa}}\right) \times V_{fa} \tag{9-5}$$

式中：VV_{fa}——一级填充后细集料的间隙率(%)。

二级填充矿粉(FI)的填充体积率(V_{fi})及质量百分比(M_{fi})计算公式分别见式(9-6)、式(9-7)：

$$V_{fi} = VV_{fa} \tag{9-6}$$
$$M_{fi} = V_{fi} \times \rho_{d,fi} \tag{9-7}$$

式中：V_{fi}——二级填充矿粉的体积率(%)；

$\rho_{d,fi}$——二级填充矿粉料紧装相对密度；

M_{fi}——二级填充矿粉的质量比(%)。

填充完成后填料细集料和矿粉的质量百分比，按式(9-8)计算。

$$M_{fa+fi} = M_{fa} + M_{fi} \tag{9-8}$$

式中：M_{fa+fi}——二级填充后细集料及填料的质量比(%)。

二级填充后体积组成变化见图9-3。二级填充后填充料的总质量百分比m_{fa+fi}计算公式见式(9-9)。

$$m_{fa+fi} = \frac{M_{fa} + M_{fi}}{(M_{fa} + M_{fi}) + \rho_{h,b,ca} \times (100 - VV_{h,d,ca})} \times 100 \tag{9-9}$$

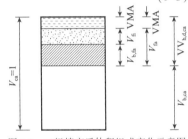

图9-3 二级填充后体积组成变化示意图

式中：m_{fa+fi}——多级填充后细集料及填料的总质量比(%)；

$\rho_{h,b,ca}$——骨架合档粗集料的毛体积相对密度；

$VV_{h,d,ca}$——骨架合档粗集料的捣实堆积空隙率(%)；

M_{fa}——细集料的填充质量比(%)；

M_{fi}——填料(矿粉)的填充质量比(%)。

9.2.9 矿料的级配合成

假定组成配比的档料为3档粗集料、1档细集料和1档填料，其各档料的质量百分比计算公式见式(9-10)~式(9-15)。

$$P_{ca,1}: m_1 = \frac{M_{31} \times (100 - m_{fa+fi})}{100} \tag{9-10}$$

$$P_{ca,2}: m_2 = \frac{M_{32} \times (100 - m_{fa+fi})}{100} \tag{9-11}$$

$$P_{\text{ca},3} : m_3 = \frac{M_{33} \times (100 - m_{\text{fa+fi}})}{100} \tag{9-12}$$

$$P_{\text{fa}} : m_4 = m_{\text{fa}} = \frac{m_{\text{fa+fi}} \times M_{\text{fa}}}{M_{\text{fa+fi}}} \tag{9-13}$$

$$P_{\text{fi}} : m_5 = m_{\text{fi}} = \frac{m_{\text{fa+fi}} \times M_{\text{fai}}}{M_{\text{fa+fi}}} \tag{9-14}$$

$$m_1 + m_2 + m_3 + m_4 + m_5 = 100\% \tag{9-15}$$

式中：m_1、m_2、m_3——分别为三档粗集料的质量比(%)；

m_4——细集料的质量比(%)；

m_5——填料的质量比(%)。

可通过编制电子表格完成计算，具体可参考图9-4和图9-5。

9.2.10 矿料合成级配调整

(1)对上述已设计的矿料合成级配进行再调整，主要目的是减轻机制砂填充料对骨架结构的干涉。机制砂中通常含有约10%大于2.36mm粒径的集料，无法忽视这一比例对设计骨架结构产生的干涉，因此有必要结合机制砂的实际筛分情况对所设计的矿料级配组成加以调整。

机制砂中大于2.36mm粒径部分的集料规格主要在2.36~4.75mm档料中，即工程粒径3~5mm档料中，所以比较简便的方法就是将机制砂中这部分集料计入2.36~4.75mm档集料中，同时需相应减少相同比例的2.36~4.75mm档集料用量，如此则可既保持2.36~4.75mm档集料用量的平衡，亦可尽量减轻机制砂中大于2.36mm粒径集料对骨架结构的干涉影响。为此提出以下处理原则：

①保持大于4.75mm规格集料和矿粉用量比例不变，主要原因是可以认为这两部分矿料互不干涉。

②保持2.36~4.75mm档集料的实际用量比例不变，采取调来多少(指机制砂中2.36~4.75mm集料含量)，减去多少(指2.36~4.75mm档集料总量不变)。

③保持0~2.36mm档集料的实际比例不变，采取调走多少(指机制砂中2.36~4.75mm集料含量)，加回多少(指0~2.36mm档集料总量不变)。尽管所增加的0~2.36mm档集料中仍含有部分大于2.36mm粒径的集料，但通过调整后，这部分集料的新增加含量已显著减少，对骨架结构的干涉影响已经甚微。

第9章 力学-体积两阶段沥青混合料配合比设计

设计阶段	项目	算式或测试方法	材料分档					
			CA-1	CA-2	CA-3	CA-4	FA	FI
	集料代号		5# (18~22mm)	4# (11~18mm)	3# (6~11mm)	2# (3~6mm)	1# (0~3mm)	填料
阶段1	各料规格	各档料计算配比(%) $M_{A1}+M_{A2}+M_{A3}+M_{A4}=100\%$	M_{A1}	M_{A2}	M_{A3}	M_{A4}	ρ_{fa}	ρ_{fi}
参数计算	毛体积密度ρ_b	T 0304	$\rho_{b,ca,1}$	$\rho_{b,ca,2}$	$\rho_{b,ca,3}$	$\rho_{b,ca,4}$		
	各档料的平均毛体积密度$\rho_{b,ca}$	$\rho_{b,b,ca}=100/(M_{A1}/\rho_{b,ca,1}+M_{A2}/\rho_{b,ca,2}+M_{A3}/\rho_{b,ca,3}+M_{A4}/\rho_{b,ca,4})$						
	各档料的自然堆积密度$\rho_{b,ca}$	T 0309—2005	$\rho_{l,ca,1}$	$\rho_{l,ca,2}$	$\rho_{l,ca,3}$	$\rho_{l,ca,4}$		
	合档料的自然堆积密度$\rho_{b,l,ca}$	$\rho_{b,l,ca}=100/(M_{A1}/\rho_{l,ca,1}+M_{A2}/\rho_{l,ca,2}+M_{A3}/\rho_{l,ca,3}+M_{A4}/\rho_{l,ca,4})$			$\rho_{b,l,ca}$			
	各档料的捣实堆积密度$\rho_{d,ca}$	T 0309—2005	$\rho_{d,ca,1}$	$\rho_{d,ca,2}$	$\rho_{d,ca,3}$	$\rho_{d,ca,4}$		
	合档料的捣实密度$\rho_{b,d,ca}$	$\rho_{b,d,ca}=100/(M_{A1}/\rho_{d,ca,1}+M_{A2}/\rho_{d,ca,2}+M_{A3}/\rho_{d,ca,3}+M_{A4}/\rho_{d,ca,4})$			$\rho_{b,d,ca}$			
	设计密度系数β				β			
	合档料路面状态下的间隙率(%) $VV_{h,d,ca}$	$VV_{h,d,ca}=(1-\beta \times \rho_{b,d,ca}/\rho_{b,h,ca})\times 100$						
	细集料FA及填料的裹装密度						$\rho_{d,fa}$	$\rho_{d,fi}$
	设计矿料间隙率VMA(%)	《公路沥青路面施工技术规范》(JTG F40—2004)			VMA			
阶段2: 填充阶段	一次填充: 细集料的体积率(%) V_{fa}	$V_{fa}=VV_{h,d,ca}$ VMA					V_{fa}	
	细集料的质量百分率(%) P_{fa}	$M_{fa}=V_{fa}\times \rho_{d,fa}$					M_{fa}	
	一次填充完成后的间隙率VV_{fa}	$VV_{fa}=(1-\rho_{d,fa}/\rho_{b,fa})\times V_{fa}$					VV_{fa}	
	二次填充: 填料填充量V_{fi}	$V_{fi}=VV_{fa}$						V_{fi}
	粉体的填充量P_{fa-fi}	$M_{fi}=V_{fi}\times \rho_{d,fi}$						P_{fi}
级配合成	各档料配比	$m_{fa-fi}=(M_{fa}+M_{fi})/[M_{fa}+M_{fi})+(M_A+M_B)]$					m_{fa-fi}	
	各档料的配比(%)		$M_{A1}(1-m_{fa-fi})/100$	$M_{A2}(1-m_{fa-fi})/100$	$M_{A3}(1-m_{fa-fi})/100$	$M_{A4}(1-m_{fa-fi})/100$	$m_{fa-fi}\times M_{fa}/(M_{fa}+M_{fi})$	$m_{fa-fi}\times M_{fi}/(M_{fa}+M_{fi})$
	各档料配比(%)		m_1	m_2	m_3	m_4	m_5	m_6

图9-4 CBR-V沥青混合料矿料级配设计计算公式(电子表格截图)

设计阶段	项目	算式或测试方法	材料分档					
			CA-1	CA-2	CA-3	CA-4	FA	FI
	集料代号		5#(18~22mm)	4#(11~18mm)	3#(6~11mm)	2#(3~6mm)	1#(0~3mm)	填料
阶段1 备料规格	各档料计算配比(%) $M_{A1}+M_{A2}+M_{A3}+M_{A4}=100\%$		23	28	43	6	—	—
参数计算	毛体积密度 ρ_b	T 0304	2.74	2.737	2.723	2.714	2.69	2.708
	合档料的平均毛体积密度 $\rho_{h,b,ca}$	$\rho_{h,b,ca}=100/(M_{A1}/\rho_{b,ca,1}+M_{A2}/\rho_{b,ca,2}+M_{A3}/\rho_{b,ca,3}+M_{A4}/\rho_{b,ca,4})$	=100/(D4/D5+E4/E5+F4/F5+G4/G5)					
	各档料的自然堆积密度 $\rho_{t,ca}$	T 0309—2005	1.5	1.6	1.56	1.54	—	—
	合档料的自然堆积密度 $\rho_{h,t,ca}$	$\rho_{h,t,ca}=100/(M_{A1}/\rho_{t,ca,1}+M_{A2}/\rho_{t,ca,2}+M_{A3}/\rho_{t,ca,3}+M_{A4}/\rho_{t,ca,4})$	=100/(D4/D7+E4/E7+F4/F7+G4/G7)					
	合档料的捣实堆积密度 $\rho_{h,d,ca}$	T 0309—2005	1.65	1.771	1.726	1.706	—	—
	设计密度系数 β		1					
	合档料密实状态下的间隙率(%) $VV_{h,d,ca}$	$VV_{h,d,ca}=(1-\beta \times \rho_{h,d,ca}/\rho_{h,b,ca})\times 100$	=100*(1-D11*D10/D6)					
	设计矿料间隙率VMA (%)	《公路沥青路面施工技术规范》(JTG F40—200+)	13.5					
	细集料FA及填料FI的紧装密度		—	—	—	—	1.94	2
阶段2:填充计算	一次填充:细集料的体积分率(%) V_{fa}	$V_{fa}=V\ VV_{h,d,ca}$					=D12-D14	
	细集料的质量百分率(%) P_{fa}	$M_{fa}=V_{fa}\times\rho_{fa}$					=H15*H13	
	一次填充完成后的间隙率 VV_{fl}	$VV_{fl}=(1-\rho_{fa}/\rho_{h,fa})\times V_{fa}$					=(1-H13/H5)*H15	
	二次填充:填料充填 V_{fi}	$V_{fi}=VV_{fl}$						=H17
	粉体的填充量 P_{fi+fl}	$M_{fi}=V_{fi}\times\rho_{fi}$						=I18*I13
级配合成	填充总量 P_{fa+fl}						=H16+I19	=(H16+I19)/(H16+I19)
	各档料配比(%)	$m_{ha+fl}=(M_{fa}+M_{fi})/[M_{ha}+M_{fi}+\rho_{h,b,ca}\times(100-V_{h,d,ca})]$	=D4*(1-H21)/100	=E4*(1-H21)/100	=F4*(1-H21)/100	=G4*(1-H21)/100	=H20	=H21*I19/(H16+I19)
	各档料的配比(%)		=D21	=E21	=F21	=G21	=H21*H16/(H16+I19)	=I22
	各档料配比(%)		=D22	=E22	=F22	=G22	=H22	=I22

图9-5 CBR-V沥青混合料矿料级配设计各单元关系(电子表格截图)

(2) 对于级配类型,则可通过级配骨架强度系数 β 值进行调整,并符合设计文件要求。

可通过编制电子表格完成计算,具体可参考图9-6。

	A	B	C	D	E	F	G	H	I	J	K	L	M	N	O	P	Q	R	S
1	筛孔尺寸(mm)													计算比例	级配调整	CBR-V试验级配结果	0~3mm超2.36mm部分	将0~3mm超2.36mm调入3~6mm后的情况	将0~3mm超2.36mm调入3~6mm后的实际情况
		26.5	19	16	13.2	9.5	4.75	2.36	1.18	0.6	0.3	0.15	0.075						
2	(19~26.5mm)	100	71.4	7	1.3	0.5	0.3	0.3	0.3	0.3	0.3	0.3	0.168			0.17			=P2
3	(9.5~16mm)	100	100	92	52.6	3.5	0.9	0.3	0.3	0.3	0.3	0.3	0.205			0.205			=P3
4	(4.75~9.5mm)	100	100	100	100	94.5	0.9	0.3	0.3	0.3	0.3	0.3	0.315			0.315			=P4
5	(2.36~4.75mm)	100	100	100	100	100	77.4	1.8	0.6	0.6	0.6	0.6	0.024			0.044		=P5-Q6	=IF(R5<=0,0,R5)
6	(0~2.36mm)	100	100	100	100	100	99.9	91.2	64.9	41.9	25.1	15.2	7.2	0.242			0.22	=(100-H6)*P6/100	=IF(R5<=0,P6+Q6+R5,P6+Q6)
7	矿粉	100	100	100	100	100	100	100	100	100	100	99.9	93.8	0.046		0.046			=P7
8	水泥	100	100	100	100	100	100	100	100	100	100	100	99.8	94.6	0				=R8

图9-6 级配调整阶段 Excel 中各单元之间的关系(电子表格截图)

9.2.11 配合比计算

根据试验和设计结果,编制各档集料筛分及计算表,绘制级配设计曲线图。检查所设计的矿料级配是否符合设计文件要求,并加以分析。同时可根据已有经验或项目实际情况进行微调。

9.2.12 沥青混合料验证

对设计矿料级配按照《公路沥青路面施工技术规范》(JTG F40—2004)附录 B 中的试验方法,确定沥青混合料最佳油石比,并进行沥青混合料各路用性能试验验证。

9.3 示例1——AC-20 骨架密实型沥青混合料矿料级配设计

广东某高速公路沥青路面中面层采用中粒式改性沥青混凝土 GAC-20C,沥青采用 SBS(I-D)类的聚合物改性沥青(PG76-22);粗集料为 18~22mm、11~18mm、6~11mm 和 3~6mm 档石灰岩集料,细集料为 0~3mm 机制砂,矿粉,水泥为普通硅酸盐水泥 P·O 42.5。上述各种材料均符合《公路沥青路面施工技术规范》(JTG F40—2004)的有关要求。

1)步骤1:备料

各档料的筛分及设计级配要求见表9-4,各档料的主要物理参数见表9-5。本设计为4档粗集料+1档细集料+1档填料。

各矿料筛分结果及设计级配范围　　　　　表9-4

筛孔尺寸(mm)	18~22mm(%)	11~18mm(%)	6~11mm(%)	3~6mm(%)	0~3mm(%)	矿粉(%)	水泥(%)	级配上限(%)	级配中值(%)	级配下限(%)
26.5	100	100	100	100	100	100	100	100	100	100
19	71.4	100	100	100	100	100	100	100	97.5	95
16	7.0	92.0	100	100	100	100	100	92	85	78
13.2	1.3	52.6	100	100	100	100	100	85	75	65
9.5	0.5	3.5	94.5	100	100	100	100	72	60	48
4.75	0.3	0.9	0.9	77.4	99.9	100	100	53	38	23
2.36	0.3	0.3	0.3	1.8	91.2	100	100	44	30	16
1.18	0.3	0.3	0.3	0.6	64.9	100	100	32	22	12
0.6	0.3	0.3	0.3	0.6	41.9	100	100	24	17	10
0.3	0.3	0.3	0.3	0.6	25.1	100	100	18	12.5	7
0.15	0.3	0.3	0.3	0.6	15.2	99.9	93.8	12	8	4
0.075	0.3	0.3	0.3	0.6	7.2	96.3	92.6	7	5	3

矿料主要物理参数　　　　　表9-5

物理参数	测试方法	粗集料样本(CA)				细集料样本(FA)1号:0~3mm	填料样本(FI)
		5号:18~22mm	4号:11~18mm	3号:6~11mm	2号:3~6mm		
毛体积相对密度 ρ_b	T 0308—2005	2.74	2.737	2.723	2.714	2.69	
自然堆积密度 ρ_l(g/cm³)	T 0309—2005	1.50	1.60	1.56	1.54		
捣实密度 ρ_s(g/cm³)	T 0309—2005	1.65	1.77	1.73	1.71		
紧装堆积密度 ρ_d(g/cm³)	T 0331—1994					1.94	2.00

2)步骤2:选定沥青混合料级配类型及规范规定的矿料级配范围,确定级配骨架强度系数 β 和矿料间隙率VMA

中粒式改性沥青混凝土GAC-20C是广东高速公路沥青路面中面层最常见的沥青混合料,属结构密实型。本设计确定选取级配骨架强度系数 $\beta=1$。

根据《公路沥青路面施工技术规范》(JTG F40—2004)表5.3.3-1密级配沥青混凝土混合料马歇尔试验技术标准,AC-20设计空隙率为4%时的矿料间隙率VMA不小于

13%。本设计确定选取矿料间隙率VMA=13.5%。

3)步骤3:进行骨架设计,按照"五点法"设计CBR试验,取置信度为90%,通过逐级CBR_{max}和合理确定CBR_{max},确定组成骨架的各档粗集料的配比

表9-6为GAC-20C密级配沥青混合料级配范围。本设计有4档粗集料,因此需要进行四级掺配,方能获得骨架阶段掺配比例。

GAC-20C密级配沥青混合料级配范围 表9-6

混合料类型		通过下列筛孔(mm)的质量百分率(%)									
		26.5	19	16	13.2	9.5	4.75	2.36	1.18	0.6	0.3	0.15	0.075
GAC-20C	上限	100	100	92	85	72	53	44	32	24	18	12	7
	中值	100	97.5	85	75	60	38	30	22	17	12.5	8	5
	下限	100	95	78	65	48	23	16	12	10	7	4	3

(1)二级掺配

按"五点法"取5个不同的5号:4号料比例进行掺配,分别为80%:20%、60%:40%、40%:60%、25%:75%、100%:0%,掺配后进行CBR试验。具体掺配比例试验结果见表9-7,CBR5.0值变化趋势见图9-7。

二级掺配比例时CBR5.0试验结果 表9-7

5号(18~22mm)掺配比例(%)	4号(11~18mm)掺配比例(%)	CBR5.0(%)
80	20	35.6
60	40	38.05
40	60	45.33
25	75	42.42
0	100	28.59

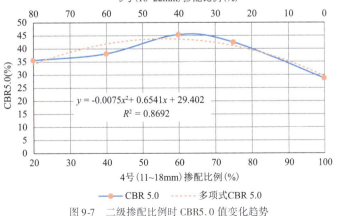

图9-7 二级掺配比例时CBR5.0值变化趋势

由图9-7可知,当置信度为90%时,$R^2=0.8692 \geqslant 0.805$,满足相关性要求。按回归方程$y=-0.0075x^2+0.6541x+29.402$求解$CBR_{max}=43.75\%$,对应的掺配比例为5号(18~22mm):4号(11~18mm)=44%:56%。

(2)三级掺配

同理,按"五点法"取合档集料H(11~22mm)与3号(6~11mm)按5个比例进行掺配,分别为70%:30%、60%:40%、55%:45%、50%:50%、40%:60%,掺配后进行矿料承载比试验。具体掺配比例和CBR5.0试验结果见表9-8,CBR5.0值变化趋势见图9-8。

三级掺配比例和CBR5.0试验结果　　　　表9-8

集料H(11~22mm)掺配比例(%)	3号(6~11mm)掺配比例(%)	CBR5.0(%)
70	30	32.96
60	40	42.51
55	45	46.64
50	50	40.63
40	60	35.24

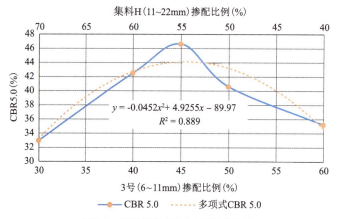

图9-8 三级掺配CBR5.0值变化趋势

由图9-8可知,当置信度为90%时,$R^2=0.889 \geqslant 0.805$,满足相关性要求。按回归方程$y=-0.0452x^2+4.9255x-89.97$求解$CBR_{max}=44.12\%$,对应的掺配比例为H(11~22mm):3号(6~11mm)=54%:46%。由此确定三档集料的用量比例分别为:

5号(18~22mm):44%×54%=23.76%;4号(11~18mm):56%×54%=30.24%;3号(6~11mm):46%。

三档集料用量比例合计:23.76%+30.24%+46%=100%。

(3) 四级掺配

四级掺配是将合档集料 H(6~22mm)与 2 号(3~6mm)按一定比例进行掺配。3~6mm 档集料对应的公称粒径为 2.36~4.75mm。根据已有试验结果和工程实践经验,该档集料在矿料级配中的掺配比例宜在 2%~10% 之间。为此,四级掺配比例和 CBR5.0 试验结果见表 9-9,四级掺配 CBR5.0 值变化趋势见图 9-9。

四级掺配比例和 **CBR5.0** 试验结果 表 9-9

集料 H(6~22mm)掺配比例(%)	2 号(3~6mm)掺配比例(%)	CBR5.0(%)
98	2	34.73
96	4	42.68
94	6	43.66
92	8	37.64
90	10	38.27

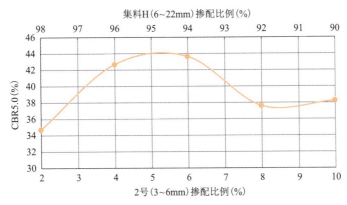

图 9-9 四级掺配 CBR5.0 值变化趋势

由表 9-9 和图 9-9 可知,四级掺配中 CBR_{max} 在 2 号(3~6mm)掺配比例为 6% 处,对应合档集料 H(6~22mm)的掺配比例为 94%。由此确定四档集料的用量比例分别为:

5 号(18~22mm):24% × 94% = 22.56%;4 号(11~18mm):30% × 94% = 28.2%;3 号(6~11mm):46% × 94% = 43.24%;2 号(3~6mm):6%。

四档集料用量比例合计:22.56% + 28.20% + 43.24% + 6% = 100%。

据此,四档粗集料骨架级配设计的掺配比例为:

5 号:4 号:3 号:2 号 = 23%:28%:43%:6%,见表 9-10。

粗集料骨架部分掺配比例　　　　　　　　　　表 9-10

CA1	CA2	CA3	CA4
5 号(18~22mm)	4 号(11~18mm)	3 号(6~11mm)	2 号(3~6mm)
23%	28%	43%	6%

4)步骤 4:填充设计

(1)骨架合档粗集料(P_{ca})各物理参数计算

骨架合档粗集料(P_{ca})毛体积相对密度$\rho_{h,b,ca}$为:

$$\rho_{h,b,ca} = \frac{100}{\dfrac{M_{41}}{\rho_{b,ca,1}} + \dfrac{M_{42}}{\rho_{b,ca,2}} + \dfrac{M_{43}}{\rho_{b,ca,3}} + \dfrac{M_{44}}{\rho_{b,ca,4}}} = \frac{100}{\dfrac{23}{2.740} + \dfrac{28}{2.737} + \dfrac{43}{2.723} + \dfrac{6}{2.714}} = 2.73$$

骨架合档粗集料(P_{ca})自然堆积相对密度$\rho_{h,l,ca}$为:

$$\rho_{h,l,ca} = \frac{100}{\dfrac{M_{41}}{\rho_{l,ca,1}} + \dfrac{M_{42}}{\rho_{l,ca,2}} + \dfrac{M_{43}}{\rho_{l,ca,3}} + \dfrac{M_{44}}{\rho_{l,ca,4}}} = \frac{100}{\dfrac{23}{1.50} + \dfrac{28}{1.60} + \dfrac{43}{1.56} + \dfrac{6}{1.54}} = 1.56$$

骨架合档粗集料(P_{ca})捣实堆积相对密度$\rho_{h,d,ca}$为:

$$\rho_{h,d,ca} = \frac{100}{\dfrac{M_{41}}{\rho_{d,ca,1}} + \dfrac{M_{42}}{\rho_{d,ca,2}} + \dfrac{M_{43}}{\rho_{d,ca,3}} + \dfrac{M_{44}}{\rho_{d,ca,4}}} = \frac{100}{\dfrac{23}{1.65} + \dfrac{28}{1.77} + \dfrac{43}{1.73} + \dfrac{6}{1.71}} = 1.72$$

骨架合档粗集料(P_{ca})捣实堆积状态下的间隙率$VV_{h,d,ca}$为:

$$VV_{h,d,ca} = \left(1 - \beta \times \frac{\rho_{h,d,ca}}{\rho_{h,b,ca}}\right) \times 100 = \left(1 - 1 \times \frac{1.72}{2.73}\right) \times 100 = 37.05(\%)$$

(2)填充计算

一级填充细集料(FA)的填充体积率(V_{fa})及质量百分比(M_{fa})分别为:

$$V_{fa} = VV_{h,d,ca} - VMA = 37.05 - 13.5 = 23.55(\%)$$

$$M_{fa} = V_{fa} \times \rho_{d,fa} = 23.55 \times 1.94 = 45.68(\%)$$

一级填充后细集料的间隙率VV_{fa}为:

$$VV_{fa} = \left(1 - \frac{\rho_{d,fa}}{\rho_{b,fa}}\right) \times V_{fa} = \left(1 - \frac{1.94}{2.69}\right) \times 23.55 = 6.57(\%)$$

二级填充矿粉(FI)的填充体积率(V_{fi})及质量百分比(M_{fi})分别为:

$$V_{fi} = VV_{fa} = 6.57(\%)$$

$$M_{fi} = V_{fi} \times \rho_{d,fi} = 6.57 \times 2.0 = 13.14(\%)$$

$$M_{fa+fi} = M_{fa} + M_{fi} = 45.68 + 13.14 = 58.82(\%)$$

填充完成后填充料的总质量百分比m_{fa+fi}为:

$$m_{\text{fa}+\text{fi}} = \frac{M_{\text{fa}} + M_{\text{fi}}}{(M_{\text{fa}} + M_{\text{fi}}) + \rho_{\text{h,b,ca}} \times (100 - VV_{\text{h,d,ca}})} \times 100$$

$$= \frac{45.68 + 13.14}{(45.687 + 13.14) + 2.73 \times (100 - 37.05)} \times 100 = 25.49(\%)$$

5) 步骤5:级配合成计算

计算4档粗集料、1档细集料和1档填料的质量比(%)。

$$P_{\text{ca},1}:m_1 = \frac{M_{41} \times (100 - m_{\text{fa}+\text{fi}})}{100} = \frac{23 \times (100 - 25.49)}{100} = 17.13(\%)$$

$$P_{\text{ca},2}:m_2 = \frac{M_{42} \times (100 - m_{\text{fa}+\text{fi}})}{100} = \frac{28 \times (100 - 25.49)}{100} = 20.86(\%)$$

$$P_{\text{ca},3}:m_3 = \frac{M_{43} \times (100 - m_{\text{fa}+\text{fi}})}{100} = \frac{43 \times (100 - 25.49)}{100} = 32.04(\%)$$

$$P_{\text{ca},4}:m_4 = \frac{M_{44} \times (100 - m_{\text{fa}+\text{fi}})}{100} = \frac{6 \times (100 - 25.49)}{100} = 4.47(\%)$$

$$M_{\text{fa}+\text{fi}} = 58.82(\%)$$

$$m_{\text{fa}+\text{fi}} = 25.49(\%)$$

$$P_{\text{fa}}:m_5 = m_{\text{fa}} = \frac{m_{\text{fa}+\text{fi}} \times M_{\text{fa}}}{M_{\text{fa}+\text{fi}}} = \frac{25.49 \times 45.68}{58.82} = 19.80(\%)$$

$$P_{\text{fi}}:m_6 = m_{\text{fa}} = \frac{m_{\text{fa}+\text{fi}} \times M_{\text{fi}}}{M_{\text{fa}+\text{fi}}} = \frac{25.49 \times 13.14}{58.82} = 5.69(\%)$$

$m_1 + m_2 + m_3 + m_4 + m_5 + m_6 = 17.13 + 20.86 + 32.04 + 4.47 + 19.80 + 5.69 \approx 99.99(\%) = 100(\%)$

考虑拌和楼的精度和上料方便,宜将各档料的上料比例尽量调整为整数,调整后的CBR-V法矿料级配设计结果见表9-11。

CBR-V法矿料级配设计结果 表9-11

CA-1	CA-2	CA-3	CA-4	FA	FI
5号(18~22mm)	4号(11~18mm)	3号(6~11mm)	2号(3~6mm)	1号(0~3mm)	矿粉
17%	21%	32%	4.5%	20%	5.5%

6) 步骤6:根据材料、级配范围及经验进行级配调整

利用Excel软件编制电子表格计算,对设计的矿料级配进行调整。CBR-V法调整计算详见表9-12,调整后的矿料级配设计结果见表9-13。

至此,CBR-V矿料级配设计结束。下面是验证与级配分析。

(1) 验证阶段

验证阶段依据拌和楼的计量精度将2号仓的2.4%调整为4%,掺入1.5%的水泥代替矿粉填料。调整后的具体比例见表9-14和图9-10。矿料级配设计结果见表9-15,各级配的沥青混合料性能指标见表9-16。

CBR-V 法矿料级配调整计算表

表 9-12

筛孔尺寸(mm)	26.5	19	16	13.2	9.5	4.75	2.36	1.18	0.6	0.3	0.15	0.075	计算比例	CBR-V试验级配结果	0~3mm超2.36mm部分	将0~3mm超2.36mm调入3~6mm后的情况	将0~3mm超2.36mm调入3~6mm后的实际情况
19~26.5mm(%)	100	71.4	7	1.3	0.5	0.3	0.3	0.3	0.3	0.3	0.3	0.3	17%	17%			17.0%
9.5~16mm(%)	100	100	92	52.6	3.5	0.9	0.3	0.3	0.3	0.3	0.3	0.3	21%	21%			20.5%
4.75~9.5mm(%)	100	100	100	100	94.5	0.9	0.3	0.3	0.3	0.3	0.3	0.3	32%	32%			31.5%
2.36~4.75mm(%)	100	100	100	100	100	77.4	1.8	0.6	0.5	0.3	0.3	0.3	2%	4%		2.46%	2.5%
0~2.36mm(%)	100	100	100	100	99.9	91.2	64.9	41.9	25.1	15.2	7.2	0.6	24%	22%	1.94%		23.9%
矿粉(%)	100	100	100	100	100	100	100	100	100	99.9	93.8	7	5%	5%			4.6%
水泥(%)	100	100	100	100	100	100	100	100	100	99.8	94.6	3	0%	0%			0.0%
级配上限(%)	100	100	92	85	72	53	44	32	18	12	7		级配调整				
级配中值(%)	100	97.5	85	75	60	38	30	22	12.5	8	5						
级配下限(%)	100	95	78	65	48	23	16	12	7	4	3						
计算合成级配(%)	100.0	95.2	82.7	73.7	61.8	31.2	26.9	20.5	15.0	10.9	8.5	6.3					

CBR-V 法调整后矿料级配设计结果

表 9-13

CA-1	CA-2	CA-3	CA-4	FA	FI
5号(18~22mm)	4号(11~18mm)	3号(6~11mm)	2号(3~6mm)	1号(0~3mm)	矿粉
16.8%	20.5%	31.5%	2.4%	24.2%	4.6%

表 9-14 验证阶段矿料级配设计计算表

筛孔尺寸(mm)	31.5	26.5	19	16	13.2	9.5	4.75	2.36	1.18	0.6	0.3	0.15	0.075	计算比例
18～22mm(%)	100.0	100.0	71.4	7.0	1.3	0.5	0.3	0.3	0.3	0.3	0.3	0.3	0.3	17%
11～16mm(%)	100.0	100.0	100.0	92.0	52.6	3.5	0.9	0.3	0.3	0.3	0.3	0.3	0.3	20.5%
6～11mm(%)	100.0	100.0	100.0	100.0	100.0	94.5	0.9	0.3	0.3	0.3	0.3	0.3	0.3	30.0%
3～6mm(%)	100.0	100.0	100.0	100.0	100.0	100.0	77.4	1.8	0.6	0.6	0.6	0.6	0.6	4.0%
0～3mm(%)	100.0	100.0	100.0	100.0	100.0	100.0	99.9	91.2	64.9	41.9	25.1	15.2	7.2	24.0%
矿粉(%)	100.0	100.0	100.0	100.0	100.0	100.0	100.0	100.0	100.0	100.0	100.0	99.9	93.8	3.0%
水泥(%)	100.0	100.0	100.0	100.0	100.0	100.0	100.0	100.0	100.0	100.0	100.0	99.8	94.6	1.5%
级配上限(%)	100.0	100.0	100.0	92.0	85.0	72.0	53.0	44.0	32.0	24.0	18.0	12.0	7.0	—
级配中值(%)	100.0	100.0	97.5	85.0	75.0	60.0	38.0	30.0	22.0	17.0	12.5	8.0	5.0	—
级配下限(%)	100.0	100.0	95.0	78.0	65.0	48.0	23.0	16.0	12.0	10.0	7.0	4.0	3.0	—
计算合成级配(%)	100.0	100.0	95.1	82.6	73.5	61.7	32.1	26.7	20.3	14.8	10.8	8.4	6.2	0.0

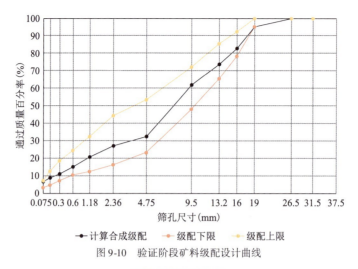

图 9-10 验证阶段矿料级配设计曲线

矿料级配设计结果 表 9-15

级配类型	CA-1 5号 (18~22mm)	CA-2 4号 (11~18mm)	CA-3 3号 (6~11mm)	CA-4 2号 (3~6mm)	FA 1号 (0~3mm)	FI 水泥	矿粉
CBR-V 调整	17.0%	20.5%	30%	4%	24%	1.5%	3.0%

各级配的沥青混合料性能指标 表 9-16

级配类型	沥青用量（%）	油石比（%）	最大理论密度（g/cm³）	毛体积密度（g/cm³）	矿料间隙率（%）	孔隙率（%）	饱和度（%）	稳定度（kN）	流值（mm）	动稳定度（次/mm）
CBR-V 调整	4.12	4.3	2.581	2.462	13.4	4.6	65.6	15.11	4.72	7367

(2) 级配分析

沥青混合料性能指标流值超标,似乎不太理想。但经过观察,在进行马歇尔试验时,当稳定度为 8kN,流值均在 1.2mm 左右,然后慢慢变大,在破坏前突然变大,说明该沥青混合料后期的延展性比较好,应该是一个优点。因此从过程看破坏前的流值,仅可以作为参考。剔除流值的影响,其他各指标均表现不错,尤其是动稳定度方面表现优异。图 9-11 为级配马歇尔试件横切面,骨架嵌挤良好,总体接近设计级配中值。

图 9-11 马歇尔试件横切面

9.4 示例2——SMA-13沥青混合料级配设计

广东某高速公路水泥混凝土桥面铺装 SMA-13 上面层。

1)步骤1:备料

各档料的筛分及设计级配要求见表9-17,各档料的主要物理参数见表9-18,本设计为3档粗集料+1档细集料+1档填料。

各档料筛分结果及设计级配范围　　　表9-17

筛孔尺寸 (mm)	10~15mm (%)	6~11mm (%)	3~6mm (%)	0~3mm (%)	矿粉 (%)	水泥 (%)	级配上限 (%)	级配中值 (%)	级配下限 (%)
16	100.00	100.00				100.00	100	100	100
13.2	87.70	100.00	100.00	100.00	100.00	87.70	100	95	90
9.5	10.80	97.60	100.00	100.00	100.00	10.80	75	62.5	50
4.75	0.30	1.00	90.49	100.00	100.00	0.30	34	27	20
2.36	0.30	0.06	1.00	79.95	100.00	0.30	26	20.5	15
1.18	0.30	0.06	0.77	50.40	100.00	0.30	24	19	14
0.6	0.30	0.06	0.77	39.13	100.00	0.30	20	16	12
0.3	0.30	0.06	0.75	23.29	100.00	0.30	16	13	10
0.15	0.30	0.06	0.75	16.32	95.30	0.30	15	12	9
0.075	0.30	0.06	0.68	8.44	86.10	0.30	12	10	8

各档料主要物理参数　　　　　　　　　　　　　　　表9-18

物理参数	测试方法	粗集料样本（CA）			细集料样本（FA）1号（0～3mm）	填料样本（FI）
		4号（10～15mm）	3号（6～10mm）	2号（3～6mm）		
毛体积相对密度 ρ_b	T 0308—2005	2.844	2.854	2.813	2.698	
自然堆积密度 ρ_l（g/cm³）	T 0309—2005	1.582	1.569	1.563	1.596	
捣实密度 ρ_s（g/cm³）	T 0309—2005	1.771	1.726	1.706		
紧装密度 ρ_d（g/cm³）	T 0331—1994				1.847	2.00

2）步骤2：选定沥青混合料级配类型及规范规定的矿料级配范围，确定级配骨架强度系数 β 和矿料间隙率 VMA

细粒式沥青混凝土 SMA-13 是广东高速公路沥青路面上面层最常见的沥青混合料，属结构密实型。本设计确定选取级配骨架强度系数 $\beta=1$。

根据《公路沥青路面施工技术规范》（JTG F40—2004）表5.3.3-3中的SMA混合料马歇尔试验配合比设计技术要求，SMA-13 设计空隙率为4%时的矿料间隙率 VMA 不小于17%。本设计确定选取矿料间隙率 VMA = 17%。

3）步骤3：骨架设计：按照"五点法"设计 CBR 试验，取置信度为90%，通过逐级 CBR_{max} 和合理确定 CBR_{max}，确定组成骨架的各档粗集料的配比

本设计有3档粗集料，因此需要进行三级掺配，方能获得骨架阶段掺配比例。SMA-13沥青混合料各级档料掺配比例见表9-19。

SMA-13沥青混合料各级档料掺配比例　　　　　　　　表9-19

级配类型	掺配级数	档料掺配比例（%）		
		10～15mm	6～10mm	3～6mm
SMA-13	二级	50	50	
	三级		H92	8

（1）二级掺配

拓展幅度取10%，按"五点法"取10～15mm 和 5～10mm 两档料五个比例进行掺配，分别为70%∶30%、60%∶40%、50%∶50%、40%∶60%、30%∶70%，掺配后进行 CBR 试验。具体掺配比例和 CBR5.0 试验结果见表9-20，CBR5.0 值变化趋势见图9-12。CBR 试验采用湿法，各档料干挂胶掺量均为1.50%。

二级掺配比例和 CBR5.0 试验结果　　　　表 9-20

5~10mm 掺配比例(%)	10~15mm 掺配比例(%)	CBR5.0(%)
30	70	34.88
40	60	37.33
50	50	33.15
60	40	31.79
70	30	30.00

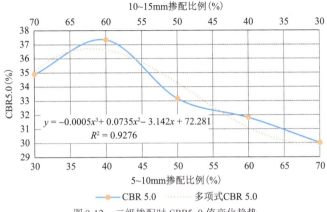

图 9-12　二级掺配时 CBR5.0 值变化趋势

分析表 9-20 和图 9-12，取置信度为 90%，则当样本为 5，$R^2 = 0.9276 \geq 0.805$，满足置信度要求，根据回归方程计算 CBR_{max} 对应的掺配比例为（10~15mm）:（5~10mm）= 62%:38%。

（2）三级掺配

拓展幅度取 2%，按"五点法"取 H5~15mm 和 3~5mm 两档料五个比例进行掺配，分别为 98%:2%、96%:4%、94%:6%、92%:8%、90%:10%，掺配后进行 CBR 试验。具体掺配比例和 CBR5.0 试验结果见表 9-21，CBR5.0 值变化趋势见图 9-13。CBR 试验采用湿法，各档料干挂胶掺量均为 1.50%。

三级掺配 CBR5.0 试验结果　　　　表 9-21

H5~15mm 掺配比例(%)	3~5mm 掺配比例(%)	CBR5.0(%)
98	2	33.73
96	4	49.90
94	6	37.88
92	8	34.24
90	10	30.60

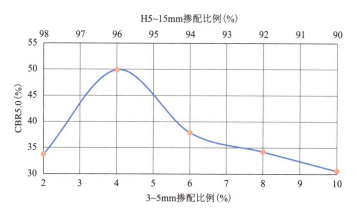

图 9-13 三级掺配时 CBR5.0 值变化趋势

分析表 9-21 和图 9-13,H5~15mm 与 3~5mm 档料掺配的最佳比例为 4%。两档料 H5~20mm∶3~5mm=96%∶4%,则三档料的掺配比例计算如下:

10~15mm:62%×96%=59%;5~10mm:38%×96%=37%;3~5mm:4%。

三档集料用量比例合计:59%+37%+4%=100%。

据此,三档粗集料骨架级配设计的掺配比例为 10~15mm∶5~10mm∶3~5mm=59%∶37%∶4%,见表 9-22。

粗集料骨架部分掺配比例　　　　表 9-22

CA1	CA2	CA3
10~15mm	5~10mm	3~5mm
59%	37%	4%

4) 步骤 4:填充设计

(1) 骨架合档粗集料(P_{ca})各物理参数计算

骨架合档粗集料(P_{ca})毛体积相对密度 $\rho_{h,b,ca}$ 为:

$$\rho_{h,b,ca} = \frac{100}{\dfrac{M_{31}}{\rho_{b,ca,1}} + \dfrac{M_{32}}{\rho_{b,ca,2}} + \dfrac{M_{33}}{\rho_{b,ca,3}}} = \frac{100}{\dfrac{59}{2.844} + \dfrac{37}{2.854} + \dfrac{4}{2.813}} = 2.846$$

骨架合档粗集料(P_{ca})自然堆积相对密度 $\rho_{h,l,ca}$ 为:

$$\rho_{h,l,ca} = \frac{100}{\dfrac{M_{31}}{\rho_{l,ca,1}} + \dfrac{M_{32}}{\rho_{l,ca,2}} + \dfrac{M_{33}}{\rho_{l,ca,3}}} = \frac{100}{\dfrac{59}{1.582} + \dfrac{37}{1.569} + \dfrac{4}{1.563}} = 1.576$$

骨架合档粗集料(P_{ca})捣实堆积相对密度$\rho_{h,d,ca}$为：

$$\rho_{h,d,ca} = \frac{100}{\dfrac{M_{31}}{\rho_{d,ca,1}} + \dfrac{M_{32}}{\rho_{d,ca,2}} + \dfrac{M_{33}}{\rho_{d,ca,3}}} = \frac{100}{\dfrac{59}{1.771} + \dfrac{37}{1.726} + \dfrac{4}{1.706}} = 1.751$$

骨架合档粗集料(P_{ca})捣实堆积状态下的间隙率$VV_{h,d,ca}$为：

$$VV_{h,d,ca} = \left(1 - \beta \times \frac{\rho_{h,d,ca}}{\rho_{h,b,ca}}\right) \times 100 = \left(1 - 1 \times \frac{1.751}{2.846}\right) \times 100 = 38.47(\%)$$

(2)填充计算

一级填充细集料(FA)的填充体积率(V_{fa})及质量百分比(M_{fa})分别为：

$$V_{fa} = VV_{h,d,ca} - VMA = 38.47 - 17 = 21.47(\%)$$

$$M_{fa} = V_{fa} \times \rho_{d,fa} = 21.47 \times 1.847 = 39.66(\%)$$

一级填充后细集料的间隙率VV_{fa}为：

$$VV_{fa} = \left(1 - \frac{\rho_{d,fa}}{\rho_{b,fa}}\right) \times V_{fa} = \left(1 - \frac{1.847}{2.698}\right) \times 21.47 = 6.77(\%)$$

二级填充矿粉(FI)的填充体积率(V_{fi})及质量百分比(M_{fi})为：

$$V_{fi} = VV_{fa} = 6.77(\%)$$

$$M_{fi} = V_{fi} \times \rho_{d,fi} = 6.77 \times 2.0 = 13.54(\%)$$

$$M_{fa+fi} = M_{fa} + M_{fi} = 39.66 + 13.54 = 53.2(\%)$$

填充完成后填充料的总质量百分比m_{fa+fi}为：

$$m_{fa+fi} = \frac{M_{fa} + M_{fi}}{(M_{fa} + M_{fi}) + \rho_{h,b,ca} \times (100 - VV_{h,d,ca})} \times 100$$

$$= \frac{53.2}{53.2 + 2.846 \times (100 - 38.47)} \times 100 = 23.3(\%)$$

5)步骤5:级配合成计算

3档粗集料、1档细集料和1档填料,其各档料质量比(%)组成计算如下。

$$P_{\text{ca},1}:m_1 = \frac{M_{31} \times (100 - m_{\text{fa}+\text{fi}})}{100} = \frac{59 \times (100 - 23)}{100} = 45.43(\%)$$

$$P_{\text{ca},2}:m_2 = \frac{M_{32} \times (100 - m_{\text{fa}+\text{fi}})}{100} = \frac{37 \times (100 - 23)}{100} = 28.49(\%)$$

$$P_{\text{ca},3}:m_3 = \frac{M_{33} \times (100 - m_{\text{fa}+\text{fi}})}{100} = \frac{4 \times (100 - 23)}{100} = 3.08(\%)$$

$$M_{\text{fa}+\text{fi}} = 53.2(\%)$$

$$m_{\text{fa}+\text{fi}} = 23.3(\%)$$

$$P_{\text{fa}}:m_4 = m_{\text{fa}} = \frac{m_{\text{fa}+\text{fi}} \times M_{\text{fa}}}{M_{\text{fa}+\text{fi}}} = \frac{23.3 \times 39.66}{53.2} = 17.36(\%)$$

$$P_{\text{fi}}:m_5 = m_{\text{fa}} = \frac{m_{\text{fa}+\text{fi}} \times M_{\text{fi}}}{M_{\text{fa}+\text{fi}}} = \frac{23.3 \times 13.54}{53.2} = 5.93(\%)$$

$$m_1 + m_2 + m_3 + m_4 + m_5 = 45 + 29 + 3 + 17 + 6 = 100(\%)$$

CBR-V 法矿料级配设计结果见表 9-23。

CBR-V 法矿料级配设计结果 表 9-23

CA-1	CA-2	CA-3	FA	FI
10~15mm	5~10mm	3~5mm	0~3mm	矿粉
45%	29%	3%	17%	6%

6）步骤 6：根据材料、级配范围及经验进行级配调整

（1）干涉调整：利用 Excel 软件编制电子表格进行计算，具体见图 9-6，调整后的矿料级配设计成果见表 9-24。

调整后的矿料级配设计成果 表 9-24

调整设计阶段	10~15mm	5~10mm	3~5mm	0~3mm	填料（FI）
（干涉）	45%	28%	0%	20%	5%

（2）填料调整：针对 SMA-13 矿粉多的特点，矿粉调整阶段的调整原则为保持骨架部分矿料比例不变的前提下，将细集料和矿粉互换，使得 0.075mm 矿粉的通过率保持在推荐级配的中值 10% 左右。填料调整设计计算，设计结果分别见表 9-25 和表 9-26。

第9章 力学-体积两阶段沥青混合料配合比设计

填料调整设计计算

表 9-25

筛孔尺寸(mm)	16	13.2	9.5	4.75	2.36	1.18	0.6	0.3	0.15	0.075	计算比例
10~15mm(%)	100.0	87.7	10.8	0.3	0.3	0.3	0.3	0.3	0.3	0.3	45.0%
5~10mm(%)	100.0	100.0	97.6	1.0	0.1	0.1	0.1	0.1	0.1	0.1	28.0%
3~5mm(%)	100.0	100.0	100.0	90.5	1.0	0.8	0.8	0.8	0.8	0.7	0.0%
0~3mm(%)	100.0	100.0	100.0	100.0	80.0	50.4	39.1	23.3	16.3	8.4	18.0%
矿粉(%)	100.0	100.0	100.0	100.0	100.0	100.0	100.0	100.0	95.3	86.1	10.0%
水泥(%)	100.0	100.0	100.0	100.0	100.0	100.0	100.0	100.0	99.8	94.6	0.0%
级配上限(%)	100.0	100.0	75.0	34.0	26.0	24.0	20.0	16.0	15.0	12.0	—
级配中值(%)	100.0	95.0	62.5	27.0	20.5	19.0	16.0	13.0	12.0	10.0	—
级配下限(%)	100.0	90.0	50.0	20.0	15.0	14.0	12.0	10.0	9.0	8.0	—
计算合成级配(%)	100.7	95.2	60.2	28.4	24.5	19.2	17.2	14.3	12.6	10.3	0.0

填料调整设计结果表　　　　　　　表9-26

调整设计阶段（填料）	10~15mm	5~10mm	3~5mm	0~3mm	填料(FI)
	45%	28%	0%	18%	10%

（3）填料种类调整：根据工程要求，需在填料中加填1.5%的水泥。调整后的比例见表9-27。

填料种类调整结果表　　　　　　　表9-27

合成比例	10~15mm	5~10mm	3~5mm	0~3mm	填料(FI)	水泥
	45%	28%	0%	18%	8.5%	1.5%

（4）根据实际情况进行调整：受3~5mm档料的影响，施工单位对该档料的用量进行了调整，调整后的结果见表9-28。

3~5mm档料调整结果表　　　　　　　表9-28

合成比例	10~15mm	5~10mm	3~5mm	0~3mm	填料(FI)	水泥
	45%	28%	4%	14%	8.5%	1.5%

（5）调整完成后的SMA-13生产配合比见表9-29。

SMA-13生产配合比　　　　　　　表9-29

沥青(%)	油石比	碎石集料(%)				矿粉(%)	水泥(%)	木质素纤维(%)
		10~15mm（1号仓）	5~10mm（2号仓）	3~5mm（3号仓）	0~3mm（机制砂）（4号仓）			
5.75	6.1	39	35.5	5	11	8	1.5	0.38

注：最大理论密度：2.604t/m³；最大毛体积密度：2.496t/m³。

（6）级配合成情况见表9-30和图9-14。

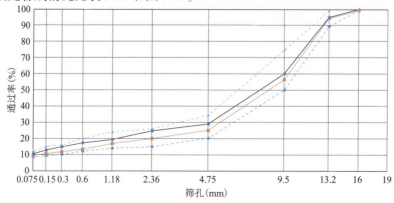

图9-14　SMA-13合成矿料级配与设计级配范围比较

第9章 力学-体积两阶段沥青混合料配合比设计

表9-30 SMA-13沥青上面层矿料合成生产级配

筛孔尺寸(mm)	16	13.2	9.5	4.75	2.36	1.18	0.6	0.3	0.15	0.075	计算比例
10~15mm(4号仓)(%)	100	88.5	2.8	0.3	0.3	0.3	0.3	0.3	0.3	0.3	39.00%
5~10mm(3号仓)(%)	100	100	86.4	0.6	0.3	0.3	0.3	0.3	0.3	0.3	35.00%
3~5mm(2号仓)(%)	100	100	100	79.9	1.6	0.8	0.8	0.8	0.6	0.6	5.00%
0~3mm(1号仓)(%)	100	100	100	100	91.4	64.3	29.8	15	9	8	11.00%
矿粉(%)	100	100	100	100	100	100	100	100	95.3	86.1	8.00%
水泥(%)	100	100	100	100	100	100	100	100	99.8	94.6	1.50%
级配上限(%)	100	100	75	34	26	24	20	16	15	12	—
级配中值(%)	100	95	62.5	27	20.5	19	16	13	12	10	—
级配下限(%)	100	90	50	20	15	14	12	10	9	8	—
计算合成级配(%)	99.5	95	56.8	24.8	19.9	16.8	13	11.4	10.4	9.4	0

(7)试验路铺筑情况。

试验段采用玛莲尼 5500 型沥青拌和楼拌和出料,配置 7.0m + 8.5m(横向搭接 10 ~ 20cm)两台摊铺机组合呈梯形摊铺,3 ~ 4 台双钢轮振动压路机 + 3 台双钢轮振荡压路机碾压密实。

松铺系数 $K = 1.20$,通过试铺确定松铺厚度为 4.8cm。

试验段混合料马歇尔密度为 $2.507t/m^3$,最大理论密度为 $2.602t/m^3$。

试验段路面平均构造深度 TD 在 1.04 ~ 1.09mm 之间,满足设计要求(0.8 ~ 1.5mm)。平均摆值 BPN 均大于 54。渗水系数平均值为 8.8mL/min,满足设计要求($\leq$100mL/min)。

针对试验段,试验室制备宽 300mm 的试件进行混合料车辙试验,在 60℃ 温度下各检测 3 次动稳定度,动稳定度分别为 10500 次/mm、12600 次/mm 和 10500 次/mm,平均动稳定度为 11200 次/mm。

对试验段混合料进行冻融劈裂试验,冻前平均劈裂强度为 0.78MPa,冻后平均劈裂强度为 0.71MPa。冻融劈裂残留强度比为 91.0%,符合设计要求($\geq$80%)。

对试验段混合料进行肯塔堡飞散试验,平均飞散损失为 2.47%,符合设计要求($\leq$15%)。

对试验段混合料进行谢伦堡沥青析漏试验,平均析漏损失为 0.13%,符合设计要求($\leq$0.3%)。

外观检测表明:试验段表面平整密实、无泛油、松散、裂缝和明显离析现象。图 9-15 所示为试验路现场取芯试件切面。

图 9-15 试验路现场取芯试件切面

第10章 力学-体积两阶段无机结合料稳定材料组成设计

10.1 概述

《公路路面基层施工技术细则》(JTG/T F20—2015)将水泥稳定级配碎石材料组成设计分为原材料检验、混合料的目标配合比设计、混合料的生产配合比设计和施工参数确定四个部分。无机结合料稳定材料的组成设计流程见图10-1。

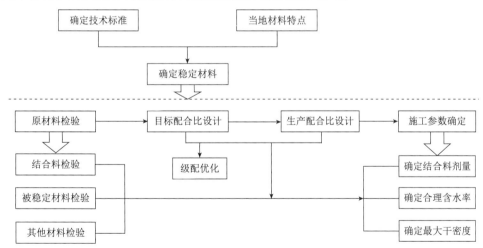

图10-1 无机结合料稳定材料的组成设计流程

力学-体积两阶段无机结合料稳定材料组成设计方法(简称 CBR-V 无机结合料稳定材料组成设计方法)主要针对矿料配合比设计部分进行了补充优化,将 CBR-V 矿料级配设计方法嵌入目前规范方法。具体补充优化的内容有三部分:骨架级配设计、填充级配设计和合成级配设计。主要流程如下：

第一步：备料。应满足《公路路面基层施工技术细则》(JTG/T F20—2015)的相关要求及设计文件要求。粗、细集料分界：粗集料为>4.75mm，细集料为≤4.75mm。应对各档集料进行筛分析，对各档集料的毛体积密度、自然堆积密度、捣实堆积密度等物理参数进行测定检验，并满足相关技术要求。

第二步：选定混合料级配类型及规范规定的矿料级配范围，确定 CBR-V 级配骨架强度系数 β。

第三步：骨架设计：按照"五点法"设计 CBR 试验，取置信度为 90%，通过逐级确定合理的 CBR_{max}，求出组成骨架各档粗集料的配比，形成骨架合档粗集料(P_{ca})。

第四步：填充计算。

第五步：合成级配计算。

第六步：按规范方法确定水泥剂量、含水率、最大干密度等，并验证混合料相关指标。

10.2 力学-体积两阶段无机结合料稳定材料组成设计

10.2.1 集料基本要求

根据我国《公路路面基层施工技术细则》(JTG/T F20—2015)和路面设计文件的要求选择集料。

(1)集料的分档应满足《公路路面基层施工技术细则》(JTG/T F20—2015)中表 3.8.1 的要求。

(2)各档集料的质量应满足《公路路面基层施工技术细则》(JTG/T F20—2015)中表 3.3.1-1、表 3.3.1-2、表 3.4.1、表 3.5.2、表 3.6.1、表 3.6.2、表 3.6.6、表 3.7.2 和表 3.7.3 的要求。

10.2.2 粗、细料分界点的确定

细集料定义为机制砂或河砂，分 S15 和 S16 两种规格。目前无机结合料稳定级配碎石配合比设计时多采用公称粒径为 0~5mm 的细集料。机制砂按矿料岩性有同源和不同

源之分,当粗集料和机制砂岩性相同时,为同源,反之为不同源。目前大多数机制砂为石灰岩加工而成。细集料简记为FA(Fine Aggregate)。

无机结合料稳定级配碎石材料组成中,除结合料以外,当细集料定义为河砂时,则其他粒径大于细集料的材料均可定义为粗集料。粗集料一般由不同规格的多档粗集料组合而成。按规格可划分为G1~G11,一般根据级配设计要求合理选择使用。粗集料简记为CA(Coarse Aggregate)。

10.2.3 集料物理参数

采用CBR-V矿料级配设计方法进行级配设计时,需要通过相关试验获取各档集料的主要物理参数,见表10-1。

集料主要物理参数　　　　　　　　　　　　　　表10-1

物理参数	试验方法	粗集料(CA)			细集料(FA)
		CA-1	CA-2	CA-3	
毛体积相对密度 ρ_b	T 0308—2005	CA-1	CA-2	CA-3	FA
自然堆积密度 ρ_l	T 0309—2005	CA-1	CA-2	CA-3	—
捣实密度 ρ_s	T 0309—2005	CA-1	CA-2	CA-3	—
紧装密度 ρ_d	T 0331—1994	—	—	—	FA

10.2.4 骨架级配设计

(1)根据设计文件所提供的矿料级配范围测算各档料在各级掺配时的比例范围。

(2)在确定的档料范围内,按五点法逐级搜寻CBR_{max}并决定合理的CBR_{max}值,确定对应的档料掺配比例,直至最后一档粗集料(CA)。

(3)根据最后一档粗集料的掺配比例,反算出其他各档粗集料的掺配比例,该比例即为骨架设计阶段粗集料的掺配比例,由该比例构成骨架合档粗集料(P_{ca})。

10.2.5 骨架合档粗集料(P_{ca})主要物理参数计算

按式(2-10)计算骨架合档粗集料(P_{ca})毛体积相对密度$\rho_{h,b,ca}$。

按式(2-11)计算骨架合档粗集料(P_{ca})自然堆积相对密度$\rho_{h,l,ca}$。
按式(2-12)计算骨架合档粗集料(P_{ca})捣实堆积相对密度$\rho_{h,d,ca}$。
按式(2-13)计算骨架合档粗集料(P_{ca})自然堆积状态下的间隙率$VV_{h,l,ca}(\%)$。
按式(10-1)计算骨架合档粗集料(P_{ca})捣实堆积状态下的间隙率$VV_{h,d,ca}(\%)$。

$$VV_{h,d,ca} = \left(1 - \beta \times \frac{\rho_{h,d,ca}}{\rho_{h,b,ca}}\right) \times 100 \qquad (10\text{-}1)$$

式中:$VV_{h,d,ca}$——骨架合档粗集料(P_{ca})捣实堆积状态下的间隙率(%);

β——级配骨架强度系数。建议:骨架密实结构,$0.85 < \beta \leqslant 1$,对应的4.75mm筛孔的通过率在25%~35%;其他情况取$0.7 \leqslant \beta \leqslant 0.85$,对应的4.75mm筛孔的通过率在35%~45%。

10.2.6 细集料填充级配的确定

取骨架合档粗集料(P_{ca})体积率$V_{ca} = 1$。其体积组成之间的关系见式(10-2):

$$V_{ca} = V_{d,ca} = V_{b,ca} + VV_{h,d,ca} = 1 \qquad (10\text{-}2)$$

骨架合档粗集料(P_{ca})体积组成(V_{ca})如图10-2所示。

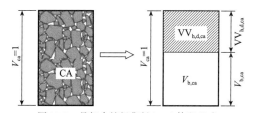

图10-2 骨架合档粗集料(P_{ca})体积组成

填充细集料(FA)的填充体积率(V_{fa})及质量百分比(M_{fa})计算见式(10-3)、式(10-4):

$$V_{fa} = VV_{h,d,ca} \qquad (10\text{-}3)$$

$$M_{fa} = V_{fa} \times \rho_{d,fa} \qquad (10\text{-}4)$$

式中:V_{fa}——填充细集料的体积率(%);

$\rho_{d,fa}$——填充细集料紧装相对密度;

M_{fa}——填充细集料的质量比(%)。

填充后体积变化特性见图10-3。

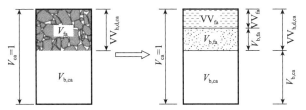

图 10-3 填充后体积组成变化

填充后填充料的总质量百分比 m_{fa} 计算见式（10-5）。

$$m_{fa} = \frac{M_{fa}}{M_{fa} + \rho_{h,b,ca} \times (100 - VV_{h,d,ca})} \times 100 \tag{10-5}$$

式中：m_{fa}——填充后细集料的总质量比（%）；

$\rho_{h,b,ca}$——骨架合成粗集料的毛体积相对密度；

$VV_{h,d,ca}$——骨架合成粗集料的捣实堆积空隙率（%）；

M_{fa}——细集料的填充质量比（%）；

10.2.7 矿料的级配合成

假定组成配比的档料为 3 档粗集料、1 档细集料，其质量比组成计算见式（10-6）~式（10-10）。

$$P_{ca,1}: m_1 = \frac{M_{31} \times (100 - m_{fa})}{100} \tag{10-6}$$

$$P_{ca,2}: m_2 = \frac{M_{32} \times (100 - m_{fa})}{100} \tag{10-7}$$

$$P_{ca,3}: m_3 = \frac{M_{33} \times (100 - m_{fa})}{100} \tag{10-8}$$

$$P_{fa}: m_4 = m_{fa} \tag{10-9}$$

$$m_1 + m_2 + m_3 + m_4 = 100\% \tag{10-10}$$

式中：m_1、m_2、m_3——分别为三档粗集料的质量比（%）；

m_4——细集料的质量比（%）。

具体计算时可通过编制电子表格完成，见图 10-4 和图 10-5。

设计阶段	项目	算式或测试方法	材料分档				
			CA-1	CA-2	CA-3	CA-4	FA
	集料代号		5#(31.5~37.5mm)	4#(19~31.5mm)	3#(9.5~19mm)	2#(4.75~9.5mm)	1#(0~4.75mm)
阶段1	各档料计算配比(%): $M_{a1}+M_{a2}+M_{a3}+M_{a4}=100\%$		M_{a1}	M_{a2}	M_{a3}	M_{a4}	—
	毛体积密度ρ_b	《粗集料密度及吸水率试验(网篮法)》(T 0304—2005)	$\rho_{b,ca,1}$	$\rho_{b,ca,2}$	$\rho_{b,ca,3}$	$\rho_{b,ca,4}$	ρ_{b}
	合档料的平均毛体积密度ρ_b	$\rho_{b,b,ca}=100/(M_{a1}/\rho_{b,ca,1}+M_{a2}/\rho_{b,ca,2}+M_{a3}/\rho_{b,ca,3}+M_{a4}/\rho_{b,ca,4})$			$\rho_{b,b,ca}$		
参数计算	各档料的自然堆积密度$\rho_{l,ca}$	《粗集料堆积密度及空隙率试验》(T 0309—2005)	$\rho_{l,ca,1}$	$\rho_{l,ca,2}$	$\rho_{l,ca,3}$	$\rho_{l,ca,4}$	—
	合档料的自然堆积密度$\rho_{b,l,ca}$	$\rho_{b,l,ca}=100/(M_{a1}/\rho_{l,ca,1}+M_{a2}/\rho_{l,ca,2}+M_{a3}/\rho_{l,ca,3}+M_{a4}/\rho_{l,ca,4})$			$\rho_{b,l,ca}$		
	各档料的捣实堆积密度$\rho_{d,ca}$	《粗集料堆积密度及空隙率试验》(T 0309—2005)	$\rho_{d,ca,1}$	$\rho_{d,ca,2}$	$\rho_{d,ca,3}$	$\rho_{d,ca,4}$	—
	合档料的捣实堆积密度$\rho_{b,d,ca}$	$\rho_{b,d,ca}=100/(M_{a1}/\rho_{d,ca,1}+M_{a2}/\rho_{d,ca,2}+M_{a3}/\rho_{d,ca,3}+M_{a4}/\rho_{d,ca,4})$			$\rho_{b,d,ca}$		
	设计密度实度系数β				β		
	合档料捣实状态下的间隙率$VV_{b,d,ca}$ (%)	$VV_{b,d,ca}=(1-\beta \times \rho_{d,ca}/\rho_{b,b,ca})\times 100$					
阶段2:填充阶段	细集料FA的紧装密度$\rho_{d,fa}$	《细集料堆积密度及紧装密度试验》(T 0331—1994)	—	—	—	—	$\rho_{d,fa}$
	合档料间隙的细集料体积率V_{fa} (%)	$V_{fa}=VV_{b,d,ca}$	—	—	—	—	V_{fa}
	细集料的质量百分率M_{fa} (%)	$M_{fa}=V_{fa}\times \rho_{fa}$	—	—	—	—	M_{fa}
	填充总量P_{fa}	$m_{fa}=(M_{fa})/[M_{fa}+\rho_{b,b,ca}\times(100-VV_{b,d,ca})]$	—	—	—	—	m_{fa}
级配合成	各档料配比(%)	—	$M_{a1}(1-m_{fa})/100$	$M_{a2}(1-m_{fa})/100$	$M_{a3}(1-m_{fa})/100$	$M_{a4}(1-m_{fa})/100$	m_{fa}
	各档料配比(%)	—	m_1	m_2	m_3	m_4	m_5

注:本表"算式或测试方法"应用了《公路工程集料试验规程》(JTG E42—2005)。

图10-4 级配计算过程中各阶段计算公式(电子表格截图)

第10章 力学-体积两阶段无机结合料稳定材料组成设计

	A	B	C	D	E	F	G	H
	设计阶段	项目	算式或测试方法	材料分档				
1				CA-1	CA-2	CA-3	CA-4	FA
2		集料代号		5#(31.5~37.5mm)	4#(19~31.5mm)	3#(9.5~19mm)	2#(4.75~9.5mm)	1#(0~4.75mm)
3		备料规格						
4	阶段1	各档料计算配比(%): $M_{a1}+M_{a2}+M_{a3}+M_{a4}$=100%		0	50	33	17	—
5	参数计算	毛体积密度 ρ_b	《粗集料密度及吸水率试验（两篮法）》(T 0304—2005)	2.74	2.652	2.654	2.676	2.69
6		合档料的平均毛体积密度 $\rho_{b,t,ca}$	$\rho_{b,t,ca}$=100/($M_{a1}/\rho_{b,ca,1}+M_{a2}/\rho_{b,ca,2}+M_{a3}/\rho_{b,ca,3}+M_{a4}/\rho_{b,ca,4}$)	=100/(D4/D5+E4/E5+F4/F5+G4/G5)				
7		各档料的自然堆积密度 $\rho_{t,ca}$	《粗集料堆积密度及空隙率试验》(T 0309—2005)	1.5	1.48	1.5	1.48	—
8		合档料的自然堆积密度 $\rho_{t,ca}$	$\rho_{t,ca}$=100/($M_{a1}/\rho_{t,ca,1}+M_{a2}/\rho_{t,ca,2}+M_{a3}/\rho_{t,ca,3}+M_{a4}/\rho_{t,ca,4}$)	=100/(D4/D7+E4/E7+F4/F7+G4/G7)				
9		各档料的捣实堆积密度 $\rho_{d,ca}$	《粗集料堆积密度及空隙率试验》(T 0309—2005)	1.65	1.65	1.66	1.65	—
10		合档料的捣实密度 $\rho_{d,ca}$	$\rho_{d,ca}$=100/($M_{a1}/\rho_{d,ca,1}+M_{a2}/\rho_{d,ca,2}+M_{a3}/\rho_{d,ca,3}+M_{a4}/\rho_{d,ca,4}$)	=100/(D4/D9+E4/F4/F9+G4/G9)				
11		设计密度关系数 β		1				
12		合档料紧实状态下的间隙率 $VV_{h,d,ca}$ (%)	$VV_{h,d,ca}=(1-\beta \times \rho_{d,ca}/\rho_{b,t,ca}) \times 100$	=100×(1-D11×D10/D6)				
13	阶段2:填	细集料FA的紧装密度 $\rho_{d,fa}$	《细集料堆积密度及紧装密度试验》(T 0331—1994)	—	—	—	—	1.7
14	充阶段	合档料间隙的细集料的体积 V_{fa} (%)	$V_{fa}=VV_{h,d,ca}$	—	—	—	—	=D12
15		细集料的质量百分率 M_{fa} (%)	$M_{fa}=V_{fa}\times\rho_{fa}$	—	—	—	—	=H14×H13
16	级配合成	各档料配比	$m_{ta}=[M_{ta}/(M_{ta}+\rho_{b,t,ca}\times(100-VV_{h,d,ca})]$	=D4×(1-H17)/100	=E4×(1-H17)/100	=F4×(1-H17)/100	=G4×(1-H17)/100	=(H15)/(H15+D6×(100-H14))
17		各档料配比 (%)	—	=D17	=E17	=F17	=G17	=H16
18								=H17

注：本表*算式或测试方法*引用了《公路工程集料试验规程》(JTG E42—2005)。

图10-5 级配计算过程中各阶段计算关系（电子表格截图）

10.2.8 水泥稳定级配碎石配合比验证

将设计矿料级配按照《公路路面基层施工技术细则》(JTG/T F20—2015)推荐的方法,确定最佳含水率、最大干密度,并成型标准试件,确定水泥剂量。之后,铺筑试验路进行验证。

10.3 力学-体积两阶段水泥稳定级配碎石配合比设计示例

广东某高速公路下基层试验段。

1) 步骤1:备料

各档料筛分结果见表10-2,各档料主要物理参数见表10-3。本设计矿料为3档粗集料+1档细集料。

各档料筛分结果　　　　表10-2

筛孔尺寸(mm)		31.5	19	9.5	4.75	2.36	0.6	0.075
通过质量百分率(%)	19~31.5mm	100	2.8	0.4	0.4	0.4	0.4	0.3
	9.5~19mm	100	97.6	2.8	0.5	0.5	0.5	0.5
	4.75~9.5mm	100	100	99.2	2.0	1.0	1.0	0.8
	0~4.74mm	100	100	100	96.4	76.1	40.4	9.8

各档料主要物理参数　　　　表10-3

检测项目	19~31.5mm	9.5~19mm	4.75~9.5mm	0~4.75mm
毛体积相对密度 ρ_b	2.652	2.654	2.676	
自然堆积密度 ρ_l (g/cm³)	1.48	1.5	1.48	1.526
捣实密度 ρ_s (g/cm³)	1.65	1.66	1.65	
紧装密度 ρ_d (g/cm³)				1.7
针片状颗粒含量(%)	13.4	15.6	16.2	—
压碎值(%)	18.5			

2) 步骤2:选定沥青混合料级配类型及规范规定的矿料级配范围,确定级配骨架强度系数 β

C-B-3 水泥稳定级配碎石的推荐级配范围见表10-4。

C-B-3 水泥稳定级配碎石的推荐级配范围　　　　表10-4

混合料类型		通过下列筛孔(mm)的质量百分率(%)						
		31.5	19	9.5	4.75	2.36	0.6	0.075
C-B-3	上限	100	86	58	35	28	15	5
	中值	100	77	48	28.5	22	11.5	5
	下限	100	68	38	22	16	8	0

本设计为路面下基层,骨架不宜太强,应考虑隔水,既要防止路基的水上来,又要防止上基层的水渗下去,同时考虑推荐的级配范围,对应的4.75mm筛孔的通过率在22%~35%之间,综合各种因素,最终确定级配骨架强度系数 $\beta = 0.86$(骨架密实结构,$0.85 < \beta \leq 1$,对应的4.75mm筛孔的通过率在25%~35%之间;其他情况取 $0.7 \leq \beta \leq 0.85$,对应的4.75mm筛孔的通过率在35%~45%之间)。

3) 步骤3:骨架设计:按照"五点法"设计CBR试验,取置信度为90%,通过逐级 CBR_{max} 和合理确定 CBR_{max},确定组成骨架合档粗集料的配比

本设计有3档粗集料,因此需要进行三级掺配,方能获得骨架阶段集料的掺配比例。

(1)二级掺配

19~31.5mm:9.5~19mm 两档集料掺配比例按100%:0%、80%:20%、60%:40%、40%:60%的掺配后进行CBR试验,掺配比例和CBR5.0试验结果见表10-5,CBR5.0值变化趋势见图10-6。

二级掺配比例和CBR5.0试验结果　　　　表10-5

试验编号	19~31.5mm 掺配比例(%)	9.5~19mm 掺配比例(%)	CBR5.0(%)
1	100	0	56.2
2	80	20	60.2
3	60	40	70.6
4	40	60	42.3

根据拟合方程计算可得,二级掺配对应的 $CBR_{max} = 70.62\%$,相应的两档集料比例为 19~31.5mm:9.5~19mm $= 61\%:39\%$。按 CBR_{max} 对应的二级掺配比例,将两档集料进行混合,形成二级合档集料 H9.5~31.5mm。

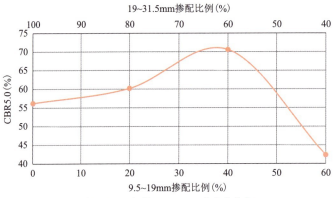

图 10-6　二级掺配 CBR5.0 值变化趋势

（2）三级掺配

掺配比例和 CBR5.0 试验结果见表 10-6，CBR5.0 值变化趋势见图 10-7。

三级掺配比例和 CBR5.0 试验结果　　　　表 10-6

试验编号	H10~31.5mm 掺配比例(%)	5~10mm 掺配比例(%)	CBR5.0(%)
1	100	0	48.69
2	95	5	35.66
3	90	10	40.13
4	85	15	58
5	80	20	53.23
6	75	25	50

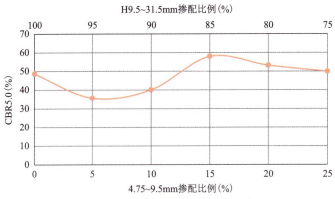

图 10-7　三级掺配 CBR5.0 值变化趋势

根据拟合方程计算可得,三级掺配对应的$CBR_{max}=60$,相应的两档集料比例为H$9.5\sim31.5mm:4.75\sim9.5mm=83\%:17\%$。按$CBR_{max}$对应的三级掺配比例为$19\sim31.5mm:9.5\sim9mm:4.75\sim9.5mm=50\%:33\%:17\%$,骨架级配设计阶段成果汇总见表10-7。

骨架级配设计阶段成果汇总　　　表10-7

骨架设计阶段	19~31.5mm	9.5~19mm	4.75~9.5mm
	50%	33%	17%

4)步骤4:填充设计

(1)骨架合档粗集料(P_{ca})各物理参数计算

骨架合档粗集料(P_{ca})毛体积相对密度$\rho_{h,b,ca}$为:

$$\rho_{h,b,ca} = \frac{100}{\frac{M_{31}}{\rho_{b,ca,1}}+\frac{M_{32}}{\rho_{b,ca,2}}+\frac{M_{33}}{\rho_{b,ca,3}}} = \frac{100}{\frac{50}{2.653}+\frac{33}{2.654}+\frac{17}{2.676}} = 2.657$$

骨架合档粗集料(P_{ca})自然堆积相对密度$\rho_{h,l,ca}$为:

$$\rho_{h,l,ca} = \frac{100}{\frac{M_{31}}{\rho_{l,ca,1}}+\frac{M_{32}}{\rho_{l,ca,2}}+\frac{M_{33}}{\rho_{l,ca,3}}} = \frac{100}{\frac{50}{1.48}+\frac{33}{1.50}+\frac{17}{1.48}} = 1.487$$

骨架合档粗集料(P_{ca})捣实堆积相对密度$\rho_{h,d,ca}$为:

$$\rho_{h,d,ca} = \frac{100}{\frac{M_{31}}{\rho_{d,ca,1}}+\frac{M_{32}}{\rho_{d,ca,2}}+\frac{M_{33}}{\rho_{d,ca,3}}} = \frac{100}{\frac{50}{1.65}+\frac{33}{1.66}+\frac{17}{1.65}} = 1.653$$

骨架合档粗集料(P_{ca})捣实堆积状态下的间隙率$VV_{h,d,ca}$为:

$$VV_{h,d,ca} = \left(1-\beta\times\frac{\rho_{h,d,ca}}{\rho_{h,b,ca}}\right)\times100 = \left(1-0.86\times\frac{1.653}{2.657}\right)\times100 = 46.50(\%)$$

(2)填充计算

细集料(FA)的填充体积率(V_{fa})及质量百分比(M_{fa})分别为:

$$V_{fa} = VV_{h,d,ca} = 46.50(\%)$$

$$M_{fa} = V_{fa}\times\rho_{d,fa} = 46.50\times1.70 = 79.05(\%)$$

填充后填充料的质量百分比 m_{fa} 为:

$$m_{\text{fa}} = \frac{M_{\text{fa}}}{M_{\text{fa}} + \rho_{\text{h,b,ca}} \times (100 - \text{VV}_{\text{h,d,ca}})} \times 100$$

$$= \frac{79.05}{79.05 + 2.657 \times (100 - 46.50)} \times 100 = 35.74(\%)$$

5) 步骤 5:级配合成计算

3 档粗集料、1 档细集料,其质量比组成计算如下。

$$P_{\text{ca},1}:m_1 = \frac{M_{31} \times (100 - m_{\text{fa}})}{100} = \frac{50 \times (100 - 35.74)}{100} = 32(\%)$$

$$P_{\text{ca},2}:m_2 = \frac{M_{32} \times (100 - m_{\text{fa}})}{100} = \frac{33 \times (100 - 35.74)}{100} = 21(\%)$$

$$P_{\text{ca},3}:m_3 = \frac{M_{33} \times (100 - m_{\text{fa}})}{100} = \frac{17 \times (100 - 35.74)}{100} = 11(\%)$$

$$P_{\text{fa}}:m_4 = m_{\text{fa}} = 36(\%)$$

$$m_1 + m_2 + m_3 + m_4 = 32 + 21 + 11 + 36 = 100(\%)$$

CBR-V 法矿料级配设计计算结果见表 10-8。

CBR-V 法矿料级配设计计算结果汇总　　表 10-8

填充设计阶段	19~31.5mm	9.5~19mm	4.75~9.5mm	0~4.75mm
	32%	21%	11%	36%

实际应用中可利用 Excel 电子表格编制计算,计算过程见图 10-8。对于无机结合料稳定级配碎石类的矿料级配,由于本身档料的变异性较大,就当前情况而言,没有必要进行进一步的调整。

6) 步骤 6:按规范方法确定水泥剂量、含水率、最大干密度等,并验证混合料相关指标

通过室内和试验段确定的水泥掺量为 5%,最佳含水率 5.4%,最大干密度 2.342g/cm³。之后,铺筑试验路进行验证。拌和站含水率根据运距的长短、天气情况等,可比最佳含水率增加 0.5%~1.0%。

(1) 试验段铺筑

项目现场铺筑试验段 350m,开放交通后表面状况如图 10-9 所示。

第10章 力学-体积两阶段无机结合料稳定材料组成设计

设计阶段	项目	算式或测试方法	CA-1	CA-2	CA-3	CA-4	FA
	集料代号		5#(31.5~37.5mm)	4#(19~31.5mm)	3#(9.5~19mm)	2#(4.75~9.5mm)	1#(0~4.75mm)
阶段1 参数计算	各档料计算配比(%) $M_{a1}+M_{a2}+M_{a3}+M_{a4}=100\%$		0.00	50.00	33.00	17.00	—
	毛体积密度 ρ_b	《粗集料密度及吸水率试验（网篮法）》（T 0304—2005）	2.740	2.652	2.654	2.676	2.690
	合档料的平均毛体积密度 $\rho_{b,b,ca}$	$\rho_{b,b,ca}=100/(M_{a1}/\rho_{b,ca,1}+M_{a2}/\rho_{b,ca,2}+M_{a3}/\rho_{b,ca,3}+M_{a4}/\rho_{b,ca,4})$		2.66			
	各档料的自然堆积密度 $\rho_{d,a}$	《粗集料堆积密度及空隙率试验》（T 0309—2005）	1.50	1.48	1.50	1.48	—
	合档料的自然堆积密度 $\rho_{b,d,ca}$	$\rho_{b,d,ca}=100/(M_{a1}/\rho_{d,ca,1}+M_{a2}/\rho_{d,ca,2}+M_{a3}/\rho_{d,ca,3}+M_{a4}/\rho_{d,ca,4})$		1.49			
	各档料的捣实密度 $\rho_{d,a}$	《粗集料堆积密度及空隙率试验》（T 0309—2005）	1.65	1.65	1.66	1.65	—
	合档料的捣实密度 $\rho_{b,d,ca}$	$\rho_{b,d,ca}=100/(M_{a1}/\rho_{d,ca,1}+M_{a2}/\rho_{d,ca,2}+M_{a3}/\rho_{d,ca,3}+M_{a4}/\rho_{d,ca,4})$		1.65			
	设计密度系数 β			0.86			
	合档料捣实状态下的间隙率 $VV_{b,d,ca}$（%）	$VV_{b,d,ca}=(1-\beta\times\rho_{b,d,ca}/\rho_{b,b,ca})\times100$		46.48			
阶段2:填充无阶段 参数计算	细集料FA的紧装密度 $\rho_{b,b,fa}$	《细集料堆积密度及紧装密度试验》（T 0331—1994）	—	—	—	—	1.70
	合档料间隙的细集料的体积率 V_{fa}（%）	$V_{fa}=VV_{b,d,ca}$	—	—	—	—	46.48
	细集料的质量百分率 M_{fa}（%）	$M_{fa}=V_{fa}\times\rho_{fa}$	—	—	—	—	79.02
级配合成	填充总量 P_{fa}	$m_{fa}=(M_{fa})/[M_{fa}+\rho_{b,d,ca}\times(100-VV_{b,d,ca})]$	—	—	—	—	0.36
	各档料配比		0.00	0.32	0.21	0.11	0.36
	各档料配比（%）		0.00%	32.14%	21.21%	10.93%	35.72%

图10-8　CBR-V水泥稳定级配碎石配合比设计填充及级配合成计算过程（电子表格截图）

图 10-9　水泥稳定级配碎石下基层表面状况

（2）现场裂缝情况

从起点开始统计，共有 6 处发生横向开裂，间距分别为 26m、63m、31m、81m、84m、29m，最后一条距终点 36m，平均裂缝间距 58m。从裂缝分布情况看，起点端的裂缝和终点处的裂缝间距较小，分别为 26m 和 29m。现场观察发现，终点端的裂缝正好位于填挖交界处，且为近期填筑完成交工路段，因此现场分析认为是填挖交界处的不均匀沉降引起。其次间距 31m 处，该处裂缝是由下承层开裂引起的反射裂缝。铺筑该试验段前，施工技术人员为考察下承层开裂对上部水稳层的影响，有针对性地选择在此路段铺筑试验段，以便考察反射裂缝的发生情况，见图 10-10。

图 10-10　反射裂缝发生部位

若不考虑这两处非正常横向开裂，则试验段发生横向开裂 4 处，平均间距为 87m。抗裂效果比较显著。

裂缝原因分析：①拌和料含水率过高；②集料中含粉较多；③表面出现脱粒现象；④纵向施工缝的重叠宽度过大。（未考虑包括配合比设计计量偏差、拌和站生产、运输、施工、养护等可能存在的问题。)

(3)现场芯样状况

现场取芯外观状况见图10-11。

图10-11 现场取芯外观状况

(4)混合料试验

施工过程中现场取样检测水泥稳定级配碎石混合料的含水率和干密度,试验结果见表10-9。

水泥稳定级配碎石混合料现场取样试验结果　　　　表10-9

取样位置	现场		
实测含水率(%)	5.5	5.4	5.4
平均值(%)	5.4		
干密度(g/cm^3)	2.324	2.331	2.321
平均值(g/cm^3)	2.325		

(5)7d无侧限抗压强度试验

现场取样通过振动成型法成型试件,并在标准养护室按规范要求养护7d后,测其无侧限抗压强度,试验结果见表10-10。

振动成型法7d无侧限抗压强度试验结果　　　　表10-10

试件编号	1-1	1-2	1-3	1-4	1-5	1-6	1-7	1-8	1-9	1-10	1-11	1-12	1-13
破坏强度(MPa)	7.3	7.3	7.3	7.3	8.6	7.7	7.6	7.5	7.1	7.4	7.1	7.3	7
设计强度(MPa)	≥4.5												
强度代表值(MPa)	6.75												

从表10-13中可以看出,强度代表值均满足≥4.5MPa的设计强度要求。

(6)水稳基层施工注意事项

基于花岗岩集料吸水率低的特点,易造成混合料水分散失,内聚力不足,易离析,鉴

于此,花岗岩集料水稳基层施工时的注意事项如下:

①混合料运输至施工现场进行摊铺时,混合料的含水率应略大于最佳含水率 0.5% ~ 1.0%。

②水稳基层施工前 15~30min 应对待施工路段的下承层表面进行洒水或洒水泥浆预湿,确保混合料摊铺时表面处于潮湿状态。洒水车应与摊铺机同步前进,和摊铺机的距离保持在 50m 左右。

③摊铺机的行进速度保持在 2m/min 的范围内,连续、匀速行进。

④摊铺机正常摊铺时,应确保螺旋布料器内处于满仓状态,填充系数在 90% 以上。

⑤具体碾压工艺如下:

初压:13t 双钢轮压路机前静后振碾压 2 遍;

复压:13t 双钢轮压路机低频高幅碾压 2~3 遍;

复压:26t 胶轮压路机碾压 2~3 遍;

收光:13t 双钢轮压路机碾压,至无轮迹、无裂纹、无散粒即可。

附录1 5个常用公路土工试验规程

T 0308—2005 粗集料密度及吸水率试验(容量瓶法)

1 目的与适用范围

1.1 本方法适用于测定碎石、砾石等各种粗集料的表观相对密度、表干相对密度、毛体积相对密度、表观密度、表干密度、毛体积密度,以及粗集料的吸水率。

1.2 本方法测定的结果不适用于仲裁及沥青混合料配合比设计计算理论密度时使用。

2 仪具与材料

(1)天平或浸水天平:可悬挂吊篮测定集料的水中质量,称量应满足试样数量称量要求,感量不大于最大称量的0.05%。

(2)容量瓶:1000mL,也可用磨口的广口玻璃瓶代替,并带玻璃片。

(3)烘箱:能控温在105℃±5℃。

(4)标准筛:4.75mm、2.36mm。

(5)其他:刷子、毛巾等。

3 试验准备

3.1 将取来样过筛,对水泥混凝土的集料采用4.75mm筛,沥青混合料的集料用2.36mm筛,分别筛去筛孔以下的颗粒,然后用四分法或分料器法缩分至表T 0308-1要求的质量,分两份备用。

测定密度所需要的试样最小质量　　　　　　　表T 0308-1

公称最大粒径(mm)	4.75	9.5	16	19	26.5	31.5	37.5	63	75
每一份试样的最小质量(kg)	0.8	1	1	1	1.5	1.5	2	3	3

3.2 将每一份集料试样浸泡在水中,仔细洗去附在集料表面的尘土和石粉,经多次漂洗干净至水清澈为止。清洗过程中不得散失集料颗粒。

4 试验步骤

4.1 取试样一份装入容量瓶(广口瓶)中,注入洁净的水(可滴入数滴洗涤灵),水面高出试样,轻轻摇动容量瓶,使附着在石料上的气泡逸出。盖上玻璃片,在室温下浸水24h。

注:水温应在15~25℃范围内,浸水最后2h内的水温相差不得超过2℃。

4.2 向瓶中加水至水面凸出瓶口,然后盖上容量瓶塞,或用玻璃片沿广口瓶瓶口迅速滑行,使其紧贴瓶口水面。玻璃片与水面之间不得有空隙。

4.3 确认瓶中没有气泡,擦干瓶外的水分后,称取集料试样、水、瓶及玻璃片的总质量(m_2)。

4.4 将试样倒入浅搪瓷盘中,稍稍倾斜搪瓷盘,倒掉流动的水,再用毛巾吸干漏出的自由水。需要时可称取带表面水的试样质量(m_4)。

4.5 用拧干的湿毛巾轻轻擦干颗粒的表面水,至表面看不到发亮的水迹,即为饱和面干状态。当粗集料尺寸较大时,可逐颗擦干。注意拧湿毛巾时不要太用劲防止拧得太干。擦颗粒的表面水时,既要将表面水擦掉,又不能将颗粒内部的水吸出。整个过程中不得有集料丢失。

4.6 立即称取饱和面干集料的表干质量(m_3)。

4.7 将集料置于浅盘中,放入105℃±5℃的烘箱中烘干至恒重。取出浅盘,放在带盖的容器中冷却至室温,称取集料的烘干质量(m_0)。

注:恒重是指相邻两次称量间隔时间大于3h的情况下,其前后两次称量之差小于该项试验所要求的精密度,即0.1%。一般在烘箱中烘烤的时间不得少于4~6h。

4.8 将瓶洗净,重新装入洁净水,盖上容量瓶塞,或用玻璃片紧贴广口瓶瓶口水面。玻璃片与水面之间不得有空隙。确认瓶中没有气泡,擦干瓶外水分后称取水、瓶及玻璃片的总质量(m_1)。

5 计算

5.1 表观相对密度γ_a、表干相对密度γ_s、毛体积相对密度γ_b按式(T 0308-1)、式(T 0308-2)、式(T 0308-3)计算至小数点后3位。

$$\gamma_a = \frac{m_0}{m_0 + m_1 - m_2} \quad (\text{T 0308-1})$$

$$\gamma_s = \frac{m_3}{m_3 + m_1 - m_2} \quad \text{(T 0308-2)}$$

$$\gamma_b = \frac{m_0}{m_3 + m_1 - m_2} \quad \text{(T 0308-3)}$$

式中：γ_a——集料的表观相对密度，无量纲；

γ_s——集料的表干相对密度，无量纲；

γ_b——集料的毛体积相对密度，无量纲；

m_0——集料的烘干质量(g)；

m_1——水、瓶及玻璃片的总质量(g)；

m_2——集料试样、水、瓶及玻璃片的总质量(g)；

m_3——集料的表干质量(g)。

5.2 集料的吸水率 w_x、含水率 w 以烘干试样为基准，按式(T 0308-4)、式(T 0308-5)计算，精确至 0.1%。

$$w_x = \frac{m_3 - m_0}{m_0} \times 100 \quad \text{(T 0308-4)}$$

$$w = \frac{m_4 - m_0}{m_0} \times 100 \quad \text{(T 0308-5)}$$

式中：m_4——集料饱和状态下含表面水的湿质量(g)；

w_x——集料的吸水率(%)；

w——集料的含水率(%)。

5.3 当水泥混凝土集料需要以饱和面干试样作为基准求取集料的吸水率 w_x 时，按式(T 0308-6)计算，精确至 0.1%，但需在报告中予以说明。

$$w_x = \frac{m_3 - m_0}{m_3} \times 100 \quad \text{(T 0308-6)}$$

式中：w_x——集料的吸水率(%)。

5.4 粗集料的表观密度 ρ_a、表干密度 ρ_s、毛体积密度 ρ_b 按式(T 0308-7)、式(T 0308-8)、式(T 0308-9)计算至小数点后 3 位。

$$\rho_a = \gamma_a \times \rho_T \text{ 或 } \rho_a = (\gamma_a - \alpha_T) \times \rho_w \quad \text{(T 0308-7)}$$

$$\rho_s = \gamma_s \times \rho_T \text{ 或 } \rho_s = (\gamma_s - \alpha_T) \times \rho_w \quad \text{(T 0308-8)}$$

$$\rho_b = \gamma_b \times \rho_T \text{ 或 } \rho_b = (\gamma_b - \alpha_T) \times \rho_w \quad \text{(T 0308-9)}$$

式中：ρ_a——集料的表观密度(g/cm³)；

ρ_s——集料的表干密度(g/cm^3);

ρ_b——集料的毛体积密度(g/cm^3);

ρ_T——试验温度 T 时水的密度(g/cm^3),按《公路工程集料试验规程》(JTG E42—2005)附录 B 表 B-1 取用;

α_T——试验温度 T 时的水温修正系数,按《公路工程集料试验规程》(JTG E42—2005)附录 B 表 B-1 取用;

ρ_w——水在 4℃时的密度,取 $1.000g/cm^3$。

6 精密度或允许差

重复试验的精密度,两次结果之差对相对密度不得超过 0.02,对吸水率不得超过 0.2%。

条文说明

对粗集料,通常要求按《公路工程集料试验规程》(JTG E42—2005)中的《粗集料密度及吸水率试验(网篮法)》(T 0303—2005)测定其密度及吸水率,当集料颗粒较小时(如对 3~5mm 集料),也可借用细集料的方法《细集料密度及吸水率试验(网篮法)》(T 0330—2005)用容量瓶测定。在工地上快速测定时,可用广口瓶代替容量瓶测定粗集料相对密度,由于瓶外的水的影响及玻璃盖不易盖好等原因,试验精密度有影响,所以原规程称为简易法。此方法中的含水率与饱水率有所不同,饱水率需要真空排除气泡,吸水量要大一些,含水率相当于天然下雨水分达到饱和的情况。原规程关于表面含水率的概念不甚清楚,实践中也无使用价值,故予以删除。

【摘自《公路工程集料试验规程》(JTG E42—2005)】

T 0309—2005 粗集料堆积密度及空隙率试验

1 目的与适用范围

测定粗集料的堆积密度,包括自然堆积状态、振实状态、捣实状态下的堆积密度,以及堆积状态下的间隙率。

2 仪具与材料

(1)天平或台秤:感量不大于称量的0.1%。
(2)容量筒:适用于粗集料堆积密度测定的容量筒应符合表T 0309-1的要求。
(3)平头铁锹。
(4)烘箱:能控温105℃±5℃。
(5)振动台:频率为3000次/min±200次/min,负荷下的振幅为0.35mm,空载时的振幅为0.5mm。
(6)捣棒:直径16mm、长600mm、一端为圆头的钢棒。

容量筒的规格要求 表 T 0309-1

粗集料公称最大粒(mm)	容量筒容积(L)	容量筒规格(mm)			筒壁厚度(mm)
		内径	净高	底厚	
≤4.75	3	155±2	160±2	5.0	2.5
9.5~26.5	10	205±2	305±2	5.0	2.5
31.5~37.5	15	255±5	295±5	5.0	3.0
≥53	30	355±5	305±5	5.0	3.0

3 试验准备

按《粗集料取样法》(T 0301—2005)的方法取样、缩分,质量应满足试验要求,在105℃±5℃的烘箱中烘干,也可以摊在清洁的地面上风干,拌匀后分成两份备用。

4 试验步骤

4.1 自然堆积密度

取试样1份,置于平整干净的水泥地(或铁板)上,用平头铁锹铲起试样,使石子自由落入容量筒内。此时,从铁锹的齐口至容量筒上口的距离应保持为 50mm 左右,装满容量筒并除去凸出筒口表面的颗粒,并以合适的颗粒填入凹陷空隙,使表面稍凸起部分和凹陷部分的体积大致相等,称取试样和容量筒总质量(m_2)。

4.2 振实密度

按堆积密度试验步骤,将装满试样的容量筒放在振动台上,振动 3min,或者将试样分三层装入容量筒:装完一层后,在筒底垫放一根直径为 25mm 的圆钢筋,将筒按住,左右交替颠击地面各 25 下;然后装入第二层,用同样的方法颠实(但筒底所垫钢筋的方向应与第一层放置方向垂直);然后再装入第三层,如法颠实。待三层试样装填完毕后,加料填到试样超出容量筒口,用钢筋沿筒口边缘滚转,刮下高出筒口的颗粒,用合适的颗粒填平凹处,使表面稍凸起部分和凹陷部分的体积大致相等,称取试样和容量筒总质量(m_2)。

4.3 捣实密度

根据沥青混合料的类型和公称最大粒径,确定起骨架作用的关键性筛孔(通常为 4.75mm 或 2.36mm 等)。将矿料混合料中此筛孔以上颗粒筛出,作为试样装入符合要求规格的容器中达 1/3 的高度,由边至中用捣棒均匀捣实 25 次。再向容器中装入 1/3 高度的试样,用捣棒均匀地捣实 25 次,捣实深度约至下层的表面。然后重复上一步骤,加最后一层,捣实 25 次,使集料与容器口齐平。用合适的集料填充表面的大空隙,用直尺大体刮平,目测估计表面凸起部分与凹陷部分的容积大致相等,称取容量筒与试样的总质量(m_2)。

4.4 容量筒容积的标定

用水装满容量筒,测量水温,擦干筒外壁的水分,称取容量筒与水的总质量(m_w),并按水的密度对容量筒的容积作校正。

5 计算

5.1 容量筒的容积按式(T 0309-1)计算。

$$V = \frac{m_w - m_1}{\rho_T} \qquad (\text{T 0309-1})$$

式中:V——容量筒的容积(L);

m_1——容量筒的质量(kg);

m_w——容量筒与水的总质量(kg);

ρ_T——试验温度 T 时水的密度(g/cm³),按《公路工程集料试验规程》(JTG E42—

2005)附录 B 表 B-1 选用。

5.2 堆积密度(包括自然堆积状态、振实状态、捣实状态下的堆积密度)按式(T 0309-2)计算至小数点后 2 位。

$$\rho = \frac{m_2 - m_1}{V} \quad \text{(T 0309-2)}$$

式中:ρ——与各种状态相对应的堆积密度(g/m^3);
   m_1——容量筒的质量(kg);
   m_2——容量筒与试样的总质量(kg);
   V——容量筒的容积(L)。

5.3 水泥混凝土用粗集料振实状态下的空隙率按式 (T 0309-3) 计算。

$$V_c = \left(1 - \frac{\rho}{\rho_a}\right) \times 100 \quad \text{(T 0309-3)}$$

式中:V_c——水泥混凝土用粗集料的空隙率(%);
   ρ_a——粗集料的表观密度(g/m^3);
   ρ——按振实法测定的粗集料的堆积密度(g/m^3)。

5.4 沥青混合料用粗集料骨架捣实状态下的间隙率按式(T 0309-4)计算。

$$\text{VCA}_{\text{DRC}} = \left(1 - \frac{\rho}{\rho_b}\right) \times 100 \quad \text{(T 0309-4)}$$

式中:VCA_{DRC}——捣实状态下粗集料骨架间隙率(%);
   ρ_b——按《粗集料密度及吸水率试验(网篮法)》(T 0304—2005)确定的粗集料的毛体积密度(g/m^3);
   ρ——按捣实法测定的粗集料的自然堆积密度(g/m^3)。

6 报告

以两次平行试验结果的平均值作为测定值。

条文说明

在 2000 年版规程中,对水泥混凝土集料及沥青路面集料规定有两套不同系列的容量筒,实际上相差很小,根本没有必要,为此本次修改时将其统一为相同的一套,使与国外规定一致。

在美国对沥青玛琋脂碎石混合料(SMA)进行配合比设计时,规定粗集料的松容重和单纯粗集料的集料间隙率 VCA_{DRC} 按照 AASHTO T 19 方法或 ASTM C 29 方法（Unit Weight and Voids in Aggregate）测定。但此时关于粗集料的定义需改为，起粗集料骨架作用的关键性筛孔通常是 4.75mm 或 2.36mm，将沥青混合料按配比组成的集料混合料中此筛孔以上的粗集料筛出作为试验用的试样。具体方法是：将粗集料分 3 次装入容器中，每次用一根直径 16mm、长 600mm、一端为圆头的钢棒，均匀地捣实集料 25 次，计算粗集料的堆积容重。

【摘自《公路工程集料试验规程》（JTG E42—2005）】

T 0331—1994 细集料堆积密度及紧装密度试验

1 目的与适用范围

测定砂自然状态下堆积密度、紧装密度及空隙率。

2 仪具与材料

(1)台秤:称量5kg,感量5g。
(2)容量筒:金属制,圆筒形,内径108mm,净高109mm,筒壁厚2mm,筒底厚5mm,容积约为1L。
(3)标准漏斗(图T 0331-1)。
(4)烘箱:能控温在105℃±5℃。
(5)其他:小勺、直尺、浅盘等。

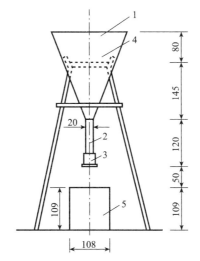

图 T 0331-1 标准漏斗(尺寸单位: mm)

1-漏斗;2-ϕ20mm管子;3-活动门;4-筛;5-金属容量筒

3 试验准备

3.1 试样制备:用浅盘装来样约5kg,在温度为105℃±5℃的烘箱中烘干至恒重,取出并冷却至室温,分成大致相等的两份备用。

注:试样烘干后如有结块,应在试验前先予捏碎。

3.2 容量筒容积的校正方法:以温度为20℃±5℃的洁净水装满容量筒,用玻璃板沿筒口滑移,使其紧贴水面,玻璃板与水面之间不得有空隙。擦干筒外壁水分,然后称量,用式(T 0331-1)计算筒的容积V。

$$V = m_2' - m_1' \quad\quad (\text{T 0331-1})$$

式中:V——容量筒的容积(mL);

m_1'——容量筒和玻璃板总质量(g);

m_2'——容量筒、玻璃板和水总质量(g)。

4 试验步骤

4.1 堆积密度:将试样装入漏斗中,打开底部的活动门,使砂流入容量筒中,也可直接用小勺向容量筒中装试样,但漏斗出料口或料勺距容量筒筒口均应为50mm左右,试样装满并超出容量筒筒口后,用直尺将多余的试样沿筒口中心线向两个相反方向刮平,称取质量(m_1)。

4.2 紧装密度:取试样1份,分两层装入容量筒。装完一层后,在筒底垫放一根直径为10mm的钢筋,将筒按住,左右交替颠击地面各25下,然后再装入第二层。

第二层装满后用同样方法颠实(但筒底所垫钢筋的方向应与第一层放置方向垂直)。两层装完并颠实后,添加试样超出容量筒筒口,然后用直尺将多余的试样沿筒口中心线向两个相反方向刮平,称其质量(m_2)。

5 计算

5.1 堆积密度及紧装密度分别按式(T 0331-2)和式(T 0331-3)计算至小数点后3位。

$$\rho = \frac{m_1 - m_0}{V} \quad\quad (\text{T 0331-2})$$

$$\rho' = \frac{m_2 - m_0}{V} \quad\quad (\text{T 0331-3})$$

式中:ρ——砂的堆积密度(g/cm³);

ρ'——砂的紧装密度(g/cm³);

m_0——容量筒的质量(g);

m_1——容量筒和堆积砂的总质量(g);

m_2——容量筒和紧装砂的总质量(g);

V——容量筒容积(mL)。

5.2 砂的空隙率按(T 0331-4)计算,精确至0.1%。

$$n = \left(1 - \frac{\rho}{\rho_a}\right) \times 100 \qquad (\text{T 0331-4})$$

式中:n——砂的空隙率(%);

ρ——砂的堆积或紧装密度(g/cm³);

ρ_a——砂的表观密度(g/cm³)。

6 报告

以两次试验结果的算术平均值作为测定值。

【摘自《公路工程集料试验规程》(JTG E42—2005)】

T 0352—2000 矿粉密度试验

1 目的与适用范围

用于检验矿粉的质量,供沥青混合料配合比设计计算使用,同时适用于测定供拌制沥青混合料用的其他填料如水泥、石灰、粉煤灰的相对密度。

2 仪具与材料

(1)李氏比重瓶:容量为250mL或300mL,如图T 0352-1所示。
(2)天平:感量不大于0.01g。
(3)烘箱:能控温在105℃±5℃。
(4)恒温水槽:能控温在20℃±0.5℃。
(5)其他:瓷皿、小牛角匙、干燥器、漏斗等。

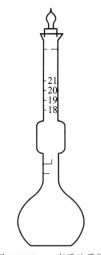

图T 0352-1 李氏比重瓶

3 试验步骤

3.1 将代表性矿粉试样置瓷皿中,在105℃烘箱中烘干至恒重(一般不少于6h),放入干燥器中冷却后,连同小牛角匙、漏斗一起准确称量(m_1),准确至0.01g,矿粉质量应不少于200g。

3.2 向比重瓶中注入蒸馏水,至刻度 0~1mL 之间,将比重瓶放入20℃的恒温水槽中,静放至比重瓶中的水温不再变化为止(一般不少于2h),读取比重瓶中水面的刻度(V_1),准确至 0.02mL。

3.3 用小牛角匙将矿粉试样通过漏斗徐徐加入比重瓶中,待比重瓶中水的液面上升至接近比重瓶的最大读数时为止,轻轻摇晃比重瓶,使瓶中的空气充分逸出。再次将比重瓶放入恒温水槽中,待温度不再变化时,读取比重瓶的读数(V_2),准确至 0.02mL。整个试验过程中,比重瓶中的水温变化不得超过1℃。

3.4 准确称取牛角匙、瓷皿、漏斗及剩余矿粉的质量(m_2),准确至 0.01g。

注:对亲水性矿粉应采用煤油作介质测定,方法相同。

4 计算

按式(T 0352-1)及式(T 0352-2)计算矿粉的密度和相对密度,精确至小数点后 3 位。

$$\rho_f = \frac{m_1 - m_2}{V_2 - V_1} \qquad (T\ 0352\text{-}1)$$

$$\gamma_f = \frac{\rho_f}{\rho'_w} \qquad (T\ 0352\text{-}2)$$

式中:ρ_f——矿粉的密度(g/cm³);

γ_f——矿粉对水的相对密度,无量纲;

m_1——牛角匙、瓷皿、漏斗及试验前瓷器中矿粉的干燥质量(g);

m_2——牛角匙、瓷皿、漏斗及试验后瓷器中矿粉的干燥质量(g);

V_1——加矿粉以前比重瓶的初读数(mL);

V_2——加矿粉以后比重瓶的终读数(mL);

ρ'_w——试验温度时水的密度,按《公路工程集料试验规程》(JTG E42—2005)附录 B 表 B-1 取用。

5 精密度或允许差

同一试样应平行试验两次,取平均值作为试验结果。两次试验结果的差值不得大于 0.01g/cm³。

条文说明

原《公路工程石料试验规程》(JTJ 054—94)中有两个试验方法测定密度,密度试验

（比重瓶法）（T 0203—1994）用比重瓶，介质用蒸馏水（与国标同）；密度试验（李氏比重瓶法）（T 0204—1994）用李氏比重瓶，介质用煤油。原条文说明中解释密度试验（李氏比重瓶法）（T 0204—1994）用煤油的原因是，石料中含有水溶性物质时用蒸馏水作介质有局限性。考虑到沥青混合料的矿粉一般为石灰石粉，日本试验方法也规定用蒸馏水，为简便起见，本方法规定统一采用蒸馏水。当然也可用煤油，方法是一样的，所以条文中加了一条注，规定对亲水性矿粉应用煤油作介质测定。

由于矿粉容易黏在瓷皿、牛角匙、漏斗等器件上，所以测定时应采用减量称重法。比重瓶中体积的差为矿粉的实际体积，故用计算得到的密度计算对水的相对密度时应除以试验温度时水的密度，即使采用煤油测定，也是除以同温度时水的密度而不是煤油的密度，请使用时注意。

【摘自《公路工程集料试验规程》（JTG E42—2005）】

T 0134—2019 承载比(CBR)试验

1 目的和适用范围

1.1 本试验适用于在规定的试筒内制件后,对各种土进行承载比试验。

1.2 试样的最大粒径宜控制在20mm以内,最大粒径不得超过40mm,且粒径在20～40mm的颗粒含量不宜超过5%。

2 仪器设备

2.1 圆孔筛:孔径40mm、20mm及5mm筛各1个。

2.2 试筒:内径152mm、高170mm的金属圆筒;套环,高50mm;筒内垫块,直径151mm、高50mm;夯击底板,同击实仪。试筒的形式和主要尺寸如图T 0134-1所示,也可用本规程T 0131击实试验的大击实筒。

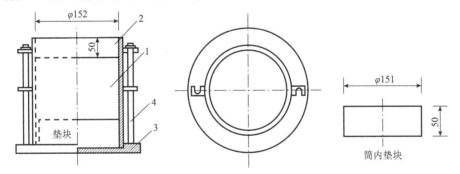

图 T 0134-1 承载比试筒(单位:mm)
1-试筒;2-套环;3-夯击底板;4-拉杆

2.3 夯锤和导管:夯锤的底面直径50mm,总质量4.5kg。夯锤在导管内的总行程为450mm,夯锤的形式和尺寸与重型击实试验法所用的相同。

2.4 贯入杆,端面直径50mm、长约100mm的金属柱。

2.5 路面材料强度仪或其他载荷装置,如图T 0134-2所示。能调节贯入速度至每分钟贯入1mm;测力环应包括7.5kN、15kN、30kN、60kN、100kN和150kN等型号。

2.6 百分表:3个。

2.7 试件顶面上的多孔板(测试件吸水时的膨胀量),如图T 0134-3所示。

2.8 多孔底板(试件放上后浸泡水中)。

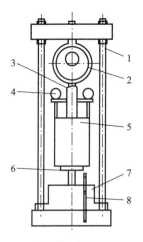

图 T 0134-2　手摇测力计式载荷装置示意图
1-框架；2-测力环；3-贯入杆；4-百分表；
5-试件；6-升降台；7-蜗轮蜗杆箱；8-摇把

图 T 0134-3　带调节杆的多孔板(尺寸单位：mm)

2.9　测膨胀量时支承百分表的架子，如图 T 0134-4 所示。

2.10　荷载板：直径150mm，中心孔直径52mm，每块质量1.25kg，共4块，并沿直径分为两个半圆块，如图 T 0134-5 所示。

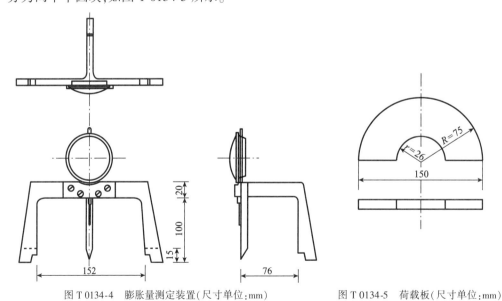

图 T 0134-4　膨胀量测定装置(尺寸单位：mm)　　图 T 0134-5　荷载板(尺寸单位：mm)

2.11　水槽：浸泡试件用，槽内水面应高出试件顶面25mm。

2.12　天平：称量2000g，感量0.01g；称量50kg，感量5g。

2.13 其他:拌和盘、直尺、滤纸、推土器等与击实试验相同。

3 试样

3.1 将具有代表性的风干试料(必要时可在50℃烘箱内烘干),用木碾捣碎。土团应捣碎到过5mm的筛孔。用40mm筛筛除大于40mm的颗粒,并记录超尺寸颗粒的百分数。

3.2 按本规程 T 0131 的击实试验方法确定试料的最大干密度和最佳含水率。

4 试验步骤

4.1 取代表性的试料测定其风干含水率。按最佳含水率制备3个试件,掺水将试料充分拌匀后装入密闭容器或塑料口袋内浸润。浸润时间:黏性土不得小于24h,粉性土可缩短到12h,砂土可缩短到6h,天然砂砾可缩短到2h左右。

注:①需要时,可制备三种干密度试件,使试件的干密度控制在最大干密度的90%～100%之间。若每种干密度试件制3个,则共制9个试件,9个试件共需试样约55kg。②采用击实成型试件时,每层击数一般分别为30次、50次和98次。③采用静压成型制件时,根据确定的压实度计算所需的试样量,一次静压成型。

4.2 称试筒本身质量(m_1),将试筒固定在底板上,将垫块放入筒内,并在垫块上放一张滤纸,安上套环。

4.3 取备好的试样分3次倒入筒内(每层约需试样1500～1750g,其量应使击实后的试样高出1/3筒高 1～2mm)。整平表面,并稍加压紧,然后按规定的击数进行第一层试样的击实,击实时锤应自由垂直落下,锤迹必须均匀分布于试样面上。第一层击实完后,将试样层面"拉毛",然后再装入套筒,重复上述方法进行其余每层试样的击实。大试筒击实后,试样不宜高出筒高10mm。

4.4 每击实3筒试件,取代表性试样进行含水率试验。

4.5 卸下套环,用直刮刀沿试筒顶修平击实的试件,表面不平整处用细料修补。取出垫块,称取试筒和试件的质量(m_2)。

4.6 CBR试样制件采用静压成型制件时,根据确定的压实度计算所需的试样量,一次静压成型。

4.7 泡水测膨胀量的步骤如下:

4.7.1 在试件制成后,取下试件顶面的破残滤纸,放一张好滤纸,并在其上安装附有调节杆的多孔板,在多孔板上加4块荷载板。

4.7.2 将试筒与多孔板一起放入槽内(先不放水),并用拉杆将模具拉紧,安装百分表,并读取初读数。

4.7.3 向水槽内注水,使水漫过试筒顶部。在泡水期间,槽内水面应保持在试筒顶面以上约 25mm。通常试件要泡水 4 昼夜。

4.7.4 泡水终了时,读取试件上百分表的终读数,并用式(T 0134-1)计算膨胀率:

$$\delta_e = \frac{H_1 - H_0}{H_0} \times 100 \quad (\text{T 0134-1})$$

式中:δ_e——试件泡水后的膨胀率,计算至 0.1%;

H_1——试件泡水终了的高度(mm);

H_0——试件初始高度(mm)。

4.7.5 从水槽中取出试件,倒出试件顶面的水,静置 15min,让其排水,然后卸去附加荷载和多孔板、底板和滤纸,并称量(m_3),以计算试件的湿度和密度的变化。

4.8 贯入试验。

4.8.1 应选用合适吨位的测力环,贯入结束时测力环读数宜占其量程的 1/3 以上。

4.8.2 将泡水试验终了的试件放到路面材料强度试验仪的升降台上,调整偏球座,对准、整平并使贯入杆与试件顶面全面接触,在贯入杆周围放置 4 块荷载板。

4.8.3 先在贯入杆上施加少许荷载,以便试样与土样紧密接触,然后将测力和测变形的百分表的指针均调整至整数,并记读初始读数。

4.8.4 加荷使贯入杆以 1~1.25mm/min 的速度压入试件,同时测记 3 个百分表的读数。记录测力计内百分表某些整读数(如 20、40、60)时的贯入量,并注意使贯入量为 250×10^{-2} mm 时,能有 5 个以上的读数。因此,测力计内的第一个读数应是贯入量 30×10^{-2} mm 左右。

5 结果整理

5.1 以单位压力 p 为横坐标,贯入量(l)为纵坐标,绘制 p-l 关系曲线,如图 T 0134-6 所示。图上曲线 1 是合适的。曲线 2 开始段是凹曲线,需要进行修正。修正时在变曲率点引一切线,与纵坐标交于 O' 点,O' 即为修正后的原点。

5.2 根据式(T 0134-2)和式(T 0134-3)分别计算贯入量为 2.5mm 和 5mm 时的承载比(CBR)。即:

$$\text{CBR} = \frac{p}{7000} \times 100 \quad (\text{T 0134-2})$$

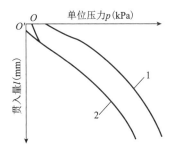

图 T 0134-6 单位压力与贯入量的关系曲线

$$CBR = \frac{p}{10500} \times 100 \quad (T\ 0134\text{-}3)$$

式中：CBR——承载比(%)，计算至 0.1%；
p——单位压力(kPa)。

取两者的较大值作为该材料的承载比(CBR)。

5.3 试件的湿密度用式(T 0134-4)计算：

$$\rho = \frac{m_2 - m_1}{2177} \quad (T\ 0134\text{-}4)$$

式中：ρ——试件的湿密度(g/cm^3)，计算至 $0.01g/cm^3$；
m_2——试筒和试件的合质量(g)；
m_1——试筒的质量(g)；
2177——试筒的容积(cm^3)。

5.4 试件的干密度用式(T 0134-5)计算：

$$\rho_d = \frac{\rho}{1 + 0.01w} \quad (T\ 0134\text{-}5)$$

式中：ρ_d——试件的干密度(g/cm^3)，计算至 $0.01g/cm^3$；
w——试件的含水率(%)。

5.5 泡水后试件的吸水量按式(T 0134-6)计算：

$$w_a = m_3 - m_2 \quad (T\ 0134\text{-}6)$$

式中：w_a——泡水后试件的吸水量(g)；
m_3——泡水后试筒和试件的合质量(g)；
m_2——试筒和试件的合质量(g)。

5.6 本试验记录格式见表 T 0134-1 和表 T 0134-2。

贯入试验记录

表 T 0134-1

土样编号 _____ 试验者 _____
最大干密度　　　1.69g/cm³　　　 计算者 _____
最佳含水率　　　　18%　　　　　 校核者 _____
每层击数　　　　　98　　　　　　 试验日期 _____
　　　　　　　　　　　　　　　　 试件编号 _____

测力环校正系数 $C =$ _____ kN/0.01mm，贯入杆面积 $A = 1.9635 \times 10^{-3} \text{m}^2$

$$P = \frac{CR}{A}$$

$l = 2.5$ mm 时, $p = 611$ kPa　　　 $CBR = \dfrac{p}{7000} \times 100\% = 8.7\%$

$l = 5.0$ mm 时, $p = 690$ kPa　　　 $CBR = \dfrac{p}{10500} \times 100\% = 6.6\%$

荷载测力计百分表		单位压力	贯入量百分表读数					贯入量
			左表		右表		平均值	
读数	变形值		读数	位移值	读数	位移值		
R'_i (0.01mm)	$R_i = R'_{i+1} - R'_i$ (0.01mm)	p (kPa)	R_{1i} (0.01mm)	$R_{1i} = R_{1i+1} - R_{1i}$ (0.01mm)	R_{2i} (0.01mm)	$R_{2i} = R_{2i+1} - R_{2i}$ (0.01mm)	$R_1 = \frac{1}{2}(R_1+R_2)$ (0.01m)	l (mm)
0.0	0.9	110	0.0	60.4	0.0	60.6	60.5	0.61
0.9			60.4		60.6			
1.8	1.8	220	106.5	106.5	106.5	106.5	106.5	1.07
2.9	2.9	354	151.1	151.1	150.9	150.9	151.0	1.51
4.0	4.0	489	193.9	193.9	194.1	194.1	194.0	1.94
4.8	4.8	586	240.4	240.4	240.6	240.6	240.5	2.41
5.1	5.1	623	286.1	286.1	285.9	285.9	286.0	2.86
5.4	5.4	660	335.0	335.0	335.0	335.0	335.0	3.34
5.6	5.6	684	383.0	383.0	383.0	383.0	383.0	3.83
5.6	5.6	684	488.0	488.0	488.0	488.0	488.0	4.88

膨胀量试验记录　　　　　　　　　　表 T 0134-2

	试验次数			1	2	3
膨胀量	筒号		(1)			
	泡水前试件(原试件)高度　(mm)		(2)	120	120	120
	泡水后试件高度　(mm)		(3)	128.6	136.5	133
	膨胀量　(%)		(4)	$\frac{(3)-(2)}{(2)} \times 100$	7.167	13.75	10.83
	膨胀量平均值　(%)			10.58		
密度	筒质量 m_1　(g)		(5)	6660	4640	5390
	筒 + 试件质量 m_2　(g)		(6)	10900	8937	9790
	筒体积　(cm^3)		(7)	2177	2177	2177
	湿密度 ρ　(g/cm^3)		(8)	$\frac{(6)-(5)}{(7)}$	1.948	1.974	2.021
	含水率 w　(%)		(9)	16.93	18.06	26.01
	干密度 ρ_d　(g/cm^3)		(10)	$\frac{(8)}{1+0.01w}$	1.666	1.672	1.604
	干密度平均值　(g/cm^3)			1.647		
吸水量	泡水后筒 + 试件合质量 m_3　(g)		(11)	11530	9537	10390
	吸水量 w　(g)		(12)	(11) − (6)	630	600	600
	吸水量平均值　(g)			610		

注：表中"(4)"、"(8)"、"(10)"、"(12)"列为公式列，其右侧为三次试验的计算值。

5.7　精度和允许差。

计算 3 个平行试验的承载比变异系数 C_V。如 C_V 小于 12%，则取 3 个结果的平均值；如 C_V 大于 12%，则去掉一个偏离大的值，取其余 2 个结果的平均值。

CBR 值(%)与膨胀量(%)取小数点后一位。

6　报告

6.1　材料的状态描述。

6.2　最佳含水率和最大干密度。

6.3　材料的承载比。

6.4　材料的膨胀率。

条文说明

1 承载比试验是由美国加利福尼亚州公路局于20世纪30年代初首先提出来的,简称CBR(California Bearing Ratio的缩写)试验,用以检验公路路基在不利状态下的承载能力。

CBR值是指试料贯入量达2.5mm时,单位压力对标准碎石压入相同贯入量时标准荷载强度的比值。标准荷载与贯入量之间的关系见表T 0134-3。

不同贯入量时的标准荷载强度和标准荷载　　　　表 T 0134-3

贯入量(mm)	标准荷载强度(kPa)	标准荷载(kN)
2.5	7000	13.7
5.0	10500	20.3
7.5	13400	26.3
10.0	16200	31.8
12.5	18300	36.0

标准荷载强度与贯入量之间的关系也可用式(T 0134-7)表示:

$$p = 162L^{0.61} \tag{T 0134-7}$$

式中:p——标准荷载强度(kPa);

L——贯入量(mm)。

CBR是路基土和路面材料的强度指标,在我国的路面设计中,虽以路基土和路面材料的回弹模量值作为设计参数,但在路基施工规范中仍将CBR作为一项重要力学指标。

2 美国CBR筒的尺寸为直径15.2cm、高11.64cm(筒高117.8mm减去垫块厚度61.4mm),容积与重型击实筒相同,仍为2144cm³。一般要求制备3个试件,使击实后的干密度为最大干密度的95%~100%,每个试件分别按每层10次、30次和60次夯实,均分三层击实。

在日本,CBR筒的尺寸与重型击实试验用的试筒相同,垫块厚度50mm。制备试件时,采用与重型击实试验相同层数和每层击数。

4 对于每层试样的用量(1700g)需根据击实试验情况和工程经验进行调整,避免导致填料过多或不够。

测力环常见的有7.5kN、15kN、30kN、60kN、100kN和150kN等型号。若测力环型号不合适,对试验结果影响很大,有可能导致测力环百分表读数过小,误差很大。试验前应根据预估的CBR值选用合适的测力环,细粒土用型号较小的测力环,粗粒土用型号较大的测力环。

5 贯入试验中常会出现5mm的CBR值较2.5mm的CBR值大的现象,出现这种现象的原因主要有:①仪器本身的加工精度导致贯入杆平面与土可能呈楔形接触,减少了贯入面积,虽有偏球座的调整,但未完全消除。②开始试验前施加的荷载偏小,贯入杆不能与土样紧密接触。③有些土表层的土样相对中心强度要小一些。因此,本次修订取2.5mm和5mm较大的CBR值作为该试验的CBR值,这样可避免因仪器和操作人员所导致的试验误差。

6 公路等级和路基层位(如上路堤、下路堤、上路床、下路床)不同,其对应的压实度与CBR值要求不同。因此,工程中需要确定不同压实度的CBR值。当制备三种不同干密度试件时,工程所需压实度对应的CBR值、膨胀量,采用相邻两点的试验结果通过线性插值确定。

【摘自《公路土工试验规程》(JTG 3430—2020)】

附录2 热拌沥青混合料配合比设计方法

1 一般规定

1.1 本方法适用于密级配沥青混凝土及沥青稳定碎石混合料。

1.2 热拌沥青混合料的配合比设计应通过目标配合比设计、生产配合比设计及生产配合比验证三个阶段,确定沥青混合料的材料品种及配合比、矿料级配、最佳沥青用量。本规范采用马歇尔试验配合比设计方法。如采用其他方法设计沥青混合料时,应按本规范规定进行马歇尔试验及各项配合比设计检验,并报告不同设计方法的试验结果。

1.3 热拌沥青混合料的目标配合比设计宜按图1的框图的步骤进行。

1.4 配合比设计的试验方法必须遵照现行试验规程的方法执行。混合料拌和必须采用小型沥青混合料拌和机进行。混合料的拌和温度和试件制作温度应符合本规范的要求。

1.5 生产配合比设计可参照本方法规定的步骤进行。

2 确定工程设计级配范围

2.1 沥青路面工程的混合料设计级配范围由工程设计文件或招标文件规定,密级配沥青混合料的设计级配宜在本规范5.3.2规定的级配范围内,根据公路等级、工程性质、气候条件、交通条件、材料品种等因素,通过对条件大体相当的工程使用情况进行调查研究后调整确定,必要时允许超出规范级配范围。密级配沥青稳定碎石混合料可直接以本规范规定的级配范围作工程设计级配范围使用。经确定的工程设计级配范围是配合比设计的依据,不得随意变更。

2.2 调整工程设计级配范围宜遵循下列原则:

(1)首先按本规范表5.3.2-1确定采用粗型(C型)或细型(F型)的混合料。对夏季温度高、高温持续时间长,重载交通多的路段,宜选用粗型密级配沥青混合料(AC-C型),并取较高的设计空隙率。对冬季温度低、且低温持续时间长的地区,或者重载交通较少的路段,宜选用细型密级配沥青混合料(AC-F型),并取较低的设计空隙率。

附录2 热拌沥青混合料配合比设计方法

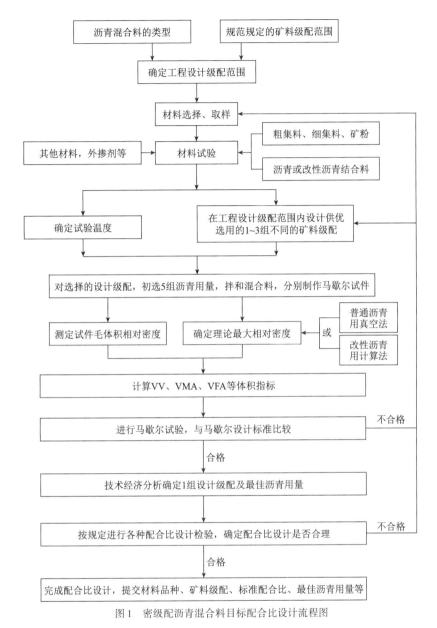

图1 密级配沥青混合料目标配合比设计流程图

（2）为确保高温抗车辙能力，同时兼顾低温抗裂性能的需要，配合比设计时宜适当减少公称最大粒径附近的粗集料用量，减少0.6mm以下部分细粉的用量，使中等粒径集料较多，形成S型级配曲线，并取中等或偏高水平的设计空隙率。

（3）确定各层的工程设计级配范围时应考虑不同层位的功能需要，经组合设计的沥青青路面应能满足耐久、稳定、密水、抗滑等要求。

（4）根据公路等级和施工设备的控制水平，确定的工程设计级配范围应比规范级配范围窄，其中4.75mm和2.36mm通过率的上下限差值宜小于12%。

（5）沥青混合料的配合比设计应充分考虑施工性能，使沥青混合料容易摊铺和压实，避免造成严重的离析。

3 材料选择与准备

3.1 配合比设计的各种矿料必须按现行《公路工程集料试验规程》规定的方法，从工程实际使用的材料中取代表性样品。进行生产配合比设计时，取样至少应在干拌5次以后进行。

3.2 配合比设计所用的各种材料必须符合气候和交通条件的需要。其质量应符合本规范第4章规定的技术要求。当单一规格的集料某项指标不合格，但不同粒径规格的材料按级配组成的集料混合料指标能符合规范要求时，允许使用。

4 矿料配合比设计

4.1 高速公路和一级公路沥青路面矿料配合比设计宜借助电子计算机的电子表格用试配法进行。其他等级公路沥青路面也可参照进行。

4.2 矿料级配曲线按《公路工程沥青及沥青混合料试验规程》T 0725的方法绘制（图2）。以原点与通过集料最大粒径100%的点的连线作为沥青混合料的最大密度线，见表1和表2。

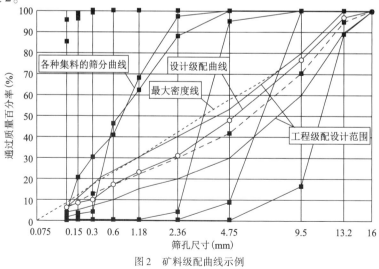

图2 矿料级配曲线示例

泰勒曲线的横坐标 表1

d_i	0.075	0.15	0.3	0.6	1.18	2.36	4.75	9.5
$x = d_i^{0.45}$	0.312	0.426	0.582	0.795	1.077	1.472	2.016	2.754
d_i	13.2	16	19	26.5	31.5	37.5	53	63
$x = d_i^{0.45}$	3.193	3.482	3.762	4.370	4.723	5.109	5.969	6.452

矿料级配设计计算表示例 表2

筛孔	10~20（%）	5~10（%）	3~5（%）	石屑（%）	黄砂（%）	矿粉（%）	消石灰（%）	合成级配	工程设计级配范围		
									中限	下限	上限
16	100	100	100	100	100	100	100	100.0	100	100	100
13.2	88.6	100	100	100	100	100	100	96.7	95	90	100
9.5	16.6	99.7	100	100	100	100	100	76.6	70	60	80
4.75	0.4	8.7	94.9	100	100	100	100	47.7	41.5	30	53
2.36	0.3	0.7	3.7	97.2	87.9	100	100	30.6	30	20	40
1.18	0.3	0.7	0.5	67.8	62.2	100	100	22.8	22.5	15	30
0.6	0.3	0.7	0.5	40.2	46.4	100	100	17.2	16.5	10	23
0.3	0.3	0.7	0.5	30.2	3.7	99.8	99.2	9.5	12.5	7	18
0.15	0.3	0.7	0.5	20.6	3.0	96.2	97.6	8.1	8.5	5	12
0.075	0.2	0.6	0.3	4.2	1.9	84.7	95.6	5.5	6	4	8
配合比	28	26	14	12	15	3.3	1.7	100.0	—	—	—

4.3 对高速公路和一级公路，宜在工程设计级配范围内计算1~3组粗细不同的配合比，绘制设计级配曲线，分别位于工程设计级配范围的上方、中值及下方。设计合成级配不得有太多的锯齿形交错，且在0.3~0.6mm范围内不出现"驼峰"。当反复调整不能满意时，宜更换材料设计。

4.4 根据当地的实践经验选择适宜的沥青用量，分别制作几组级配的马歇尔试件，测定VMA，初选一组满足或接近设计要求的级配作为设计级配。

5 马歇尔试验

5.1 配合比设计马歇尔试验技术标准按本规范第5章的规定执行。

5.2 沥青混合料试件的制作温度按本规范5.2.2规定的方法确定，并与施工实际温度相一致，普通沥青混合料如缺乏黏温曲线时可参照表3执行，改性沥青混合料的成型温度在此基础上再提高10~20℃。

热拌普通沥青混合料试件的制作温度(℃)　　　表3

施工工序	石油沥青的标号				
	50号	70号	90号	110号	130号
沥青加热温度	160～170	155～165	150～160	145～155	140～150
矿料加热温度	集料加热温度比沥青温度高10～30℃(填料不加热)				
沥青混合料拌和温度	150～170	145～165	140～160	135～155	130～150
试件击实成型温度	140～160	135～155	130～150	125～145	120～140

注：表中混合料温度，并非拌和机的油浴温度，应根据沥青的针入度、黏度选择，不宜都取中值。

5.3 按式(1)计算矿料的合成毛体积相对密度 γ_{sb}。

$$\gamma_{sb} = \frac{100}{\frac{P_1}{\gamma_1}+\frac{P_2}{\gamma_2}+\cdots+\frac{P_n}{\gamma_n}} \tag{1}$$

式中：P_1、P_2、$\cdots$、P_n——各种矿料成分的配合比，其和为100；

γ_1、γ_2、$\cdots$、γ_n——各种矿料相应的毛体积相对密度。

注：1. 沥青混合料配合比设计时，均采用毛体积相对密度(无量纲)，不采用毛体积密度，故无须进行密度的水温修正。

2. 生产配合比设计时，当细料仓中的材料混杂各种材料而无法采用筛分替代法时，可将0.075mm部分筛除后以统货实测值计算。

5.4 按式(2)计算矿料的合成表观相对密度 γ_{sa}。

$$\gamma_{sa} = \frac{100}{\frac{P_1}{\gamma'_1}+\frac{P_2}{\gamma'_2}+\cdots+\frac{P_n}{\gamma'_n}} \tag{2}$$

式中：P_1、P_2、$\cdots$、P_n——各种矿料成分的配合比，其和为100；

γ'_1、γ'_2、$\cdots$、γ'_n——各种矿料按试验规程方法测定的表观相对密度。

5.5 按式(3)或按式(4)预估沥青混合料的适宜的油石比 P_a 或沥青用量为 P_b。

$$P_a = \frac{P_{a1} \times \gamma_{sb1}}{\gamma_{sb}} \tag{3}$$

$$P_b = \frac{P_a}{100+P_a} \times 100 \tag{4}$$

式中：P_a——预估的最佳油石比(与矿料总量的百分比)(%)；

P_b——预估的最佳沥青用量(占混合料总量的百分数)(%)；

P_{a1}——已建类似工程沥青混合料的标准油石比(%)；

γ_{sb}——矿料的合成毛体积相对密度;
γ_{sb1}——已建类似工程集料的合成毛体积相对密度。

注：作为预估最佳油石比的集料密度，原工程和新工程也可均采用有效相对密度。

5.6 确定矿料的有效相对密度

（1）对非改性沥青混合料，宜以预估的最佳油石比拌和两组的混合料，采用真空法实测最大相对密度，取平均值。然后由式（5）反算合成矿料的有效相对密度γ_{se}。

$$\gamma_{se} = \frac{100 - P_b}{\dfrac{100}{\gamma_t} - \dfrac{P_b}{\gamma_b}} \tag{5}$$

式中：γ_{se}——合成矿料的有效相对密度;
P_b——试验采用的沥青用量（占混合料总量的百分数）(%);
γ_t——试验沥青用量条件下实测得到的最大相对密度，无量纲;
γ_b——沥青的相对密度(25℃/25℃)，无量纲。

（2）对改性沥青及SMA等难以分散的混合料，有效相对密度宜直接由矿料的合成毛体积相对密度与合成表观相对密度按式（6）计算确定，其中沥青吸收系数C值根据材料的吸水率由式（7）求得，材料的合成吸水率按式（8）计算：

$$\gamma_{se} = C \times \gamma_{sa} + (1 - C) \times \gamma_{sb} \tag{6}$$

$$C = 0.033w_x^2 - 0.2936w_x + 0.9339 \tag{7}$$

$$w_x = \left(\frac{1}{\gamma_{sb}} - \frac{1}{\gamma_{sa}}\right) \times 100 \tag{8}$$

式中：γ——合成矿料的有效相对密度;
C——合成矿料的沥青吸收系数，可按矿料的合成吸水率从式（7）求取;
w_x——合成矿料的吸水率，按式（8）求取(%);
γ_{sb}——矿料的合成毛体积相对密度，按式（1）求取，无量纲;
γ_{sa}——矿料的合成表观相对密度，按式（2）求取，无量纲。

5.7 以预估的油石比为中值，按一定间隔（对密级配沥青混合料通常为0.5%，对沥青碎石混合料可适当缩小间隔为0.3%~0.4%），取5个或5个以上不同的油石比分别成型马歇尔试件。每一组试件的试样数按现行试验规程的要求确定，对粒径较大的沥青混合料，宜增加试件数量。

注:5个不同油石比不一定选整数,例如预估油石比4.8%,可选3.8%、4.3%、4.8%、5.3%、5.8%等。5.6条(1)中规定的实测最大相对密度通常与此同时进行。

5.8 测定压实沥青混合料试件的毛体积相对密度γ_f和吸水率,取平均值。测试方法应遵照以下规定执行:

(1)通常采用表干法测定毛体积相对密度;

(2)对吸水率大于2%的试件,宜改用蜡封法测定的毛体积相对密度。

注:对吸水率小于0.5%的特别致密的沥青混合料,在施工质量检验时,允许采用水中重法测定的表观相对密度作为标准密度,钻孔试件也采用相同方法。但配合比设计时不得采用水中重法。

5.9 确定沥青混合料的最大理论相对密度

(1)对非改性的普通沥青混合料,在成型马歇尔试件的同时,按5.6节"(1)"的要求用真空法实测各组沥青混合料的最大理论相对密度γ_{ti}。当只对其中一组油石比测定最大理论相对密度时,也可按式(9)或式(10)计算其他不同油石比时的最大理论相对密度γ_{ti}。

(2)对改性沥青或SMA混合料宜按式(9)或式(10)计算各个不同沥青用量混合料的最大理论相对密度。

$$\gamma_{ti} = \frac{100 + P_{ai}}{\frac{100}{\gamma_{se}} + \frac{P_{ai}}{\gamma_b}} \tag{9}$$

$$\gamma_{ti} = \frac{100}{\frac{P_{si}}{\gamma_{se}} + \frac{P_{bi}}{\gamma_b}} \tag{10}$$

式中:γ_{ti}——相对于计算沥青用量P_{bi}时沥青混合料的最大理论相对密度,无量纲;

P_{ai}——所计算的沥青混合料中的油石比(%);

P_{bi}——所计算的沥青混合料的沥青用量(%),$P_{bi} = P_{ai}/(1 + P_{ai})$;

P_{si}——所计算的沥青混合料的矿料含量(%),$P_{si} = 100 - P_{bi}$;

γ_{se}——矿料的有效相对密度,按式(5)或式(6)计算,无量纲;

γ_b——沥青的相对密度(25℃/25℃),无量纲。

5.10 按式(11)~式(13)计算沥青混合料试件的空隙率、矿料间隙率VMA、有效沥青的饱和度VFA等体积指标,取1位小数,进行体积组成分析。

$$VV = \left(1 - \frac{\gamma_f}{\gamma_t}\right) \times 100 \tag{11}$$

$$VMA = \left(1 - \frac{\gamma_f}{\gamma_{sb}} \times \frac{P_s}{100}\right) \times 100 \qquad (12)$$

$$VFA = \frac{VMA - VV}{VMA} \times 100 \qquad (13)$$

式中：VV——试件的空隙率(%)；

VMA——试件的矿料间隙率(%)；

VFA——试件的有效沥青饱和度(%)，即有效沥青含量占 VMA 的体积比例；

γ_f——按5.8测定的试件的毛体积相对密度，无量纲；

γ_t——沥青混合料的最大理论相对密度，按5.9的方法计算或实测得到，无量纲；

P_s——各种矿料占沥青混合料总质量的百分率之和(%)，即 $P_s = 100 - P_b$；

γ_{sb}——矿料的合成毛体积相对密度，按式(1)计算。

5.11 进行马歇尔试验，测定马歇尔稳定度及流值。

6 确定最佳沥青用量(或油石比)

6.1 按图3的方法，以油石比或沥青用量为横坐标，以马歇尔试验的各项指标为纵坐标，将试验结果点入图中，连成圆滑的曲线。确定均符合本规范规定的沥青混合料技术标准的沥青用量范围 $OAC_{min} \sim OAC_{max}$。选择的沥青用量范围必须涵盖设计空隙率的全部范围，并尽可能涵盖沥青饱和度的要求范围，并使密度及稳定度曲线出现峰值。如果没有涵盖设计空隙率的全部范围，试验必须扩大沥青用量范围重新进行。

注：绘制曲线时含VMA指标，且应为下凹形曲线，但确定 $OAC_{min} \sim OAC_{max}$ 时不包括VMA。

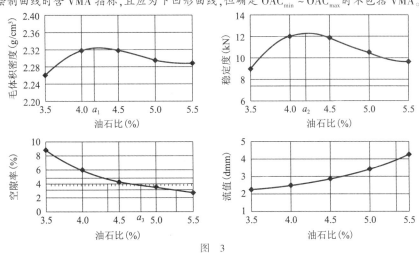

图 3

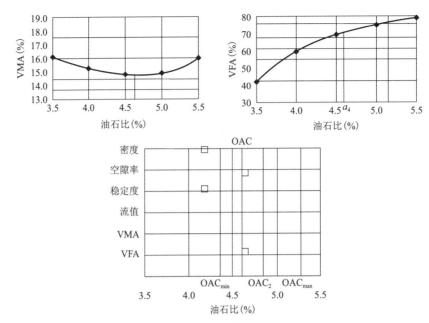

图 3 马歇尔试验结果示例

注：图中 $a_1 = 4.2\%$，$a_2 = 4.25\%$，$a_3 = 4.8\%$，$a_4 = 4.7\%$，$OAC_1 = 4.49\%$（由 4 个平均值确定），$OAC_{min} = 4.3\%$，$OAC_{max} = 5.3\%$，$OAC_2 = 4.8\%$，$OAC = 4.64\%$。此例中相对于空隙率 4% 的油石比为 4.6%

6.2 根据试验曲线的走势，按下列方法确定沥青混合料的最佳沥青用量 OAC_1。

（1）在曲线图 3 上求取相应于密度最大值、稳定度最大值、目标空隙率（或中值）、沥青饱和度范围的中值的沥青用量 a_1、a_2、a_3、a_4。按式（14）取平均值作为 OAC_1。

$$OAC_1 = (a_1 + a_2 + a_3 + a_4)/4 \tag{14}$$

（2）如果在所选择的沥青用量范围未能涵盖沥青饱和度的要求范围，按式（15）求取 3 者的平均值作为 OAC_1。

$$OAC_1 = (a_1 + a_2 + a_3)/3 \tag{15}$$

（3）对所选择试验的沥青用量范围，密度或稳定度没有出现峰值（最大值经常在曲线的两端）时，可直接以目标空隙率所对应的沥青用量 a_3 作为 OAC_1，但 OAC_1 必须介于 $OAC_{min} \sim OAC_{max}$ 的范围内，否则应重新进行配合比设计。

6.3 以各项指标均符合技术标准（不含 VMA）的沥青用量范围 $OAC_{min} \sim OAC_{max}$ 的中值作为 OAC_2。

$$OAC_2 = (OAC_{min} + OAC_{max})/2 \tag{16}$$

6.4 通常情况下取 OAC_1 及 OAC_2 的中值作为计算的最佳沥青用量 OAC。

$$OAC = (OAC_1 + OAC_2)/2 \tag{17}$$

6.5 按式(17)计算的最佳油石比 OAC,从图 3 中得出所对应的空隙率和 VMA 值,检验是否能满足本规范表 5.3.3-1 或表 5.3.3-2 关于最小 VMA 值的要求。OAC 宜位于 VMA 凹形曲线最小值的贫油一侧。当空隙率不是整数时,最小 VMA 按内插法确定,并将其画入图 3 中。

6.6 检查图 3 中相应于此 OAC 的各项指标是否均符合马歇尔试验技术标准。

6.7 根据实践经验和公路等级、气候条件、交通情况,调整确定最佳沥青用量 OAC。

(1)调查当地各项条件相接近的工程的沥青用量及使用效果,论证适宜的最佳沥青用量。检查计算得到的最佳沥青用量是否相近,如相差甚远,应查明原因,必要时重新调整级配,进行配合比设计。

(2)对炎热地区公路以及高速公路、一级公路的重载交通路段,山区公路的长大坡度路段,预计有可能产生较大车辙时,宜在空隙率符合要求的范围内将计算的最佳沥青用量减小 0.1%~0.5% 作为设计沥青用量。此时,除空隙率外的其他指标可能会超出马歇尔试验配合比设计技术标准,配合比设计报告或设计文件必须予以说明。但配合比设计报告必须要求采用重型轮胎压路机和振动压路机组合等方式加强碾压,以使施工后路面的空隙率达到未调整前的原最佳沥青用量时的水平,且渗水系数符合要求。如果试验段试拌试铺达不到此要求时,宜调整所减小的沥青用量的幅度。

(3)对寒区公路、旅游公路、交通量很少的公路,最佳沥青用量可以在 OAC 的基础上增加 0.1%~0.3%,以适当减小设计空隙率,但不得降低压实度要求。

6.8 按式(18)及式(19)计算沥青结合料被集料吸收的比例及有效沥青含量。

$$P_{ba} = \frac{\gamma_{se} - \gamma_b}{\gamma_{se} \times \gamma_{sb}} \times \gamma_b \times 100 \tag{18}$$

$$P_{be} = P_b - \frac{P_{ba}}{100} \times P_s \tag{19}$$

式中:P_{ba}——沥青混合料中被集料吸收的沥青结合料比例(%);

P_{be}——沥青混合料中有效沥青用量(%);

γ_{se}——矿料的有效相对密度,按式(5)计算,无量纲;

γ_{sb}——材料的合成毛体积相对密度,按式(1)求取,无量纲;

γ_b——沥青的相对密度(25℃/25℃),无量纲;

P_b——沥青含量(%);

P_s——各种矿料占沥青混合料总质量的百分率之和(%),即 $P_s = 100 - P_b$。

如果需要,可按式(20)及式(21)计算有效沥青的体积百分率 V_{be} 及矿料的体积百分率 V_g。

$$V_{be} = \frac{\gamma_f \times P_{be}}{\gamma_b} \tag{20}$$

$$V_g = 100 - (V_{be} + VV) \tag{21}$$

6.9 检验最佳沥青用量时的粉胶比和有效沥青膜厚度。

(1)按式(22)计算沥青混合料的粉胶比,宜符合 0.6~1.6 的要求。对常用的公称最大粒径为 13.2~19mm 的密级配沥青混合料,粉胶比宜控制在 0.8~1.2 范围内。

$$FB = \frac{P_{0.075}}{P_{be}} \tag{22}$$

式中:FB——粉胶比,沥青混合料的矿料中 0.075mm 通过率与有效沥青含量的比值,无量纲;

$P_{0.075}$——矿料级配中 0.075mm 的通过率(水洗法)(%);

P_{be}——有效沥青含量(%)。

(2)按式(23)的方法计算集料的比表面,按式(24)估算沥青混合料的沥青膜有效厚度。各种集料粒径的表面积系数按表 4 采用。

$$SA = \sum (P_i \times FA_i) \tag{23}$$

$$DA = \frac{P_{be}}{\gamma_b \times SA} \times 10 \tag{24}$$

式中:SA——集料的比表面积(m^2/kg)。

P_i——各种粒径的通过百分率(%);

FA_i——相应于各种粒径的集料的表面积系数,如表 4 所列;

DA——沥青膜有效厚度(μm);

P_{be}——有效沥青含量(%);

γ_b——沥青的相对密度(25℃/25℃),无量纲。

注:各种公称最大粒径混合料中大于 4.75mm 尺寸集料的表面积系数 FA 均取 0.0041,且只计算一次,4.75mm 以下部分的 FA_i 如表 4 所示。该例的 SA = 6.60m^2/kg。若混合料的有效沥青含量为 4.65%,沥青的相对密度 1.03,则沥青膜厚度为 DA = 4.65/(1.03 × 6.60) × 10 = 6.83(μm)。

集料的表面积系数计算示例　　　　　　　　表4

筛孔尺寸（mm）	19	16	13.2	9.5	4.75	2.36	1.18	0.6	0.3	0.15	0.075	集料比表面总和SA（m²/kg）
表面积系数 FA_i	0.0041	—	—	—	0.0041	0.0082	0.0164	0.0287	0.0614	0.1229	0.3277	
通过百分率 P_i(%)	100	92	85	76	60	42	32	23	16	12	6	
比表面 $FA_i \times P_i$（m²/kg）	0.41	—	—	—	0.25	0.34	0.52	0.66	0.98	1.47	1.97	6.60

7 配合比设计检验

7.1 对用于高速公路和一级公路的密级配沥青混合料,需在配合比设计的基础上按本规范要求进行各种使用性能的检验,不符合要求的沥青混合料,必须更换材料或重新进行配合比设计。其他等级公路的沥青混合料可参照执行。

7.2 配合比设计检验按计算确定的设计最佳沥青用量在标准条件下进行。如按照6.7的方法将计算的设计沥青用量调整后作为最佳沥青用量,或者改变试验条件时,各项技术要求均应适当调整,不宜照搬。

7.3 高温稳定性检验。对公称最大粒径小于或等于19mm的混合料,按规定方法进行车辙试验,动稳定度应符合本规范表5.3.4-1的要求。

注:对公称最大粒径大于19mm的密级配沥青混凝土或沥青稳定碎石混合料,由于车辙试件尺寸不能适用,不宜按本规范方法进行车辙试验和弯曲试验。如需要检验可加厚试件厚度或采用大型马歇尔试件。

7.4 水稳定性检验。按规定的试验方法进行浸水马歇尔试验和冻融劈裂试验,残留稳定度及残留强度比均必须符合本规范表5.3.4-2的规定。

注:调整沥青用量后,马歇尔试件成型可能达不到要求的空隙率条件。当需要添加消石灰、水泥、抗剥落剂时,需重新确定最佳沥青用量后试验。

7.5 低温抗裂性能检验。对公称最大粒径等于或小于19mm的混合料,按规定方法进行低温弯曲试验,其破坏应变宜符合本规范表5.3.4-3要求。

7.6 渗水系数检验。利用轮碾机成型的车辙试件进行渗水试验检验的渗水系数宜符合本规范表5.3.4-4要求。

7.7 钢渣活性检验。对使用钢渣的沥青混合料,应按规定的试验方法检验钢渣的活性及膨胀性试验,并符合本规范 5.3.4 条 5 的要求。

7.8 根据需要,可以改变试验条件进行配合比设计检验,如按调整后的最佳沥青用量、变化最佳沥青用量 OAC±0.3%、提高试验温度、加大试验荷载、采用现场压实密度进行车辙试验,在施工后的残余空隙率(如 7%~8%)的条件下进行水稳定性试验和渗水试验等,但不宜用规范规定的技术要求进行合格评定。

8 配合比设计报告

8.1 配合比设计报告应包括工程设计级配范围选择说明、材料品种选择与原材料质量试验结果、矿料级配、最佳沥青用量,以及各项体积指标、配合比设计检验结果等。试验报告的矿料级配曲线应按规定的方法绘制。

8.2 当按 6.7 调整沥青用量作为最佳沥青用量,宜报告不同沥青用量条件下的各项试验结果,并提出对施工压实工艺的技术要求。

【摘自《公路沥青路面施工技术规范》(JTG F40—2004)】

参 考 文 献

[1] 中华人民共和国交通部.公路沥青路面施工技术规范:JTG F40—2004[S].北京:人民交通出版社,2005.

[2] 中华人民共和国交通运输部.公路路面基层施工技术细则:JTG/T F20—2015[S].北京:人民交通出版社股份有限公司,2015.

[3] 王旭东,张蕾.基于骨架嵌挤型原理的沥青混合料均衡设计方法[M].北京:人民交通出版社,2014.

[4] Asphalt Institute. Asphalt mix design methods[R]. 7th ed. [S. l. :s. n.],2015.

[5] Strategic Highway Research Program. The Superpave mix design manual for new construction and overlays:SHRP-A-407[R]. Washington D. C. :Strategic Highway Research Program, National Research Council,1994.

[6] 林绣贤.柔性路面结构设计方法[M].北京:人民交通出版社,1988.

[7] 张登良.沥青路面工程手册[M].北京:人民交通出版社,2003.

[8] 姚祖康.公路设计手册 路面[M].北京:人民交通出版社,1993.

[9] 严家伋.道路建筑材料[M].3版.北京:人民交通出版社,2001.

[10] 王艳丽.沥青混合料级配优化研究[D].西安:长安大学,2008.

[11] YU H N,SHEN S H,QIAN G P. Design and evaluation of asphalt mixtures based on particle packing[M]. Beijing:China Communications Press Co. ,Ltd,2019.

[12] 美国沥青协会.高性能沥青路面(Superpave)基础参考手册[M].江苏交通科学研究院,编译.北京:人民交通出版社,2005.

[13] 沙庆林.多碎石沥青混凝土SAC系列的设计和施工实用指南[M].北京:人民交通出版社,2005.

[14] 赵永利.沥青混合料的结构组成机理研究[D].南京:东南大学,2005.

[15] 尚旻.骨架型沥青混合料体积参数变化规律研究[D].南京:东南大学,2016.

[16] 袁万杰.多级嵌挤密实级配设计方法与路用性能研究[D].西安:长安大学,2004.

[17] 罗立峰.骨架密实型矿料级配设计方法探究[J].广东公路交通,2019,45(01):20-23.

[18] MALLICK R B,EI-KORCHI T. Pavement engineering:principles and practice[M].2nd ed. Boca Raton:CRC Press,2013:197-218.

[19] COMINSKY R,LEAHY R B,HARRIGAN E T. Level one mix design:materials selection,compaction, and conditioning[R]. Washington D. C.:National Research Concil,1994.

[20] AURILIO V,PINE W J,LUM P. The Bailey method achieving volumetrics and HMA compact ability[R].[S. l.:s. n.],2005.

[21] BLAZEJOWAKI K. Stone matrix asphalt theory and practice[M]. Boca Raton:CRC Press,2011.

[22] 谢兆星.集料特性对沥青混合料性能影响研究[D].西安:长安大学,2006.

[23] 彭波.沥青混合料集料几何特性与结构研究[D].西安:长安大学,2008.

[24] 崔衡.沥青混合料矿料间隙率预估与级配分段设计方法研究[D].济南:山东大学,2015.

[25] 李春.沥青混合料骨架嵌锁结构设计方法研究[D].武汉:武汉理工大学,2003.

[26] 土峰.骨架密实结构水泥稳定碎石级配设计及路用性能研究[D].武汉:武汉工程大学,2017.

[27] 肖明凯.基于强度的沥青混合料配合比设计研究[D].长沙:长沙理工大学,2015.

[28] 李娟.考虑颗粒三维形态的矿料混合料填充特征分析[D].北京:北京工业大学,2017.

[29] 刘慧.嵌挤骨架型沥青混合料的设计研究[D].大连:大连理工大学,2010.

[30] BARKSDALE R D. The aggregate handbook[R].2nd ed. Washington D. C.:National Stone Association,2013.

[31] 莫石秀,罗立峰,张先念.关于CBR-V矿料级配设计方法中"最大内摩阻力"取值的试验研究[J].广东公路交通,2021,47(04):7-12.

[32] 中华人民共和国交通部.公路工程集料试验规程:JTG E42—2005[S].北京:人民交通出版社,2005.

[33] 中华人民共和国交通运输部.公路土工试验规程:JTG 3430—2020[S].北京:人民交通出版社股份有限公司,2020.

[34] 莫石秀.多年冻土地区级配碎石路用性能及设计方法研究[D].西安:长安大学,2004.

[35] 任皎龙.级配碎石CBR数值试验方法及其应用[D].西安:长安大学,2011.

[36] 侯剑楠.基于贯入试验的沥青混合料级配设计方法研究[D].长沙:长沙理工大学,2019.

[37] 薛连旭,莫石秀,罗立峰,等.矿质集料承载比试验方法研究[J].广东公路交通,2020,46(04):17-22.

[38] 莫石秀,罗立峰,张先念.矿质集料承载比(CBR)试验荷载板厚度的试验研究[J].广东公路交通,2021,47(03):5-8.

[39] 琚晓辉.水泥稳定碎石基层抗裂性能应用技术研究[D].郑州:郑州大学,2007.

[40] 薛连旭,莫石秀,罗立峰,等.集料针片状颗粒含量对CBR的影响[J].广东公路交通,2020,46(03):6-9.

[41] 黄晓明.路基路面工程[M].6版.北京:人民交通出版社股份有限公司,2019.

[42] 莫石秀,罗立峰,张先念.基于试件尺度对矿料承载比CBR的影响及其变异性[J].广东公路交通,2022,48(01):7-13.

[43] 李昂.不同性质沥青混合料的变速拌和及和易性指数研究[D].西安:长安大学,2017.

[44] 唐真喜.不同类型沥青混合料的拌和流动特性[D].西安:长安大学,2018.

[45] 延西利,田辉黎,延喜乐,等.沥青混合料的变速拌和功率测试与拌和流变模型[J].交通运输工程学报,2016,16(03):1-7.

[46] 延西利,陈四来,安舒文,等.温拌沥青混合料的压实特性与难易系数[J].交通运输工程学报,2017,17(01):11-19.

[47] GUDIMETTLA J,COOLEY L,BROWN E. Workability of hot mix asphalt[J]. Transportation Research Record,2004,1891:229-237.

[48] 莫石秀,罗立峰,张先念.CBR-V法矿质集料骨架嵌挤评价指标CBR_{max}求解的试验研究[J].广东公路交通,2021,47(01):1-5,15.

[49] 涂帅.基于颗粒间相互作用的高性能级配碎石基层结构与性能研究[D].西安:长安大学,2013.

[50] 邢超.沥青混合料骨架填充体系细观结构及应力应变传递机制研究[D].哈尔滨:哈尔滨工业大学,2018.

[51] MINDESS S,YOUNG J F,DARWIN D. Concrete[M]. 2nd ed. Upper Saddle River: Prentice Hall,2003:121-161.

[52] 广东省交通运输厅. 广东省公路工程施工标准化指南 第三分册 路面工程[M]. 北京:人民交通出版社股份有限公司,2021.

[53] 罗立峰. CBR-V法在水泥稳定级配碎石配合比设计中的应用研究[J]. 广东公路交通,2020,46(01):12-16.

[54] 罗立峰. 基于CBR-V法骨架嵌挤密实型沥青混合料矿料级配设计[J]. 广东公路交通,2020,46(05):5-12.

后　　记

"我感觉9.5mm的通过率小了,可以适当调大点,然后打个试件看看情况。"

"我觉得4.75mm的通过率还有调小的空间。"

"我倒觉得9.5mm的通过率不小了,再小的话,可能会引发其他问题。"

"11~15mm这一档料的比例可能要调大点儿。"

"6~11mm这档料的比例也要调一调。"

……

这是2018年8月新博高速公路上面层SMA-13试验路验收评审会的场景。虽然已过多年,但场景历历在目,仿佛就在当下。望着专家紧锁的眉头和认真求证的神情,施工单位的技术人员专注地记着。面对专家一个个善意的建议和叮嘱,技术人员耐心地回忆着试验中的点点滴滴,生怕挂一漏万。

这样的会我每年总要参加十个八个。

会后,施工技术人员面对"调大点""调小点"和"调一调"的嘱托,如何"调"呢?这个问题经常会难住施工单位技术人员中的好多"英雄好汉"。

这次我是作为技术顾问参会的,而非专家。专家在会上可以提无数的建议意见,会后可以"一走了之",但作为技术顾问,可就溜不了了,必须吸收专家的广泛意见,调出一个令各方面都基本满意的级配来,用于大规模施工。

如何"调"呢?办法就是专家的建议:"调大点""调小点"和"调一调"。这说起来容易做起来难,因为级配是个跷跷板,这高了那里就低了,这多了那里就少了,其中的苦恼和心酸只有加班加点顾不上吃饭的"敲件人"知道。

由于矿料的多样性和复杂性,目前规范的设计方法中矿料性状与矿料级配之间没有直接关系,因此级配优化实际上是补救级配与矿料性状间的关系,"调大点""调小点"和"调一调"是完成级配和优化级配的必经之路。只是有经验的人"调"得快一点,经验不足者"调"得慢一点而已。

我是一个比较懒的人,说不上懒汉,但"勤"算不上。面对"调大点""调小点"和"调一调"的嘱咐,我当时想的问题是能否"不调"或"调一调",让"调"停下来或简单点。带着这个想法进入了冥想式的思考(这是我的思考方式)——"睡大觉"。首先我想到的是

级配的概念:

所谓集料级配,是指集料中不同粒径粒料间的相互搭配关系,路用矿质集料的级配一般应满足两个基本要求,第一是最大的内摩阻力,第二是一定的孔隙率。

关于最大内摩阻力,我想到了能够用于间接检测矿料混合料剪力的 CBR 试验。

一个想法产生了,可否通过 CBR 试验,求出 CBR_{max},CBR_{max} 对应的比例不就是档料间最佳的级配比例吗?

想好就干,谁都想走捷径。当我将此想法告知试验人员时,试验人员很支持,马上干了起来。就这样,一个比较"粗"、通过 CBR 试验确定的配比诞生了。借助 CBR_{max} 试验结果,对原配比进行了"调一调",很快得到了一个各方比较满意的配比。

尝到甜头以后,我开始想能否将该方法系统化,成为一个基于试验的配合比设计方法,这样不是一开始矿料性状与矿料级配之间就发生关系了吗?这样不就可以有效避免"调大点""调小点"和"调一调"的难题了吗?

抱着这一想法,我登上了"知网"。一篇名为《多年冻土地区级配碎石路用性能及设计方法的研究》的硕士论文映入眼帘,望着题目,感觉有"金矿"可挖。继续深究,摘要简单而明了:

"本文通过大量试验,利用自行研发设备,提出了级配碎石的抗剪切性能指标,研究分析了级配、含水率、密实度、剪切速率、侧压力对抗剪切性能的影响规律;系统研究了级配对 CBR 值、渗水性能、导热性能的影响规律;通过 CBR 试验和抗剪切试验,得到了最佳级配最大粒径和关键筛孔及其通过率合理变化的范围;提出了基于 CBR 值和剪切强度双指标控制的级配碎石组成设计方法及适宜多年冻土地区的施工工艺。"

"级配碎石""剪切强度""CBR"及"级配碎石设计方法"这些字眼,不正是我梦寐以求的吗?论文如磁石,紧紧地吸引着我继续认真阅读;我像一块海绵,漫无边际地吸附着我所感兴趣的信息。

看完论文,那个舒畅劲儿犹如在冬天的暖阳里刚喝完红茶般惬意。最后,我的视线落在了作者的名字上——莫石秀。这个名字既熟悉又陌生,熟悉是因为早就认识,陌生是因为不能确定是否就是我认识的莫石秀啊!

我开始了自己的"小九九"。我要干这事吧,一定要站在他的肩膀上,这是无法逾越的;若就是我认识的那个莫石秀,那何不合作一下呢?那可是个先行者,而且先行我好多年(论文的日期是 2004 年 6 月)。

为了验证和证实,为了科研和我的目标,在犹豫中我拨通了电话。

后记

寒暄过后,我直入主题,询问起论文的事。莫博士一听我所提问题,就开始滔滔不绝了。不用再犹豫了,他就是论文的作者,就是我所熟悉的莫石秀。我将我所关注的问题向他述说以后,即进入讨论切磋阶段。莫博士的思想像洪水开闸似的,多得让我应接不暇。为方便讨论,我约他见面谈谈。

我们约定第二天在华工水电厂咖啡厅见面。那是一个阳光明媚的晌午,我俩如约而至,相谈甚欢,大有相谈恨晚之感。在咖啡的浓浓飘香中,定下研究计划及研究分工。从那之后,我俩开始了为期四年的合作研究。

一起挨过失望,一起收获喜悦;一起讨论总结,一起鼓励向往。原来的宏大计划在困难重重的问题面前,不得不收减,以至于至今才开了个头,或者说还没开个好头!因为关于矿料承载比(CBR)方法仍然解决得不好,理论分析方面的深度依然不足,现场应用方面的广度仍然有待开拓,许多开始存在的问题,现在依然存在,尽管已经改善了很多。

四年以来,就试验工作来讲,基本聚焦于如何解决矿料承载比(CBR)试验方法的问题。由于现有承载比(CBR)试验方法无法承担散体材料的承载比(CBR)试验,因此必须开展成型方式、荷载板厚度、试件尺度对矿质集料承载比(CBR)的影响及其变异性试验等研究,目前基本形成了一整套改进型承载比(CBR)试验——矿质集料承载比(CBR)试验方法。但感觉结果还是不甚理想,原因是无法解决集料的离散性。为了进一步解决矿质集料离散性对承载比(CBR)试验的影响,我们又通过添加黏结剂(湿法)的方法,有效地提高了矿质集料承载比(CBR)试验的稳定性与复现性,尤其是采用干挂胶作为黏结剂,降低了矿料的离析程度,为 CBR-V 矿料级配设计方法的推广和应用奠定了基础。这次试验研究彻底改变了我们长期以来重理论轻试验的习惯,体会到了试验方法的来之不易。经统计,这次 CBR 试验研究用去的矿料约 60t,用坏路面强度仪 2 台。当然功夫不负有心人,付出都得到了回报。

四年以来,通过理论分析和试验研究,还获取了很多成果。这包括:提出了 CBR-V 矿料级配设计理论和方法(力学-体积法);提高矿料承载比(CBR)试验稳定性与可重复性的试验研究;矿料骨架嵌挤评价指标 CBR_{max} 求解的合理性试验研究;级配骨架强度系数的确定;基于工作性的 CBR_{max} 取值的试验研究;细集料填充及填充方法的讨论等。

四年以来,研究成果在实体工程中进行了较为广泛的应用,指导了一千多公里的高速公路路面配合比设计。

至此,基本设计可以进行了,但离完善还有千里之遥!至此,似乎设计的框架已经建立了,但存在的问题依然多如牛毛,且试验量巨大!

  一蹴而就不行,还需时间的沉淀;单枪匹马不行,急需社会的参与!因为这只是个开端,所以在写作整理的过程中尤其是在整理试验方法章节时,以笔记体为主,希望将每个细节都留给后来者,让其在居上的过程中有所帮助。

  四年恍惚而过,深一脚,浅一脚,不深不浅再一脚;希望在路上,疲惫在路上,欢喜也在路上。虽然还在阔步前行,但似乎已失去了往日的铿锵;路还在延伸,那是属于未来和理想……

罗立峰

2023 年 5 月